LES

DEUX FOLIES

DE PARIS

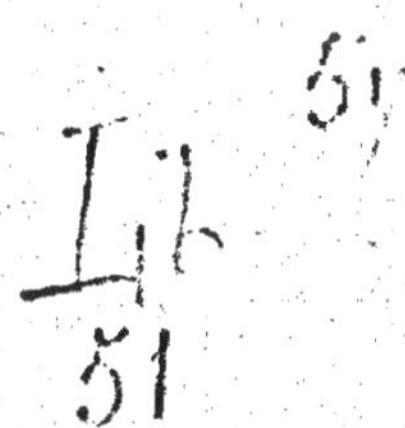

POISSY. — TYP. S. LEJAY ET CIE.

LES
DEUX FOLIES
DE PARIS

JUILLET 1870 — MARS 1871

PAR

DRAPEYRON-SÉLIGMANN

PARIS

MICHEL LÉVY FRÈRES, ÉDITEURS

RUE AUBER, 3, PLACE DE L'OPÉRA

LIBRAIRIE NOUVELLE

BOULEVARD DES ITALIENS, 15, AU COIN DE LA RUE DE GRAMMONT

1872

AVANT-PROPOS

On trouvera dans cet ouvrage des vérités exprimées sans ménagement.

Que l'on veuille bien songer aux circonstances dans lesquelles nous écrivions. Jamais le courant des erreurs et des sophismes n'avait été plus violent. Le patriotisme était de résister et non de suivre.

Moins que jamais nous regrettons d'avoir parlé franchement. Aujourd'hui même que cette crise est passée, nous ne croyons pas qu'il y ait lieu d'employer un autre langage.

Dans l'état actuel de l'opinion et des affaires, il ne s'agit plus de traiter d'une manière égale le vrai et le faux, de regarder ses compatriotes en vue de leur plaire, et de leur plaire en se trompant avec eux.

Les mots « science » et « scientifique » reviennent quelquefois dans les pages que l'on va lire; ils ne sont pas très-bien vus chez nous. Ils choquent le préjugé public, qui veut que l'intelligence spontanée suffise à tout. Ils froissent le sentiment égalitaire en éveillant l'idée d'une différence entre ceux qui savent et ceux qui ignorent. Enfin ils ont été discrédités par une classe particulière d'esprits faux qui les mettaient comme enseigne à leur fanatisme.

Et pourtant ce n'est que lorsque la science entrera pour sa juste part dans la politique française, que les esprits sérieux pourront concevoir sur nos destinées autre chose qu'un banal espoir. Nous aurions voulu que les hommes du Quatre

Septembre eussent tous compris cette vérité aussi bien que M. Ernest Picard, qui a eu, croyons-nous, plus d'une lutte à soutenir. L'histoire en tiendra compte. Elle devra aussi quelques mots à la fraction de la presse parisienne qui a résisté, dans ces temps agités, à la fièvre guerrière et au délire démagogique. L'*Électeur libre*, dirigé par M. Arthur Picard, a eu ce courage. Le *Journal des Débats* combattait sous le même drapeau. Dans les clubs, MM. Louis Ratisbonne, Yung, de Pressensé, etc., rappelaient le public au sentiment de la réalité et du devoir.

Le petit nombre de ceux dont la vue, alors, ne fut pas troublée, démontrerait à lui seul combien est opportune la fondation récente d'une *École des Sciences Politiques*. Si, non contente d'enseigner à ses adeptes l'histoire, la géographie, la diplomatie, l'économie politique, cette école leur apprend à faire converger ces connaissances vers la meilleure manière de traiter la réalité présente, elle aura réussi à mettre enfin au-dessus des hasards de l'Imagination et de l'Ignorance une science qui attend encore en France son émancipation, la *Science Politique*.

Le titre de cet ouvrage ne surprendra pas ceux qui en juillet 1870 et en mars 1871, ont entendu retentir dans tout Paris ces deux cris furieux : « A Berlin ! » « A Versailles ! » — Paris lui-même convient aujourd'hui de son égarement, puisqu'il est si heureux de voir à la tête de l'État le patriote qui s'est opposé à la guerre, et qui a vaincu la Commune, ces deux Folies de Paris.

LES DEUX FOLIES DE PARIS

I

LA CERTITUDE EN POLITIQUE

Paris, habitué à la littérature des romans, aux émotions factices des représentations dramatiques, à l'inanité d'une certaine presse, aux contre-vérités des démagogues, aux déclamations des clubs, à la rhétorique des humanitaires, aux flagorneries de tous les pouvoirs et de toutes les ambitions, s'est trouvé subitement étreint par une réalité imprévue et implacable. Il en est résulté un abîme entre ce que Paris devait faire, étant donnée cette situation, et ce que Paris pouvait faire, étant donnée son éducation.

Cet abîme est allé s'élargissant tous les jours.

Deux personnes qui n'appartenaient à aucun parti, et qui suivaient simplement la voie tracée par leurs études, se rencontrèrent dès le début de la guerre et trouvèrent qu'il y avait dans leurs opinions un accord qui résultait de l'unité de leur méthode.

Cette observation les encouragea à appliquer cette méthode non-seulement à l'histoire ancienne ou à la critique littéraire, mais aux événements qui se précipitaient sur la France, comme certaines maladies, au galop. Ils se demandèrent si l'on ne pouvait pas remédier au mal déjà fait, et prévenir celui qui se préparait, en usant du seul moyen auquel personne n'avait encore songé à recourir : c'est-à-dire, de la connaissance positive, minutieuse et bien coordonnée des nombreuses questions si maladroitement engagées. L'ignorance nous avait perdus. N'était-il pas légitime de penser que la science, avant même de nous régénérer, pourrait nous offrir le salut immédiat ? Ils ne s'exagéraient pas leur importance. Le sens commun, réduit à son seul prestige, n'est pas en France un grand personnage. Leur notoriété était médiocre : mauvaise condition dans un pays où la première question, à propos d'une idée nouvelle, n'est pas : Est-ce vrai ? mais : Qui l'a dit ? et où le premier mouvement n'est pas d'examiner par soi-même, mais de s'enquérir si l'on peut croire de confiance. Ils se disaient que ne rien tenter pour assurer le triomphe d'idées qu'ils croyaient justes et utiles eût été, à leurs propres yeux, une marque de cette indifférence qu'on trouve chez nous trop naturelle, et qu'on se pardonne les uns aux autres, parce que les uns et les autres en sont généralement atteints.

Le public, qui n'est plus guère religieux, n'en est pas moins resté fanatique. Il croit son fanatisme plus puissant que la nature des choses, que d'ailleurs il ne connaît pas. Il estime que le hasard gouverne seul le monde, et qu'une violente conviction, accompagnée d'actes violents, peut incliner ce hasard de son côté.

Cet entêtement dans l'ignorance n'a pas toujours été malheureux. De là le fameux dicton : « Le mot impossible n'est pas français. » Mais ce dicton n'a jamais été juste, même quand les événements semblaient le justifier. On se laissait abuser par une simple coïncidence. A l'intérieur du pays, presque tous les partis se tenant dans cette donnée, on combattait, entre Français, à armes égales. Contre des nations envisageant les choses comme la France les envisage, la France pouvait encore avoir raison.

Par malheur, l'Allemagne avait une autre thèse. Et ces deux mondes venant à s'entre-choquer, il s'est trouvé que le plus faible a dû être celui qui ne croyant pas à la nature des choses, ne l'avait nécessairement pas étudiée et ne s'y était nécessairement pas conformé.

Le but de l'Allemagne n'était pas plus avouable, mais sa méthode la conduisait au but, tandis que chez nous l'absence de toute méthode nous écartait du but en raison même de nos efforts pour y atteindre.

Nous avons le regret d'être en désaccord avec la majeure partie de nos compatriotes.

A notre avis, ce sont les procédés mêmes de conception qui sont vicieux en France et qui auraient besoin d'être rectifiés. Ces procédés reposent sur une notion très-inexacte de l'importance relative de tout ce qui contribue à former les sentiments et les idées. Cette notion, au lieu d'être conforme à la nature des choses et aux lois générales du monde, est purement adéquate aux inclinations personnelles du tempérament français, tel qu'il est. Voilà pourquoi presque tout se résume, chez nous, en la question de savoir non pas si une chose est vraie ou fausse, mais si elle est sympathique ou antipathique. Les opinions qui dérivent d'une pareille manière de penser, n'impliquent généralement comme éléments constitutifs que le préjugé, le sentiment, l'instinct, l'imagination, l'humeur. Quant à nous, nous ne tenons compte de ces divers éléments, inévitables dans toute société, mais souverains et tyrans en France, que pour mesurer avec précision le degré d'impuissance où nous sommes réduits en cherchant d'une façon raisonnée le bien public. Nous ne les négligerions pas, si nous étions mis en demeure d'appliquer nos idées, et nous leur ferions la part que fait l'astronome aux déviations qui modifient le cours des astres. Il y a, à tous les degrés, dans tous les règnes de la nature, de l'exagération et de la déperdition.

Nous croyons que dans l'ordre des passions, aussi bien

que dans celui des déductions logiques, le présent tient au passé et engendre l'avenir. Et nous sommes convaincus que cette génération, bien analysée et bien comprise, peut profiter non seulement à l'attrait du récit, chez l'historien, mais encore à la direction des sociétés humaines par la politique.

C'est dire qu'il y a pour nous une science politique de même qu'il y a une science physiologique. Seulement cette science, comme toutes les autres, réclame avec le savoir général l'étude de chaque question particulière. Elle ne comporte pas plus que les autres l'à peu près et la fantaisie. Les solutions qui en dérivent, tout en nécessitant pour être mises en œuvre des conditions pratiques, dont se passent les sciences purement spirituelles, n'en sont pas moins des solutions indépendantes du caprice humain et supérieures même au suffrage universel, des solutions *forcées*, en ce sens qu'elles résultent avec un caractère d'évidence et de nécessité de l'examen des faits scientifiquement interrogés, et que non seulement on ne peut pas faire autrement que de les concevoir, mais qu'on ne peut pas même en concevoir d'autres.

« Prévoir, préparer et prévenir, » voilà la science politique.

On comprend aisément les avantages que toute société en pourrait recueillir.

Dès Reichshoffen, voyant, comme nous l'avions conclu

de l'étude comparée de la France et de l'Allemagne contemporaines, qu'il y avait en présence deux organisations absolument inégales, nous avons pensé que tout serait compromis si l'on ne coupait pas court à la guerre. Or, on n'eût pu couper court à la guerre que si les Chambres avaient proclamé la déchéance de l'Empereur qui devait, coûte que coûte, par nécessité plutôt que par conviction, la continuer. Cette réforme n'ayant pas été opérée, nous espérions du moins que la République, venue un mois trop tard, préférerait, malgré les cris d'une multitude affolée, une paix nécessaire à un désastre certain. L'enthousiasme populaire qui n'a rien à voir avec le discernement des hommes d'État, inspira aux membres du Gouvernement de la Défense un programme fastueux qui n'avait qu'un tort, celui d'être inexécutable.

On s'engagea dans une malencontreuse imitation de 92 (*du 92 légendaire*). Nous protestâmes dès lors contre ces tendances fâcheuses, où l'on vit se complaire successivement, par l'effet de leur ignorance, l'Opposition, le Journalisme populaire, l'Empereur, la Chambre, le Sénat, la Régente, plus tard la Défense Nationale et la Délégation de Tours et de Bordeaux. Nous suivions, en quelque sorte, jour par jour, la rapide déduction des événements, et nous voyions avec douleur le peuple et le Gouvernement de Paris s'enferrer dans la politique de l'impossible.

A la nouvelle de Sedan, il nous parut évident que la défaite venant s'ajouter au mépris, les pouvoirs légaux allaient tomber d'eux-mêmes.

Les pouvoirs légaux, tous les premiers, en jugèrent ainsi. Ni le Corps législatif, ni le Sénat, ni l'Empereur, ni la Régente ne firent rien, soit pour continuer la guerre, soit pour conclure la paix, soit pour se défendre eux-mêmes. Ils semblèrent considérer comme une bonne fortune de pouvoir s'évanouir. Ils comprenaient, sans doute, qu'à partir de ce moment il ne leur restait plus de chances que celles qui pouvaient leur venir plus tard des fautes de leurs successeurs.

Leurs successeurs, ne justifiant que trop ces prévisions machiavéliques, ne surent pas, faute de science politique chez les uns, faute d'énergie chez ceux qui avaient la science, chercher la transaction voulue entre les désirs du peuple des grandes villes qui étaient dans un sens, ceux du peuple des campagnes qui étaient dans un autre, et les réalités qui, sans tenir compte des désirs de personne, dominaient la situation. Hésitant également devant la paix et devant la guerre, ils ne virent pas qu'il fallait sans délai substituer à un parlement disparu une Assemblée nationale qui eût assumé la responsabilité. Tandis que la pression des masses, à Paris, les forçait de parler sans cesse, la nature des choses, qui lors même qu'elle échappe aux regards est bientôt rencontrée et touchée du doigt, les empêchait d'agir conformément à leurs discours, dont le sens était précisément l'action. Ils se condamnèrent ainsi à passer pour des déclamateurs aux yeux du vrai public politique, et, ce qui est plus dangereux, pour des traîtres aux yeux des masses.

Nous comprenions cependant qu'une situation nouvelle, avec des chances nouvelles, s'offrait à la France, et nous réclamions avec la convocation d'une Assemblée nationale l'ouverture de négociations de paix.

L'un de nous remettait à M. Jules Favre un « *Mémoire sur la politique extérieure de la France*, » où était nettement indiquée la solution de la phase qui venait de s'ouvrir.

Ce mémoire, que M. Jules Favre a eu sous les yeux avant son départ pour Ferrières, n'a exercé certainement aucune influence sur sa démarche, et il y a eu là un moment unique qui a été perdu pour la France.

Nous l'avions vu; mais nous n'étions pas ministres. Nous cherchions à épargner à notre pays les pertes territoriales et pécuniaires auxquelles l'a réduit finalement un gouvernement qui se laissait traîner à la remorque d'une foule ignorante et frénétique.

Dès le début du siège de Paris, examinant la série des éventualités possibles (et prenant pour point de départ les fautes déjà commises), nous arrêtions un plan politique et stratégique qui, répondant à toutes les chances de la situation, eût permis, au milieu même de nos calamités, de tirer des événements le meilleur parti possible.

Rien, hélas! ne nous a échappé de ce qui pouvait et

devait se produire. Dans tout ce qui s'est passé, il n'y a pas eu pour nous de hasard, et nous avions, dès le premier jour, la vue claire de l'abîme où nous étions poussés pêle-mêle, sages et fous. Cette douloureuse certitude, il n'était pas en notre pouvoir d'y échapper.

Le 9 novembre 1870, apprenant la rupture définitive des négociations entamées par M. Thiers, nous crûmes devoir exprimer sans ménagement notre émotion, et tenter un effort pour faire tomber des yeux de nos concitoyens les écailles qui devaient tenir si longtemps encore.

Nous rédigeâmes sous ce titre : « *Où courons-nous?* » un appel énergique à l'opinion.

L'Électeur libre publia cet appel. Une polémique s'engagea à la lumière de laquelle nous pûmes mesurer plus exactement l'abîme qui séparait la réalité des illusions populaires et gouvernementales. Nous avions parlé très-clairement, mais on ne voulait rien entendre, et nous dûmes nous expliquer dans quelques lignes insérées sous ce titre, qui parut alors lugubre, et qui semble aujourd'hui presque séduisant : « *Pas de capitulation!* »

C'est un des malheurs de la France que tout le monde y penche à la fois du même côté, et que bien peu de gens ont assez de solidité morale pour faire contrepoids à leurs voisins. Le côté change souvent, mais la violence du courant est toujours aussi aveugle. On arrive parfois à convaincre quelques personnes; mais on n'arrive guère

1.

à les faire raisonner avec suite ou agir avec décision d'après cette conviction. Elles n'ont pas assez de science pour discerner dans les questions d'État ce qui est scientifique de ce qui est arbitraire ou humoristique. Elles croient vous faire une concession en pensant juste tout le temps qu'on les occupe. Ensuite elles retournent à leurs préjugés ou à leur inclination. Et leur scepticisme frivole, en les rendant insensibles à ce qui est décisif, ne les préserve pas d'une soumission aveugle à la mode, dans les circonstances ordinaires ; au fanatisme et même à la folie, dans les grandes crises.

Ceux dont le jugement est indépendant de la foule par cela même qu'il dépend de l'évidence scientifique et qu'il peut se tenir au-dessus des passions régnantes, sont simplement dénoncés comme réfractaires. Ils sortent de l'orthodoxie commune dans un pays qui ne fait que changer d'orthodoxies et d'intolérances.

Nous cherchions cependant à quelles conditions la paix était possible pour la France, possible pour l'Allemagne. Nous rédigeâmes des bases de paix, que nous autorisaient à présenter au public, à défaut de pouvoirs diplomatiques, le sens commun et le désir d'éviter à notre pays des désastres qui ne pouvaient flatter son amour-propre et ce point d'honneur, trop souvent confondu chez nous avec la morale, qu'en compromettant, aux yeux de l'Europe, sa réputation d'intelligence.

L'Électeur libre ne crut pas devoir nous suivre jusque-là. Des bases de paix, publiées dans ses colonnes, à un moment où le public parisien et l'état-major allemand y cherchaient l'expression de la pensée du Gouvernement, pouvaient prendre un caractère qui n'eût pas été celui d'un simple travail de publiciste. Des deux autres journaux auxquels nous nous adressâmes, l'un, qui jouit d'une autorité depuis longtemps incontestée, et qui avait souvent reproduit nos articles, recula devant la publication du mémoire déjà imprimé ; l'autre, connu pour son libéralisme intellectuel, nous opposa cette raison, que « les » journaux ayant cru devoir s'entendre pour ne plus dis- » cuter la question de paix ou de guerre, il se considérait » comme lié par cet engagement. »

Nous reprîmes donc nos bases de paix et nous les remîmes en portefeuille, convaincus qu'à un jour prochain la nécessité en imposerait de moins douces, et qu'on regretterait les nôtres.

L'isolement de Paris, séparé de la Province par l'investissement, ne pouvait guère nous suggérer d'illusions, parce que l'état moral et politique de la Province était connu de nous par le séjour et par l'étude. A travers les murailles de Paris et les retranchements des Prussiens, nous *voyions* la Province, et voilà pourquoi, sans avoir d'informations particulières, nous publiâmes un travail où le fractionnement de la France en groupes politiques différents et séparatistes était décrit au moment où il s'opérait.

Loin d'espérer que la France départementale pût venir au secours de Paris, nous étions remplis d'anxiété sur l'unité française qui nous semblait en péril.

Nos craintes n'étaient que trop fondées. Nos idées sur l'ensemble de toute la situation, à ce moment, se trouvent résumées dans le travail publié le 28 novembre, sous ce titre : « *l'Europe, la France et les Bonaparte.* »

On nous reprocha de « *voir les choses trop en noir,* » phrase très-employée alors, et qui rentre dans la même catégorie que cette autre phrase, non moins usuelle : « *Je pense ainsi, parce que j'ai été élevé dans ces idées-là.* » Deux mois après, les événements justifièrent les prévisions exprimées dans ce travail.

Nous étions assez patriotes pour demander la paix à outrance, mais nous n'étions pas assez naïfs pour y compter avec certitude. Aussi crûmes-nous devoir songer à la stratégie, parce que la situation le commandait évidemment.

Nous suivîmes la même méthode qu'en politique.

La bonne stratégie n'eût pas remédié à la mauvaise politique. Mais le genre de stratégie qui résultait nécessairement, à Paris, de l'exaltation indisciplinée de la foule; en Province, de l'ignorance presque générale de la stratégie même, ne pouvait être que fort mauvais. Stratégie et politique, au lieu de se porter secours, s'aggravaient l'une l'autre, et centuplèrent le désastre.

La capitulation de Paris et les préliminaires de Ver-

sailles, suivis de la paix de Francfort, furent le dernier mot
de la politique désirée par le peuple de Paris et suivie par
le Gouvernement, avec une égale ineptie sous l'Empire et
sous la République, mais avec plus d'égoïsme sous la dynastie, avec plus de foi patriotique sous la Délégation. Le
pays vit alors de quel prix il fallait payer les fausses
grandeurs du Césarisme, et les légèretés d'une Opposition
aussi timide dans ses conceptions que hardie dans sa rhétorique.

Mais ce que le pays n'apprit pas, c'est qu'il était lui-
même, avec son tempérament et ses préjugés, la cause de
cet Empire et de cette République, et par conséquent, de
cette capitulation. Il prodigua aux derniers chefs applaudis
par lui des accusations dont il aurait dû tourner contre lui-
même une bonne part.

De ce jugement peu consciencieux devaient résulter des
suites déplorables que l'on aurait pu prévenir.

La France avait été, en réalité, perdue par elle-même,
sous des raisons sociales successives. Elle ne pouvait se
sauver que par elle-même. Les élections lui offraient
enfin cette chance et bien des gens espéraient qu'à défaut
de savoir, le bon sens y suffirait.

Dans notre campagne électorale, nous mîmes ce que
nous pouvions posséder de savoir au service du bon sens.
Nous cherchâmes surtout à écarter les pires ennemis de
l'intelligence publique : les Jacobins et les Bonapartistes.

Notre attente et nos efforts ne furent pas complétement

déçus. Des noms illustres, qui n'auraient jamais dû être rayés de la politique active, sortirent des urnes en grand nombre, malgré l'ignorance, bien plutôt que par le choix réfléchi des électeurs, que la stupeur, pour un moment, rendait sages. Mais, en revanche, les grandes villes, et surtout Paris, en proie à leurs ressentiments aussi dramatiques que leur précédent enthousiasme, devinrent comme les bourgs-pourris des énergumènes.

On n'aurait pu guérir ce nouveau mal qu'en maintenant formellement, comme nous l'avions dit, *en dehors et au-dessus de l'échiquier usé des partis,* une République *nécessaire.* Nous allions plus loin que l'illustre Président de la République, qui ne signalait alors que la nécessité momentanée (déjà si épineuse!) de la trêve des partis. Nous nous écriions : « Plus de partis! »

Nous eussions voulu arriver à ce que sur le terrain déblayé de la France, il n'y eût même plus à s'occuper de ces factions politiques qui, ayant chacune à son tour perdu le pays, se renvoient, non sans raison, l'une à l'autre une responsabilité qu'elles méritent toutes. Car, si devant la morale elles sont coupables à des degrés fort différents, elles le sont toutes au même degré dans l'histoire par le seul fait qu'elles existent et se maintiennent.

Cette République *nécessaire,* qui eût été, en même temps que la mort des partis, la Renaissance de la France, nous avions décrit ce qu'elle devait être. Mais l'instruction était la condition, sinon de son établissement, du moins de sa durée. Sans quoi l'avénement de républicains *impartiaux*, dont les rangs sont encore bien clairs même au pouvoir, ne pouvait qu'honorer la France sans la sauver.

Nous allions nous consacrer tout entiers à l'étude de ce problème vital, dont l'Académie des sciences, dans une séance mémorable, avait signalé l'importance et l'opportunité, quand la ténacité des rancunes populaires et l'illusion forcenée d'une revanche possible avec et par des capitaines-démagogues, déterminant une catastrophe nouvelle, ajournèrent toute instruction.

Nous conseillâmes au Gouvernement une extrême prudence. L'étude de l'état psychologique du peuple, que les Allemands de notre époque ont si justement introduite dans la politique, nous faisait redouter les effets d'une détermination brusque et d'une exécution à la minute.

Nous eussions voulu qu'on se comportât d'une manière spéciale à l'égard d'un état psychologique spécial. Il fallait, à notre sens, user de douceur envers le peuple, et attaquer les chefs par le ridicule.

Le traitement que nous proposions n'était pas sans efficacité, et nous en eûmes la preuve. Un des futurs membres de la Commune, qui avait peut-être assez d'esprit pour s'en douter, protesta dans un langage d'une solennité mystique contre une série d'articles dans lesquels nous pratiquions la méthode que nous conseillions au Gouvernement.

C'était en ridiculisant, aux yeux mêmes de leurs

complices, « *les traîneurs de canons,* » qu'on fût parvenu à faire remettre en place les canons[1].

Mais la politique française, quand elle n'est pas maniée par un Mazarin, ne tient pas compte de cet ordre de faits et ne sait pas pratiquer ces ménagements.

La politique française dédaigne la psychologie.

La capitulation de Paris eut donc son pendant, et la guerre civile, donnée en spectacle à l'étranger, fit presque regretter la guerre étrangère.

De simples observateurs jusqu'alors, nous devînmes forcément combattants. Chargés, depuis le 18 mars, de la direction de l'*Électeur libre,* nous continuâmes à écrire dans une maison que les *Fédérés* envahissaient chaque jour. Nous dîmes aux *Fédérés* leur fait, et dans la réunion des Journalistes, nous signâmes la protestation dirigée contre des élections illégales.

Nous ne fûmes pas dupes, un instant, de la fausse conciliation tentée par les maires entre le brigandage et la vie civilisée. Mais nous pensions qu'il y avait un départ à faire, et qu'on devait tendre la main aux honnêtes gens qui, leurrés par les premières déclarations du

1. D'autre part, nous avions cherché à faire comprendre au peuple ce que devait signifier ce mot de *Revanche,* qui, mal compris et mal employé, fut une des causes du 18 mars ; et dans notre *réponse à la Société Positiviste,* nous avions, dès le 18 décembre 1870, combattu la théorie imprévoyante de ce qui fut alors mis en pratique.

Comité Central, et presque immédiatement désabusés par ses excès, restèrent livrés à la merci des prétoriens de la Commune.

Notre pessimisme, on le voit, n'était pas de l'hypocondrie.

Réduits au silence par la force brutale, nous reprîmes le cours de nos observations à Paris et à Versailles.

Nous avions souvent prédit, dès le premier siége, que Paris pourrait bien finir comme « un immense Munster. »

Les murs et les monuments de Paris portent encore les marques de la folie de Paris.

Nous avons dit, plus haut, que *scientifiquement* la France tout entière était responsable de ses malheurs. Mais responsables aussi sont les chefs qui se sont présentés en qualité de médecins, et qui n'avaient pas même étudié la maladie.

Les faits ont toujours donné raison à notre méthode politique, et nous ne craignons pas que les événements ultérieurs la démentent. La raison en est bien simple. Nous ne procédons pas autrement en politique qu'on ne procède dans les sciences expérimentales.

Nous avons la ferme conviction que la politique n'est pas, comme on le croit encore en France, même dans l'école libérale et sensée, et comme on se trouve bien fin de le croire, un simple expédient composé de routine, d'intrigues et de finesse; et qu'en dehors de cet expédient, tout soit déclamation, rêverie pure, ou candeur juvénile.

Dans cette donnée, il n'y aurait que deux écoles en politique : l'école des sceptiques et celle des déclamateurs. Le césarisme, en étant à la fois sceptique et déclamateur, plus sceptique encore que les uns, plus déclamateur encore que les autres, apparaîtrait non seulement comme un compromis intelligent, capable d'unir en soi les deux écoles, mais comme la perfection du genre. Sans doute, il y a des politiques adroits et des politiques maladroits, mais il y a aussi ceux qui savent et ceux qui ignorent.

Le césarisme n'est pas mort. Les déclamateurs, déchus de la dictature, sont encore puissants dans l'opinion. Enfin, il y a au pouvoir des sceptiques d'élite.

La question pour nous est de savoir si les sceptiques et les déclamateurs voudront bien nous permettre de passer entre eux, ou si, au contraire, ils ne se coaliseront pas pour barrer le chemin à la politique scientifique.

Le grand argument des déclamateurs contre nous sera que nous les convions à l'étude. Les sceptiques, nous abandonnant le savoir, réclameront pour eux l'habileté pratique, le tact, le coup d'œil et la supériorité de la manœuvre.

Nous laisserons déclamer les déclamateurs, de qui l'on ne saurait se faire entendre, tellement ils crient fort. Ils auront toujours, avec leurs poumons, raison de nous.

Aux sceptiques, qui ne sont pas tous des ignorants, qui

sont même parfois de grands esprits, et des hommes de premier ordre, mais qui estiment qu'en fait, la politique se compose surtout de *trucs*, et n'a rien à voir avec la méthode des sciences, nous répondrons que Machiavel lui-même, qu'ils ne comptent pas surpasser en finesse, était d'un avis tout contraire.

Lors même que Machiavel n'eût pas parlé, les derniers événements ont un langage clair et net. Ils ont démontré avec évidence que loin que la finesse aille de concert avec l'ignorance, et la maladresse avec la science, les maladroits ont toujours été les ignorants, ou ceux qui dédaignaient le savoir : d'autant plus maladroits qu'ils étaient plus ignorants ou plus dédaigneux.

Février 1872.

II

INDUCTIONS

I

Un malentendu, peut-être volontaire, a empêché la
France et la Prusse de conclure un armistice qui nous
eût donné la paix. Quelles en ont été les causes ?

Le débat entre M. de Bismarck et M. Jules Favre, c'est
le débat entre la force et le droit. Nos sympathies n'hési-

tent pas à se prononcer. Mais nous constatons un fait bien évident et bien grave : reconnu de tous en théorie, le droit, dans la pratique, est à chaque instant violé, et violé presque toujours impunément. En vain vous en appelez des gouvernements aux peuples. Les peuples sont sourds à la voix de la raison et de l'humanité.

Cela étant, nous devons nous estimer heureux quand la force veut bien argumenter avec le droit.

Je ne dis pas que nous devions lui en être reconnaissants. La force ne se refuse guère la satisfaction de prouver qu'on doit respect à la force. Elle aime également à démontrer que, dans l'espèce, la force est aussi le droit. On ne saurait prendre trop de précautions, surtout en présence de témoins inquiets.

M. de Bismarck a au moins le mérite de ne pas subtiliser. On pourrait se risquer à l'appeler un politique de bonne foi. Il ne s'ingénie point à établir qu'il est l'homme juste devant le Seigneur dont parle l'Écriture. Lorsqu'on fait entendre à ses oreilles les mots de droit, de justice, d'équité, son premier mouvement est à coup sûr de sourire, mais il ne tarde pas à répliquer avec autant d'à propos que de sang-froid : Vainqueurs, nous vous imposons les conditions que vous nous auriez imposées à nous-mêmes, si le succès eût couronné vos armes !

Avouons-le : le raisonnement est spécieux. Il est vrai que l'Empire ne se serait pas fait faute d'incorporer, le cas échéant, à la France les provinces du Rhin.

Par malheur, M. de Bismarck oublie qu'il n'y a plus de Bonaparte, que la France ne peut plus songer aux conquêtes, etc.

Le chancelier d'Allemagne n'admet pas ces transformations subites. Mais c'est qu'il ne connaît ni notre histoire, ni nos aspirations. Nous étions, lorsque la guerre a éclaté, disputés entre deux tendances contraires, la routine et l'avenir.

Notre passé nous offrait une séduction irrésistible : celle de la gloire militaire. Nos aspirations étaient telles que notre Ministre des Affaires étrangères les a traduites : philosophiques, *humanitaires*. Elles avaient déterminé récemment la formation de la ligue de la paix.

La *ligue de la guerre* et la *ligue de la paix* se tenaient, dans les trois dernières années, mutuellement en échec, et il a fallu une conspiration du Gouvernement, pour nous lancer dans des aventures. Nous reconnaissons, toutefois, que si la paix eût été maintenue, la guerre n'en aurait pas moins épié une occasion favorable à ses desseins. Ces tiraillements auraient duré une dizaine d'années, mais l'ère sanglante des batailles eût été close.

Ce qui le montre suffisamment, c'est qu'au lendemain de la République, on croyait généralement que la paix était *inévitable*. Ceux qui avaient *lancé* la guerre avaient disparu. La plupart étaient morts en France, captifs en Allemagne ou émigrés en Angleterre. Les autres étaient complétement *dégrisés*. La guerre continua par devoir ; personne ne la faisait plus par goût. Ceux qui vociféraient avec tant d'énergie : Pas d'armistice ! Pas un centime ! étaient tout simplement les ennemis du Gouvernement de la Défense nationale, et le plébiscite parisien nous a montré qu'ils formaient une minorité assez restreinte.

L'Allemagne pouvait donc être tranquille. Tous les arguments de M. Dubois-Reymond, recteur de l'Université de Berlin, perdaient leur valeur, et une réconciliation immédiate avec la France était à la fois *humaine* et *politique*. Malheureusement la question n'a pas été envisagée de la sorte par MM. de Bismarck et Jules Favre.

M. Jules Favre s'est retranché dans cette philosophie vague qu'on appelle l'humanitarisme et qui n'offre aucune garantie de réalité ni même de sincérité, M. de Bismarck, dans le droit historique, qui risque fort de ne pas tenir compte des différences d'époques et de pays !

Un retour agressif étant démontré impossible, il résultait de ce fait une déduction nécessaire touchant la nature du dédommagement que la France devait comme vaincue ou comme provocatrice.

Ici, le Gouvernement de la Défense était dans le vrai. Il offrait le dédommagement pécuniaire le plus complet. La plupart des citoyens auraient volontiers payé la rançon d'une guerre dont tous les Français étaient moralement responsables.

Mais M. de Bismarck voulait une extension de terriritoire pour la Prusse et pour l'Allemagne. Au nom du droit de conquête, du droit de légitime défense, du droit des nationalités, il revendiqua l'Alsace et une partie de la Lorraine.

Qu'il cesse d'alléguer le dernier et le plus faible de ses trois arguments, car les nationalités ne dépendent pas uniquement de la langue, de la race et de la situation géographique, mais bien plutôt des conditions d'existence, des affinités de diverses natures qui se résument dans une sympathie constante. Les provinces convoitées par la Prusse pourraient seules disposer d'elles-mêmes.

Reste le droit de conquête, et nous assistons au dialogue suivant :

— M. Jules Favre : Céder une partie quelconque de notre territoire serait un déshonneur pour la France.

— M. de Bismarck : L'honneur de la France ne diffère pas essentiellement de celui des autres nations.

M. Jules Favre a raison, mais il s'exprime ici fort mal et s'attire la réponse de M. de Bismarck.

M. de Bismarck est spécieux ; au fond, il a tort.

Nous lui accordons que la France, comme tous les États, s'est formée par la conquête. Mais elle est formée, et non en voie de formation, comme la Prusse. Là gît toute la différence.

Il fut un temps où la France, dont les parties n'étaient pas encore liées ensemble, pouvait abandonner d s provinces [1]. C'est ce qui arriva, par exemple, au traité de Brétigny (1360.) A cette époque la Guyenne n'adhérait guère plus à la France, que le Hanovre, il y a quelques jours à peine, n'adhérait à la Prusse. Au traité de Troyes (1420), le démembrement n'était plus une chose si aisée et si simple. La preuve, c'est que le royaume fut en bloc conféré à un roi d'Angleterre. Honte nationale dont nous débarrassèrent Jeanne Darc, le grand Conseil, les institutions de Charles VII et l'artillerie perfectionnée. A diverses reprises, nos rois, contraints par la prudence à des paix honteuses, cédèrent la Champagne, la Normandie, la Bourgogne, la Bretagne. Les états généraux s'opposèrent à l'exécution ou au respect de ces traités. Charles le Téméraire et Charles-Quint n'y purent absolument rien.

Nous avons au contraire, sans compromettre notre existence, délaissé nos conquêtes de la Révolution et de l'Empire. Ce n'étaient encore, au moment où on nous les enleva, que des *annexes.*

Un temps viendra peut-être où l'Allemagne, attaquée et vaincue par le Panslavisme, lui fera précisément l'objection que nous faisons aujourd'hui au Pangermanisme.

M. de Bismarck ne nous a pas compris. M. Jules Favre a-t-il compris la Prusse?

____

1. C'est ainsi qu'à plusieurs reprises, nous avons abandonné la Navarre (1328), la Franche-Comté (1322, 1492,) la Flandre-Française (1369), l'Artois (1369, 1492), le Roussillon (1492.)

Pas davantage. Il a coupé toute retraite à son adversaire : chose excellente en stratégie, déplorable en diplomatie. Il a voulu le prendre en flagrant délit de violence, et le dénoncer à la haine de la France et de l'Europe. Il l'a traité, comme il traitait naguère, dans ses discours à la Chambre, Napoléon III. Il a eu recours à l'amertume bien connue de son éloquence, à tout son fiel *de misanthrope humanitaire*. Il a échoué dans son attaque généreuse contre le ministre prussien, comme il avait échoué dans son attaque non moins généreuse contre Napoléon III. La France, d'ailleurs bien aveugle, n'avait pas compris autrefois l'opposition des cinq, qui se donnait le tort d'être violente, parcequ'elle n'était *ni scientifique ni savante*. L'Europe n'a pas compris davantage ce programme inflexible de l'ancienne opposition, devenue gouvernement; ce défi éloquent, mais intempestif, porté au vainqueur; cette résignation d'un chef d'état à la mort de son peuple, pourvu qu'elle fût héroïque. On nous a accusés de manquer de sens et on nous a mis en demeure de nous sauver tout seuls.

Nous avons dit au début de ces lignes, que l'armistice nous aurait donné la paix.

Comment? C'est que, pendant l'armistice, les puissances ne pouvaient se dispenser d'intervenir.

A la stupeur aurait succédé la réflexion. L'Europe aurait compris son intérêt; elle aurait tenu compte et de l'équilibre et de l'humanité.

Mais les conditions de l'armistice étaient-elles acceptables?

Le Gouvernement aurait dû se bien persuader que plus on y mettrait de retard, plus l'armistice serait difficile et onéreux.

C'est pourquoi il aurait dû le négocier avant l'investissement de Paris, immédiatement après Sedan.

A Ferrières, il était déjà tardif, mais nous déclarons qu'il était possible et point du tout compromettant.

M. Jules Favre, par une méprise singulière, a perpétuellement confondu, dans son rapport, les clauses de la paix et les clauses de l'armistice.

En ce qui concerne l'armistice lui-même, il n'a pas distingué l'alternative posée par M. de Bismarck. Ainsi, pour Paris lui-même, M. de Bismarck ne s'est pas contenté de dire : « Livrez-moi le Mont-Valérien. » Il a ajouté : « Autrement, vous ne pourrez pas vous ravitailler! » — Or, au début du siége, le ravitaillement était chose secondaire.

M. de Bismarck exigeait la reddition de Strasbourg en certifiant que cette ville, d'après le calcul des ingénieurs prussiens, ne tarderait pas à se rendre. Quelques jours après, son dire était justifié. Strasbourg, consulté par nous, nous aurait répondu de ne pas faire échouer l'armistice par considération pour lui.

La continuation des hostilités autour de Metz n'était pas une fin de non-recevoir, du moment qu'on savait que la

France ne pourrait pas de quelques mois secourir cette place, et que l'on stipulait que de nouvelles armées prussiennes ne seraient pas dirigées contre elle.

La France, à la faveur de l'armistice, aurait eu le loisir de se fortifier, de réunir des troupes au midi de la Loire, de fondre des canons et de forger des armes de toutes sortes. Elle aurait eu la facilité de faire des élections, même dans les pays occupés par les Prussiens, immense avantage, *puisque le démembrement n'était pas admis en principe.* — Une Assemblée nationale se serait réunie soit à Paris, soit à Tours, et M. de Bismarck n'aurait pas pu dénoncer à la France et à l'Europe les parlementaires éprouvés qui composaient le Gouvernement, comme redoutant surtout la convocation d'une Assemblée.

Une fois l'Assemblée installée, qu'aurions-nous vu?

En Prusse, le parti politique l'aurait emporté sur le parti militaire; en Allemagne, l'humanité aurait prévalu sur la guerre; en Europe, à l'étonnement eut été substituée la prévoyance; en France, l'instinct de la conservation eût imposé silence à un vain point d'honneur. Peu de jours après la convocation des États généraux français, aurait eu lieu celle du congrès européen.

Cette assemblée et ce congrès auraient autorisé une indemnité pécuniaire, le démantèlement des places fortes, la neutralisation militaire de la Lorraine et de l'Alsace. Il se fût passé quelque chose d'identique à ce qui s'était passé sous Louis XIV, aux conférences d'Utrecht qui terminèrent la guerre de la succession d'Espagne.

Le grand roi avait accepté la démolition des fortifications de Dunkerque et la surveillance des garnisons hollandaises dans les villes de la Barrière.

Il n'avait repoussé qu'un démembrement. La jeune République ne se fût ni déshonorée ni amoindrie en l'imitant.

La question pendante se fut bien vite généralisée. Afin d'éviter des conflagrations si contraires à la vraie science, à l'économie politique, à l'humanité, on eût conclu à une neutralisation des régions limitrophes. On eût formé un tribunal européen pour juger les différends. Le concert européen, depuis plusieurs années complétement dissous, se fût reformé sous de meilleures auspices. Il aurait trouvé une règle supérieure qui l'aurait guidé et maintenu.

On le voit : la règle historique inflexible, posée par M. de Bismarck, a imprimé à l'histoire contemporaine une déviation funeste.

L'humanitarisme de M. Jules Favre a empêché l'avénement de la vraie humanité.

Le patriotisme exigeant de M. de Bismarck a remis en question l'avenir de l'Allemagne.

Le patriotisme républicain de M. Jules Favre ne lui a pas permis d'être le plus habile, alors qu'il était le plus faible.

Les fautes du grand orateur et du grand politique ont

engagé l'Allemagne et la France dans ces guerres de conquêtes et de revanches à fond qui provoquent la ruine des vaincus et la transformation des vainqueurs [1].

II

M. VICTOR CONSIDÉRANT ET M. JULES FAVRE

La philosophie cherche noise à la philosophie. M. V. Considérant fait la leçon à M. J. Favre.

M. V. Considérant est un philosophe revenu d'Amérique, qui, à ce titre, peut enseigner bien des choses à M. J. Favre, le Français libéral et humanitaire.

La partie critique de sa lettre à l'*Électeur libre* est excellente, pleine d'observations aussi fines que justes. Il est, d'ailleurs, très-facile de mettre la philosophie française en défaut : elle n'est pas profonde, elle n'est pas même obscure; elle est franchement superficielle, et, par impuissance, éclectique.

Il n'y a pas, que nous sachions, de philosophie américaine.

[1]. Ce travail a été rédigé immédiatement après l'insuccès des négociations de Ferrières.

Le gros bon sens pratique : voilà, je crois, l'Amérique. M. V. Considérant en fait l'éloge; il en tient même quelque peu; mais l'élévation de son esprit, et, pour tout dire, son imagination le conduisent bien au delà.

M. J. Favre et M. V. Considérant sont frères, sans s'en douter, et nullement frères ennemis. Ce sont deux philosophes qui se targuent et qui manquent, plus ou moins, d'esprit pratique.

L'un et l'autre ont cru que la raison était la reine du monde. Ils ont pensé qu'il suffisait de concevoir et d'énoncer un beau principe pour le faire immédiatement accepter des peuples dont il assurerait le bonheur.

Illusion généreuse! Un homme de génie, qui était, en même temps, un homme de sens, nous avait pourtant bien prévenus : « L'homme n'est ni ange, ni bête. » Notre formule, à nous, serait la suivante : « La bête qui sommeille dans tout homme a besoin d'être surveillée et réfrénée. »

Ajoutons-y celle-ci : « Vouloir traiter en ange la bête, c'est faire un métier de dupe et s'exposer à être dévoré. »

Que diriez-vous d'un savant qui ferait à un tigre ou à une panthère un discours pathétique, au lieu de la museler?

Tel a été le rôle de l'opposition sous l'Empire. Entendons-nous. Elle aurait bien voulu limer les dents, par trop acérées, de l'Empereur. Mais, à l'égard des puissances européennes, elle a conseillé un désarmement général.

Et le Gouvernement, assez docile, n'armait guère, se contentant d'un budget de cinq cents millions.

Or le bon sens disait que les soldats, représentés par ces cinq cents millions, auraient dû figurer ailleurs que sur les papiers d'un général de cour ! Il disait également que, dans ces conditions, la Prusse et la Russie pouvaient compromettre non-seulement notre influence, mais notre existence !

Voilà ce que ni M. Considérant ni M. Favre n'avaient vu : cela ne les empêche pas d'être des philosophes et des citoyens estimables.

Ceci posé, en quoi nos deux penseurs diffèrent-ils? Plutôt dans les moyens que dans le point de départ, et dans le but qu'ils proposent.

M. J. Favre, comme le témoigne l'entrevue de Ferrières, a voulu, par les bons offices des puissances, traiter avec la Prusse sur les bases de la plus pure philosophie : il a fait valoir des raisons d'humanité. Pour conserver l'Alsace et la Lorraine, il alléguait le suffrage universel, le sentiment de l'honneur, etc. Il a mis, au point de vue du juste, en défaut la Prusse qui arguait du droit du plus fort. Le résultat, on le connaît : la Prusse est restée inflexible, et l'Europe impassible.

Il en eût été tout autrement, oppose M. V. Considérant si, au lieu d'invoquer l'Europe, on eût invoqué un arbitrage de juges choisis par les deux adversaires.

De plus, ajoute-t-il, la guerre présente, toute guere ultérieure, eût été éteinte, par l'énonciation de ce seul principe : « l'ère du militarisme est close. »

Mais tout cela suppose ce qui est en question. Il faudrait des peuples suffisamment éclairés sur leurs droits, leurs devoirs, leurs intérêts, à l'abri des entreprises des ambitieux qui exploitent la sottise populaire, dynastes ou démagogues.

Cette condition *sine qua non*, n'étant pas réalisée, l'arbitrage, l'union internationale, sont dérisoires.

Nous ne nous grisons pas de mots et nous voyons la triste réalité. Nous résumons ainsi notre pensée : dans la situation actuelle de l'Europe, notre salut serait mieux assuré par le désaccord, toujours possible, de certains gouvernements, que par l'union impossible des peuples qui ne se comprennent pas encore.

L'avenir est peut-être à la philosophie. Le présent, par malheur, est à l'histoire et à la politique. La politique, toutefois, peut, durant cet *intérim*, n'être pas cette chose rebutante que les Bonaparte nous avaient fait prendre en dégoût. Elle doit être *un préservatif*. Un diplomate capable et honnête serait tout simplement un *médecin politique*. Il se proposerait de mettre les honnêtes gens en garde contre les fripons. Il nous fournirait, à doses suffisantes, le contre-poison. Il nous assurerait un *modus vivendi*, jusqu'à ce que les peuples fussent instruits, le militarisme ruiné, les ambitieux évincés et les dynasties éteintes.

8 octobre 1870.

III

1870!

Connaître l'histoire est bien; vouloir la reproduire est dangereux. Pour le faire utilement il faudrait, en effet, une similitude dans les temps, les idées et les personnages que l'on chercherait vainement ! [1]

Les mêmes hommes qui, le 4 septembre, disaient assez justement, selon nous : « La France républicaine ne saurait périr ! » nous crient maintenant : « Tout est perdu, si nous ne suivons la ligne de conduite adoptée en 1793. » Avouons le tout d'abord : c'est le Gouvernement de la Défense nationale qui nous a, le premier, engagés dans cette voie malencontreuse. Il a voulu imiter le style et les manières de 1792. Il a cru effacer un deuil public en ordonnant de couler en bronze une statue dont le culte semble avoir remplacé celui de la déesse Raison.

1. Le paragraphe qui suit, et qui prévoyait ce qui devait arriver huit jours après, fut retranché sans notre avis.

Le peuple, docile comme toujours, à suivi le Gouvernement, et il a été conduit logiquement à vouloir supprimer le Gouvernement. On lui donnait, en septembre, 1792; il a voulu, en octobre, 1793.

Il serait facile de montrer la profonde différence des deux époques. En 1792, on avait, non pas un Gouvernement provisoire, mais une Convention nationale.

En 1793, on avait, au dedans comme au dehors, des partisans de l'ancien régime; et les prisons regorgeaient de suspects.

En 1792 et en 1793, l'ennemi était non au cœur de la France, mais à la frontière : il s'agissait alors de conquérir, pour n'être point déshonorés.

Certes, on peut reprocher au Gouvernement actuel de n'avoir pas, dès le 4 septembre, provoqué l'élection d'une municipalité parisienne et d'une Assemblée nationale.

L'Assemblée nationale eût maintenu, dans sa véritable sphère, la municipalité parisienne.

Aujourd'hui, on doit regretter profondément l'absence d'une Assemblée qui eût été comme l'âme indivisible et immortelle d'un peuple momentanément morcelé, au point de vue territorial, par l'invasion.

Raison de plus pour ne pas élire *présentement* une municipalité. Je ne veux point m'appesantir sur la perte de temps occasionnée par des élections nécessairement disputées. Mais je dirai que la municipalité, une fois élue, *se croirait fatalement plus légitime que le Gouvernement.*

Si cela avait lieu, nous serions perdus. La France, en effet, a reconnu d'une façon unanime le Gouvernement provisoire, à titre de *défense nationale*; elle ne reconnaîtrait pas la municipalité de Paris comme Gouvernement de la France.

La solution des difficultés présentes est ailleurs. Il ne faut pas renverser le Gouvernement : il faut, au contraire, faire cesser l'isolement qui l'empêche de remplir sa mission. Paris peut être bloqué : c'est aujourd'hui dans son rôle. Le Gouvernement doit pouvoir circuler et transporter la capitale à Tours, à Bourges, à Bordeaux même! Paris a un défenseur digne de lui, le général Trochu, et des administrateurs *provisoires* et néanmoins respectés. Cela lui suffit; car il est toujours une cité libre, bien qu'étant devenu un camp retranché. Que les autres membres de la défense nationale soient rendus à la nation!

De grâce, point de *fac-simile* de 1793. Osons le dire : les procédés de 1793 sentaient leur ancien régime. En faisant tomber des têtes couronnées ou coupables, le comité de salut public suivait les errements de la France monarchique, et il n'avait rien à envier, pour le fanatisme et pour la cruauté, à un Louis XI et à un Richelieu. C'est cette justice tyrannique qui provoqua, à travers la Terreur, le Directoire et le Consulat, le retour de la tyrannie; c'est à elle, en dernière analyse, que nous dûmes le despotisme de Napoléon Ier.

De même, les journées de juin contribuèrent puissamment, grâce à des appréhensions exploitées par la perfidie, au rétablissement de l'empire. La durée et l'extension démesurée de nos guerres ne tiennent pas à d'autres causes.

On l'a si bien compris, jusqu'à présent, que des hommes bien plus coupables que ceux que la Terreur sacrifia, ont eu le loisir de se rendre au-delà du détroit et au-delà du Rhin, à Londres et à Cassel, à l'abri des *angoisses patriotiques*.

Il est avéré que la Convention et la Commune de Paris, par leurs excès patriotiques, aggravèrent une situation déjà difficile. Elles eurent à compter avec le fédéralisme, avec la Vendée, avec les Chouans; elles furent condamnées à être héroïques. « Nous le serons, nous le sommes! » me direz-vous. D'accord; mais être héroïque ne nous suffirait plus, si nous n'étions sages en même temps. Si nous nous sauvons, nous aurons incontestablement surpassé nos pères.

N'oublions pas ceci : imiter trop fidèlement les grandes époques, c'est les parodier; c'est se condamner à la petitesse dans les vues, dans les moyens et dans les résultats. Quand Napoléon III voulait *faire grand*, il imitait visiblement son oncle. Sans s'en douter, il marchait vers Boulogne, Queretaro, Sadowa et Sedan. Il croyait faire de l'ancien! Hélas! nous ne le savons que trop : il faisait du nouveau!

Conclusion! ni 1792, ni 1793 mais 1870!

Il faut que 1870 ait, lui aussi, son originalité dans l'histoire, et que l'on soit tenté de l'imiter sans y réussir.

Que la seconde partie de l'année présente efface la première !

Dans la première partie, nous avons eu le plébiscite mensonger, les saturnales qui présidèrent à la déclaration de la guerre, *la liberté servile de décembre*, comme l'appelait déjà l'antiquité, la *Marseillaise* avinée, autorisée par Napoléon III!

Dans la seconde partie, nous aurons, grâce à un recueillement profond et à une énergie de tous les instants, l'indépendance nationale et la dignité de l'homme.

22 octobre 1870.

IV

OÙ COURONS-NOUS?

On accuse la plupart des Français de manquer de clairvoyance. Mais ne pourrait-on pas accuser les clairvoyants de manquer de courage?

Le peuple, héroïque mais ignorant, a trop de courtisans : il n'a pas assez d'instituteurs désintéressés :

Où courons-nous? Telle est la question que l'on se pose partout, dans le for intérieur et même dans les couversations particulières. En public, on fait des phrases ; on se paie de mots ; on ne s'inquiète nullement de la réalité : patriotisme est devenu synonyme d'illusion.

Osons dire tout haut notre pensée. Elle se résume ainsi : les échecs et les calamités que la féodalité avait infligés à la France, durant la guerre des Anglais, la démocratie est entrain de se les infliger à elle-même. Mais avec quelle précipitation les événements se succèdent! En moins de cent jours, nous avons trouvé moyen d'accumuler les catastrophes qui, dans l'histoire de nos pères, remplissent plus de cent années !

Reichshoffen, c'est Crécy (1346) ; Sedan, c'est Poitiers (1356) ; Metz et Paris, c'est Azincourt (1415). Puissions nous n'être pas à la veille d'un traité de Troyes (1420)! Que dire des *Blanquistes*, ces modernes *Bourguignons* qui n'ont pas encore trouvé leurs *Armagnacs?*

La France en est venue à ce point *d'empâtement politique*, que, ne pouvant pas, pour le moment, faire la guerre utile, elle ne sait pas faire la paix nécessaire. Pour entasser ruines sur ruines, morts sur morts, elle allègue son honneur, comme si l'honneur de la nation était en jeu dans une guerre de tout point semblable à celles de l'ancien régime.

Qu'on sache enfin ménager l'avenir, dans un pays où un premier ministre, toujours heureux, disait : « Le Temps et Moi. »

C'était, il est vrai, un Italien. Prenons donc pour exemple un Français, et un Français dans l'adversité. Louis XI, qui a, en grande partie, fait la France, s'est résigné plus d'une fois à conclure des paix appelées *honteuses* par les Parisiens du quinzième siècle, qui dressaient des perroquets pour lui crier : « Péronne ! Péronne ! Péronne ! »

C'étaient, à ses yeux, des haltes salutaires. Louis XI avait la sagesse de couper court, avant d'avoir perdu tous les éléments de revanche possible.

Que dans un temps où on ne lit plus l'histoire, et où l'on s'imagine qu'il y a deux humanités, celle d'avant 89, et celle d'après, on daigne se reporter aux traités de Saint-Maur (1465), de Péronne (1468), et de Pecquigny (1475).

Tout le monde sait que Louis XI a réuni à la France d'une façon définitive beaucoup plus de provinces qu'il n'en avait cédé temporairement. C'est qu'il avait une devise qui n'est plus celle de notre époque :

« Quand orgueil chevauche devant, honte et dommage suivent de près. »

Louis XI, dira-t-on, n'était pas un homme d'honneur. Prenons alors celui qui fut armé chevalier à Marignan par Bayard, le guerrier *sans peur et sans reproche.* Le même prince qui s'était écrié : « Tout est perdu, fors l'honneur ! » sut fort bien apposer sa signature au traité de Madrid, qui humiliait et sauvait en même temps la France royale. La France républicaine se croit-elle obligée d'être plus chevaleresque que François Ier ?

Une Assemblée nationale aurait seule qualité pour

prononcer; mais en tout cas, nous osons dire qu'une réponse affimative *scientifique* est impossible.

Tout se résume en deux points :

1º La France vient-elle au secours de Paris ?

2º L'Europe vient-elle au secours de la France ?

Gouvernement, bon sens public, instinct sérieux de la conservation nationale, répondez !

Un individu a le droit, et il a souvent le devoir de mettre le feu à sa maison et de s'ensevelir sous les cendres. Une nation est un être séculaire qui ne doit pas, dans un noble accès de désespoir, décider à la légère de l'avenir des générations futures.

Se figure-t-on ce que serait la France si Paris venait à disparaître? Elle pourrait conserver l'honneur, mais à coup sûr, elle aurait perdu l'intelligence. Elle reculerait de cinq siècles. Elle deviendrait une Espagne sans caractère, une Italie sans finesse. Le roi de Prusse serait alors au comble de ses vœux. Les hobereaux et les réactionnaires régneraient en maîtres définitifs dans la patrie de Montesquieu et de Voltaire.

Le tour serait joué, et nous aurions nous-mêmes couru au devant de la fosse qu'on nous creuse.

Qu'on nous blâme, — nous en prenons notre parti : — mais qu'on réfléchisse !

Ne pas craindre pour soi, tout craindre pour son pays : c'est là le patriotisme.

9 novembre 1870.

V

PAS DE CAPITULATION

Qui demande à capituler?

Ce ne sont pas, à coup sûr, les hommes qui, dès le 4 septembre, indiquaient le moyen de couper court à la guerre, et qui, aujourd'hui même, montrent comment Paris évitera la honte suprême d'une occupation prussienne.

Ce moyen, ce n'est pas la paix à tout prix. *Il n'y aurait de paix à tout prix qu'après une capitulation.*

Ce double danger, ce ne sont pas les téméraires qui le conjureront: ce sont les prudents.

Assez de chauvinisme! Du raisonnement!

Assez de risque-tout! Des politiques!

On vous dit : « Réfléchissez. » — Vous comprenez : « Capitulez. »

La note vraie est celle-ci :

« Vous avez des ressources militaires et des ressources » politiques; sachez les combiner avec sang-froid en domi-

» *nant la situation.* — *Usez-en avec habileté* pour sauver
» non-seulement l'honneur, mais aussi Paris, la France,
» la République. »

13 novembre 1870.

VI

SAUVONS L'UNITÉ FRANÇAISE ET LA RÉPUBLIQUE

L'unité française et la République courent, en ce moment, le plus grand danger.

La France, sous l'Empire, était devenue, grâce à la
centralisation, une *raison administrative.*

Qu'on ne dise pas que Paris avait tout absorbé. Il était
lui-même entravé par l'administration dont il possédait,
comme unique privilège, l'inutile et lourde bureaucratie !

Grâce à ce système absurde, qu'il tenait de ses devan-
ciers, mais dont il usait sans ménagements, l'Empire a
vécu dix-huit ans ! Tout, sauf Paris, s'est courbé respectueusement sous son joug de fer. Quand la honte de Sedan
et l'émotion parisienne, qui en fut la suite, eurent renversé

la dynastie des Bonaparte, la France complétement dépourvue, eut du moins un signe de ralliement, sa capitale.

Ne nous étonnons pas de ce fait. Paris (est-ce un bien ou un mal?) attire à lui depuis longtemps ce qu'il y a de plus intelligent et de plus vital dans la nation.

Paris *seul*, le 4 septembre, renfermait des hommes d'État capables, n'ayant point pactisé avec le régime déchu.

Voilà comment le Gouvernement, improvisé alors, récemment légitimé par le suffrage universel, ne se composa que des anciens députés de Paris.

Rien de plus avouable, rien de plus nécessaire. Mais deux grandes fautes furent commises par les représentants patriotes qui avaient assumé le poids des affaires : 1° Ils ne répudièrent pas avec assez d'habileté l'héritage sanglant de l'Empire ; 2° ils ne firent pas un appel immédiat à une Assemblée nationale.

De là résulta, en Europe, une énorme confusion politique, et en France, une sorte de dislocation.

Nous n'insisterons pas sur la première de ces erreurs. Aussi bien, on pourrait nous répondre que le patriotisme français, je me trompe, le patriotisme parisien, avait ses exigences, et que c'est grâce à lui que l'entrevue de Ferrières fut tardive et inutile.

Raison de plus pour insister sur la seconde mesure que nous avons signalée. En effet, si l'Assemblée nationale eût été convoquée, elle aurait donné tort ou raison à Paris. Paris avait entraîné la France vers la République; la

France aurait pu, à son tour, entraîner Paris vers la *paix*.

L'étonnement fut grand quand on vit ces défenseurs illustres et éprouvés des libertés parlementaires ajourner indéfiniment la convocation de la Chambre.

Toutefois, les raisons de cette détermination fâcheuse ne nous échappent point. On craignait (bien à tort, suivant nous) l'avénement d'une majorité réactionnaire, comme si les réactions se produisaient le jour même, et non le surlendemain des révolutions. Le parti de la Commune, qui envisageait ainsi la question, pesa sur le Gouvernement, jusqu'au moment où le suffrage universel l'écarta d'une manière définitive. Cette Commune elle-même, on dut la repousser parce qu'on n'avait pas d'Assemblée. — En outre, on se demandait si le moment était bien venu de discuter en séance publique une Constitution. Que de faux pas on eût évités si, au lieu d'une Constituante, on eût réclamé une Assemblée chargée des pouvoirs de la nation pour les affaires pendantes *exclusivement!* — Enfin, dans Paris, qui vient d'entasser, en une semaine, votes sur votes, on s'était imaginé que des élections étaient impossibles en France sans armistice, et que ne pouvant avoir certains députés, on ne devait en avoir aucun.

Le siége commença. L'investissement, contre toute attente, ne laissa plus de communication avec les provinces. Les provinces s'habituèrent à ne considérer désormais *le Gouvernement de la Défense nationale que comme le Gouvernement de Paris.*

La Délégation de Tours, composée d'avocats ou trop vieux, ou trop jeunes, ne fut pas suffisamment prise au sérieux, et chacun crut pouvoir se sauver plus sûrement en ne se fiant qu'à lui-même. Les départements plus éloignés oublièrent même ceux qui étaient au péril; ils n'eurent point de hâte d'être à l'honneur.

C'est de cette façon que la République du 4 septembre finit par être enfermée dans les lignes étroites des forts de la capitale.

Cinq ou six groupes se dessinèrent en France, avec des aspirations politiques diverses.

1° Nous négligeons les provinces envahies par les Prussiens, constituant cette frontière héroïque dont nous gardons un précieux fragment, la Franche-Comté.

2° Le groupe normand (Normandie, Flandre, Artois, Picardie), riche, prudent, ami des moyens termes, comme l'Angleterre, dont la Manche seule le sépare. C'était le domaine désigné de l'Orléanisme.

3° Le groupe breton (Bretagne, Maine, Anjou, Touraine, Poitou, Angoumois), avec ses souvenirs de la chouannerie, de la Vendée, religieux, légitimiste.

4° Le groupe auvergnat (Auvergne, Marche, Bourbonnais, Nivernais, etc.) auquel l'Empire n'avait pas encore appris à lire, ce dont il lui sait gré peut-être. Il faut bien remarquer que c'est dans cette région que sont nés ou ont pris pied les apôtres, les fondateurs et les soutiens de l'Empire, les Rouher, les Morny, les Magne, les Persigny.

5° Le groupe méridional, avec ses grandes cités : Lyon, Marseille, Bordeaux, Toulouse. Tout le monde sait que les cléricaux et les exaltés s'y trouvaient, sous l'Empire, à l'état de lutte sourde. Le 1793 du Midi a pu sembler arrivé avec son cortége d'émeutes, d'incarcérations, de jugements sommaires.

Telle est la France que l'Empire, l'invasion, et aussi des erreurs encore réparables, nous ont faite.

Dans ces circonstances, quel doit être le désir de tout vrai patriote?

1° Sauver l'unité, pour sauver la France;

2° Sauver Paris, pour sauver la République.

Pour sauver l'unité, il nous faut une Assemblée nationale;

Pour sauver Paris, il faut qu'il soit prêt à tous les sacrifices, mais en sachant pourquoi.

Que la capitale de la France, le symbole de notre unité comme de la République modérée, ne subisse pas la honte d'une occupation prussienne! Mais qu'un héroïsme mal entendu n'amène pas l'anéantissement de Paris. Anéantir ou déshonorer Paris, c'est déshonorer en réalité la France, c'est anéantir la civilisation française.

Paris, France, République : trois termes étroitement liés qu'on ne séparerait pas impunément.

Que veut le roi de Prusse? Neutraliser ou prendre trois

de nos départements? Au point où nous en sommes venus, ce serait là pour nous une douleur intolérable, mais pour lui une médiocre satisfaction.

Il veut séparer les trois termes que nous déclarons étroitement unis : Paris, France, République.

S'il y parvenait, il nous donnerait peut-être, pour nous achever, un Napoléon IV; ou bien, plus clément, pour nous ménager la protection divine, Henri V : à moins qu'il ne daignât être lui-même cet Henri V étranger et conquérant qui gagna la victoire d'Azincourt, signa le traité de Troyes, et fut accueilli par Paris, au milieu de la lutte des Armagnacs et des Bourguignons, comme un libérateur.

Soyons héroïques! m'écrierai-je en terminant, mais soyons sages; et quand l'occasion se présentera de sortir par l'habileté de cette situation, ne repoussons pas l'habileté. Nous éviterons le dommage tout en gardant l'honneur.

13 novembre 1870.

VII

M. MOMMSEN ET M. DE BISMARCK

M. Fustel de Coulanges a fait, dans le journal *le Temps*, une réponse à M. Mommsen, l'illustre professeur de l'Université de Berlin.

Il lui a été facile de montrer l'abus étrange que l'on faisait contre nous, d'un principe que la France a, la première, mis en honneur, qui a causé sa grandeur sous l'ancienne monarchie en mettant fin à l'isolement féodal et aux prétentions de Rome et du Saint-Empire, mais qui lui a été fatal lorsqu'elle a voulu, à main armée ou par des intrigues inavouables, le faire triompher chez ses voisins.

Il aurait pu, sans compromettre notre cause, accorder quelque influence à la race, à la langue, qui si souvent créent cette sympathie constante et durable, fondement de toute unité nationale. Il aurait même pu, rompant des cadres étroits, montrer que l'Alsace, rattachée à l'Allemagne, ne serait pas plus utile à l'humanité que rattachée à la France.

Suivant cette idée, que j'appellerai *économique*, on aurait pu prouver que l'Alsace, unie à la France par une amitié séculaire, à l'Allemagne par le langage, établissait effectivement un lien précieux entre les civilisations les plus avancées de l'Europe.

Enfin, à une époque de libre-échange, l'Alsace, par sa situation, n'appartient-elle pas forcément, en dépit des efforts des généraux et des politiques, aux deux pays? Et serait-il si nécessaire et si utile de la neutraliser, à moins que l'on ne voulût, du même coup, neutraliser toute l'Europe? On aurait pu, j'imagine, faire comprendre tout cela à M. Mommsen, car cet Allemand intraitable est un historien qui parle bien des langues, étonnées de se trouver ensemble (nous renvoyons au style de ses ouvrages), et ce patriote ardent n'a pas dédaigné l'amitié de Napoléon III, qui, grâce à lui, était devenu l'historien de César.

Il ne faut pas perdre de temps. Ce n'est point à M. Mommsen qu'il s'agit de répondre, mais à M. de Bismarck. Or, la question des nationalités tient peu de place dans l'argumentation du premier ministre prussien.

Cette argumentation repose tout entière sur *le droit de conquête* et sur *le droit de légitime défense.*

Le droit de conquête est, aux yeux des philosophes, la négation même du droit. Faisons-lui néanmoins l'honneur de le discuter le premier. Aussi bien, que de fois la France l'a invoqué et en a fait un détestable usage! L'histoire de notre siècle nous édifie sur cet article. Les violences des Bonaparte, autorisées par nous, ont été poussées si loin, que ce serait vraiment plaider les circonstances atténuantes que de rappeler les violences des Bourbons.

Beaucoup de provinces ont été réunies à la suite de guerres injustes. Heureusement que les siècles, aux ressentiments de la conquête, ont, sur nos frontières, substitué une confraternité sans égale. Ce qui dépassait cette limite, nous l'avons justement perdu, justement nous n'avons pu le reconquérir.

Nous l'avouons, si M. de Bismarck ne voyait pas la différence profonde de l'époque immédiatement antérieure et de la nôtre, nous n'aurions absolument rien à lui répondre. Nous parlerions deux langues différentes.

Mais M. de Bismarck, plus que personne, a conscience de ce changement. Il sait que presque partout en Europe, même dans les chancelleries, il en est tenu quelque peu compte : et voilà pourquoi, en définitive, *il se pose en défenseur de l'Allemagne, plutôt qu'en conquérant de la France.*

L'Europe a cru, il y a trois mois, à ses assurances. La Russie, notamment, a dû être au courant de sa politique. Il aura obtenu d'elle et lui aura donné, avant la guerre, une garantie ainsi formulée, je suppose : « Si j'étais malheureux, aura-t-il dit, vous forcerez la France à lâcher prise ; si je conquiers la Lorraine et l'Alsace, *je les neutraliserai.* » De là, l'indifférence apparente des grandes

puissances, jusqu'à la bienfaisante et patriotique interven-
tion de M. Thiers.

M. Thiers, pour limiter honorablement notre désastre,
avait donc à démontrer à la Prusse, à la Russie, à l'Angleterre, à l'Autriche et à l'Italie, que nous n'attaquerions
jamais notre redoutable voisine.

La démonstration sera difficile à faire. Toutefois, quand
l'on considère que la République française n'a jamais été
agressive tant qu'elle ne s'est pas laissée exploiter par les
Bonaparte et leurs imitateurs, dont le règne est passé; —
que la *ligue de la paix*, sans une police honteuse à ja-.
mais détruite, aurait triomphé de la guerre; que le peuple
français, au milieu d'une lutte devenue purement défensive et nécessaire, a confié ses destinées à ceux qui voulaient le maintien de la paix; quand on considère tout cela,
et qu'on avoue que nous sommes non-seulement fort affai-
blis, mais terriblement avertis, on arrive à une démonstration qui vaut, croyons-nous, beaucoup mieux que
celle de M. de Bismarck, s'imposant à lui-même une neutralisation des pays conquis, et donnant pour suprême
garantie à l'Europe sa toute-puissance.

Nous ajouterons une considération non moins grave.
Pour quelques États, pour l'Autriche, par exemple, les
provinces frontières ne sont qu'un vêtement qu'ils peuvent rejeter pour un temps ou pour toujours. C'est que leur
croissance s'est faite par juxtaposition, et non par une
intime assimilation : voilà en quoi l'unité de la race, de

la langue, nous a merveilleusement servis. Les parties de
nos provinces qui ne parlent pas encore le français (de
même qu'à Posen, on ne parle pas l'allemand) auront vite
appris notre idiome. C'est une affaire non de nationalité
à détruire, mais d'instruction primaire à perfectionner.
(Il n'en est pas ainsi à Posen.)

La France, d'après une loi fatale, a perdu les provinces
qu'elle n'avait pu s'assimiler, celles du Rhin. Elle y renonce à toujours, et dernièrement, elle n'y aurait pas songé
par elle-même. On l'a tentée : tout le monde le sait.

*Le reste, elle doit le conserver, parce qu'elle doit exis-
ter.* Que, dans les conférences de Versailles, la France
n'apparaisse pas comme un malade entouré d'un chirur-
gien et de quatre médecins consultants, qui se demanderaient les uns aux autres si l'opération doit être faite plus
haut ou plus bas.

Je vous en conjure pour votre honneur, et, ce qui est
plus important à vos yeux, pour l'équilibre européen,
point d'amputation! Alexandre Ier l'avait ainsi compris
en 1815. Alexandre II suivra ses traces. Il oubliera la
campagne de Crimée, comme son oncle avait oublié l'invasion de la Russie.

En réalité, la France vaincue est, pour l'Europe, un
ancien maître, devenu, par suite des circonstances, un
client hors de pair, plus grand encore que certains pro-
tecteurs, dont les malheurs sont aussi imposants que la
prospérité, et qui, dans sa chute, entraînerait forcément

la plupart de ceux qui lui refuseraient ses bons offices.

Nous avons cru, dans ces quelques lignes, plaider à la fois l'intérêt de la France et l'intérêt de tous, sans mettre en oubli la justice elle-même.

Novembre 1870.

VIII

A QUEL PRIX LA FRANCE PEUT-ELLE FAIRE LA PAIX ACTUELLEMENT ? [1]

Quand, dans notre article intitulé : *Où courons-nous?* nous avons essayé de faire réfléchir une population intelligente, mais égarée par certains journaux, nous n'avons voulu qu'une chose : opposer, autant que possible, le savoir à l'ignorance, le sens de l'histoire et de la réalité aux vaines déclamations. Nous ne découragions pas, mais nous éclairions les Parisiens, qui n'ont pas besoin d'être aveuglés pour être braves.

Nous avons été sévèrement critiqués, c'était naturel, par les rhéteurs et les énergumènes, deux classes de gens inégalement violents, mais également sincères. Mais nous

1. Voir, plus haut, page 11, les aventures de cet article.

avons eu aussi pour adversaires des hommes distingués et instruits.

N'en soyons pas étonnés. En France, la science, qui pénètre peu les masses, a de la peine à transformer même les savants.

On nous a dit, dans le monde lettré : « Auriez-vous la prétention de nous ramener aux traités de Péronne et de Madrid ? » Nous répondons : Nous avons de l'histoire une connaissance suffisante pour lui demander, non des formules, mais des conseils.

Nous saisissons aussi bien que personne la distance qui sépare la France ancienne de la France contemporaine, — et la France contemporaine des autres États de l'Europe.

Nous avons, dans un écrit sur *MM. Mommsen et de Bismarck*, montré que la nationalité française était la plus homogène et la plus nettement définie de toutes celles qui existent dans l'univers civilisé. Ses diverses parties forment depuis notre grande Révolution un tout indivisible. Le jour où les départements ont été substitués aux anciennes provinces, il est devenu évident qu'on ne séparerait pas impunément de l'ensemble une portion quelconque du territoire.

La France de Louis XI pouvait, sans périr et sans se déshonorer, céder telle ou telle province : c'était une annexe qu'elle abandonnait, pour la reconquérir ensuite. L'Autriche peut, sans périr et sans se déshonorer, renoncer à l'un des royaumes qui composent son empire : c'est une propriété qu'en droit civil elle aliénerait légalement.

Pour nous, Français de 1870, l'intégrité territoriale est une question d'honneur et d'existence.

Pouvons-nous, nous le demandons, abandonner des compatriotes qui ne nous abandonneraient jamais volontairement?

Pouvons-nous consentir à l'ablation d'un ou de plusieurs de nos membres? M. de Bismarck montrait son ignorance de notre histoire, quand il écrivait récemment, dans une circulaire diplomatique : « L'honneur de la France ne diffère pas essentiellement de celui des autres nations. »

Et cependant il résulte de notre histoire, de l'histoire de tous les peuples, que la prudence et la politique sont de mise dans toutes les circonstances critiques, en France comme ailleurs. Voilà pourquoi nous avons eu l'audace de vous parler de François Ier.

Le vainqueur a fatalement ses exigences; le vaincu subit fatalement l'empire de la nécessité!

C'est ce qui nous a fait condamner l'attitude politique de ceux de nos concitoyens qui, en formulant un programme inflexible, ont poussé le patriotisme bien au delà des exigences du salut et de la dignité.

Ne faisons point de vaines récriminations. Une transaction est toujours possible entre le vainqueur et le vaincu, civilisés tous les deux, dans une Europe qui, Dieu merci! n'est point barbare.

Nous devons une réparation, non comme agresseurs (cela eût pu nous être pardonné), mais comme vaincus; telle est la règle qui prévaut dans une humanité encore brutale. Mais nous devons une réparation qui nous laisse à la fois la vie et « la qualité de Français », *vivendi causam*.

Dans le cas contraire, point de traité. Jamais dans un traité, on ne stipule la mort ou la honte de l'une des deux parties contractantes.

Que fera la Prusse, si elle est *humaine*; la France, si elle est *politique*; l'Europe, si elle est *conciliante*? Elles négocieront une paix imposant à la France *des conditions compatibles avec sa nature particulière*.

Ces conditions seront les suivantes :

1o Une indemnité pécuniaire;

2o Le démantèlement de Metz, de Strasbourg et autres places fortes situées dans ce périmètre, à condition toutefois qu'il n'en soit pas élevé d'autres sur nos frontières;

3o Nous renoncerions également à toute occupation *militaire* de la Lorraine et de l'Alsace, à condition que l'administration demeurât complétement nôtre;

4o Nous autoriserions des commissaires européens à vérifier périodiquement la fidèle observation des clauses précédentes;

5o Nous voudrions que le Congrès européen, convoqué à des intervalles réguliers, fût le garant de la paix.

Si M. de Bismarck voulait soumettre ces propositions à

une Assemblée française, nous verrions sans déplaisir l'armistice.

Si l'Assemblée donnait son assentiment aux propositions indiquées, nous souscririons, pour notre part, à la paix.

N'allez pas croire toutefois que la paix conçue de cette façon nous fît tressaillir d'aise. C'est la raison, non le cœur qui nous guiderait dans cette circonstance. A la différence de ceux pour qui les événements passent vite, nous n'avons pas oublié les catastrophes de Reichshoffen, de Sedan et de Metz. Nous aspirons à limiter un désastre sans précédent. Nous demandons une *halte salutaire*, si elle est honorablement possible.

Nous nous gardons bien de dire que notre situation militaire soit désespérée. A Paris, elle peut, telle qu'elle est connue, servir d'appoint à notre diplomatie; en France, elle est trop obscure pour assurer une revanche. Oui, la France, pays brave et généreux, peut révéler tout à coup de grandes forces qui nous donneront la victoire; oui, de grandes infortunes peuvent fondre sur les Prussiens. La France pourrait devenir pour eux ce que la Russie et l'Espagne ont été pour la France il y a cinquante ans.

Cette pensée nous est venue; mais tout cela est hypothétique, et, à ce titre, ne saurait entrer dans les calculs *purement scientifiques et purement français*. Seul M. de Bismarck a le droit et le devoir de les faire entrer dans les siens!

C'est sur des données positives que repose cette consultation politique. Si l'audace l'emporte sur le raisonnement, nous nous réjouirons, pourvu qu'elle conserve à la France non seulement l'honneur, mais l'existence.

Que si nous tombons en même temps que vous, nous vous dirons : « Ce n'est pas nous qui avons consommé la ruine de la patrie, car nous l'avions avertie. L'auteur de son anéantissement, c'est vous, et l'histoire a de justes sévérités pour les héros qui ont présidé à la chute de leur pays! »

15 novembre 1870.

IX

LA SÉLECTION SOCIALE PAR LA SCIENCE

Réponse au manifeste de la Société positiviste de Paris.

Il s'est formé, à Paris, une *Société positiviste* qui vient de révéler son existence par une adresse au Gouvernement de la Défense. Tout le monde a pu lire ce document, affiché le 16 décembre sur les murs de Paris.

Nous approuvons l'intention de ces messieurs : un certain instinct les a évidemment poussés vers ces terres nouvelles qu'ils entendent désigner sous le nom de Politique positiviste, et à l'existence desquelles nous croyons, mais que nous ne voyons pas tout à fait comme eux, et auxquelles nous aimerions mieux donner le nom plus exact de *Politique scientifique*. Soit défaut de logique, soit plutôt étude insuffisante des données du problème, les signataires de ce manifeste sont tombés dans de singulières contradictions.

Ils commencent par un acte d'accusation contre le suffrage universel. Assurément, ce n'est pas sans une véritable satisfaction que nous voyons enfin contester et renier cette idole, qu'auraient dû rendre dès longtemps suspecte tant d'hommages intéressés, tant d'adorateurs hypocrites. Cependant, le suffrage universel, *bien informé*, nous a toujours paru un bel idéal. Le mal est venu de ce qu'on a voulu le faire parler quand il ne pouvait encore articuler que des bégaiements enfantins.

L'enfant lui-même, dans lequel on voulait nous faire voir un oracle, n'aurait pas été si *terrible* s'il eût eu un précepteur honnête. Notre malheureuse destinée a voulu que, dans un état de démoralisation dès lors visible, le ministère parcimonieux de M. Guizot ayant refusé l'adjonction des *capacités*, les hommes du 24 février, trop généreux, aient décidé l'irruption subite, dans le corps électoral, de toutes les *nullités*. Il en est résulté que le

4

nouveau régime a reposé sur une équivoque aggravée d'un malentendu. Le suffrage universel aurait dû être précédé par l'instruction universelle. C'est pour n'avoir pas compris cette nécessité que le Gouvernement provisoire de 1848 nous a légué, avec des chances fatales de durée, l'absolutisme de Napoléon III.

Irons-nous, pour cela, proposer une restriction au suffrage universel? Nullement. Mais nous nous serions hâtés de l'instruire.

En tranchant cette question d'une façon sommaire, les signataires du manifeste aboutissent, sous couleur de progrès scientifique, à une théorie gouvernementale en réalité purement despotique.

Est-il raisonnable de conclure l'excellence absolue du Gouvernement actuel de ce seul fait qu'il n'est pas issu du suffrage universel? Même à ce point de vue, il importe de ne pas oublier que le principal titre de ceux qui le composent est d'avoir été élus, l'an dernier, au Corps législatif, par ce même suffrage universel.

On ne saurait donner tort aux hommes de la Société positiviste quand ils prétendent que le suffrage universel, pas plus que le droit divin, ne peut constituer une légitimité. Tous deux, en effet, ont ce vice capital, rédhibitoire, de ne pas pouvoir se passer d'interprètes assermentés et intéressés. Or, jusqu'ici la Providence n'a jamais pris la peine de démentir personne, et le peuple, qui trop souvent ne pense rien, se prête facilement à penser ce qu'on veut. *Vox populi, vox Dei !* deux formules qui se valent!

La seule légitimité est dans la science démontrée par l'évidence; et c'est dans cette mesure qu'on peut dire avec les positivistes que ce qu'il faut, c'est proprement « un gouvernement spécial en vue d'une nécessité spéciale. »

Ce gouvernement spécial ne vient pas tout seul au monde. Qui le constituera? Sera-ce le peuple, au milieu d'une émotion comme celle qui suivit Sedan? Mais il y aurait alors aggravation des vices que ces messieurs reprochent au suffrage universel. Au lieu d'un droit réel ou fictif, on aurait, pour base de l'édifice, le hasard ou la force.

Les signataires du manifeste oseraient-ils dire que le Gouvernement de la Défense s'est imposé comme *inévitable* et *indispensable?* Ce serait singulièrement refroidir les sympathies de l'opinion éclairée. Qu'ils relisent, avant d'en parler ainsi, les paroles de M. Jules Favre dans la nuit qui a précédé la déchéance. Ils verront qu'une transaction a été loyalement tentée, et que si elle a échoué, c'est pour s'être heurtée à l'égoïsme inintelligent de la majorité.

Que l'on soutienne que les députés de la Seine ont été fatalement portés au pouvoir le 4 septembre, à la bonne heure! Seuls, en effet, ils voyaient la situation dans sa réalité, parce que seuls ils n'avaient pas l'esprit aveuglé par un pacte avec la dynastie.

Le lendemain, il n'en était plus de même.

Paris s'était trouvé, en vertu de circonstances particulières, investi du *droit d'appel* à la province. Paris était dans la même situation que le prince Louis-Napoléon, après le coup d'État. Nul doute qu'il n'eût reçu, et, avec bien plus de justice, une réponse identique.

Le nouveau Gouvernement, en s'intitulant Gouvernement de la Défense, résolvait, de son autorité, pour ainsi dire privée, la question qu'il avait seulement qualité pour poser au pays.

Il ne s'inquiéta et ne se ravisa que lorsqu'il se vit contesté par une fraction même de l'opinion parisienne. Il s'était passé, en septembre, d'un plébiscite national : il eut recours, en novembre, à un plébiscite purement parisien. Les positivistes donnent à ce dernier la valeur d'une consécration. Nous le voulons bien : mais alors nous ne nous expliquons pas leur hostilité contre le premier. *Qui veut le petit plébiscite doit vouloir le grand.*

Ils ne nous paraissent pas produire de meilleures raisons quand ils repoussent toute Assemblée nationale (législative ou constituante).

A moins de tout ignorer, ils devraient cependant savoir quel parti M. de Bismarck a tiré de l'absence de gouvernement légal en France. L'Europe a paru adhérer à cet argument. — On pouvait se passer de fournir ce prétexte à un ennemi acharné, cette excuse à de tièdes amis.

La première condition de succès était d'intéresser à

notre sort tous ceux qui, dans le monde, sont partisans du progrès. Il aurait fallu dessiner de suite la vraie République, et faire voir à l'Europe qu'il y avait là quelque chose.

Nos atermoiements furent cause qu'ayant contre nous les chancelleries, nous n'eûmes pas pour nous les peuples, les meetings, la presse, les salons, cette expression non officielle, mais puissante, de la grande opinion européenne.

Nos malheurs, depuis, nous ont refait des sympathies, dans lesquelles la compassion, hélas! tient autant de place que l'estime. Mais le moment est passé où nous pouvions, par l'habileté politique, tirer un profit positif de ces *éléments moraux*, les faire compter pour quelque chose.

Ce point de vue échappe aux positivistes.

Pour nous refuser une Assemblée nationale, ils excipent qu'elle eût été *infailliblement réactionnaire*. Ils rappellent la composition et la qualité des Chambres élues, depuis vingt ans, par le suffrage universel.

Oui, la plupart de ces Chambres ont été réactionnaires; mais c'est que, issues du despotisme préfectoral, elles n'étaient au fond que les *expressions successives d'une sorte de coup d'État en permanence*.

La Constituante de 1848, convoquée sous d'autres auspices, n'avait pas été réactionnaire; elle avait montré, à l'égard du prince Louis-Napoléon, candidat, député, ou président, une défiance qui l'honore.

4.

Est-il admissible qu'après Sedan, et avant les fautes commises par ses successeurs, Napoléon III eût trouvé, dans une nouvelle Constituante, tant de partisans?

Les signataires du manifeste portent si loin le soupçon, que, dans une analyse inquisitoriale, ils font le décompte de ceux qui demandaient une Assemblée, et semblent prêts, malgré la liberté républicaine dont ils réclament le bénéfice, à les traiter de suspects.

Quoi! ceux qui ont demandé le plus vivement la convocation de nouveaux députés, ce sont les approbateurs et les entrepreneurs de la guerre de juillet! Mais ceux-là voulaient le retour pur et simple du Corps législatif, tel qu'il était le 3 septembre.

Nous mettons en fait que la majorité complaisante de M. de Palikao n'oserait pas même se présenter devant un scrutin sérieux.

Les reproches adressés au parti révolutionnaire ne sont pas plus justifiés. Les révolutionnaires en masse désiraient tout autre chose qu'une représentation : ils voulaient la Commune.

Quant aux orléanistes et aux fusionnistes, ils ont paru avoir un faible pour le régime parlementaire, même en temps de guerre. Ce n'est pas nous qui leur en ferons un reproche, dans un pays qui s'est montré, de tout temps, si insouciant des prérogatives, de la dignité, de l'existence même de ses représentants.

Nous défions qu'on nous réfute quand nous disons que

les hommes qui demandaient avec le plus d'insistance une Assemblée, étaient les mêmes qui envisageaient notre situation en dehors de tout esprit de parti. C'étaient ceux pour qui la République, dans les conditions où la France se trouve placée depuis 1789, offre seule un moyen pratique et durable d'organisation sociale.

Maintenant, qu'après avoir eu tort en septembre et en octobre, les positivistes aient raison en novembre et en décembre, cela nous est malheureusement démontré.

On aurait pu, précédemment, réunir une représentation complète de la France, y compris l'Alsace et la Lorraine.

Aujourd'hui, il n'y plus d'armistice possible. Les élections seraient sans valeur et sans efficacité, une moitié de notre sol étant occupée ou menacée par les Prussiens. Le Midi seul serait en situation de nommer des députés. C'est alors que la réaction aurait beau jeu.

Les positivistes sentent bien la gravité de notre état. Aussi nous parlent-ils d'éliminations et d'adjonctions au Gouvernement. Ici encore, ils auraient dû s'exprimer catégoriquement. Est-ce que par hasard ils voudraient exclure du grand conseil ces débats contradictoires qui peuvent seuls faire jaillir la vérité, ou, à son défaut, la *demi-erreur?* Voudraient-ils le voir donner tête baissée dans une extrémité ou dans une autre? Le réduire à la stérile alternative de la paix à tout prix ou de la guerre quand même?

Donc, ces messieurs autorisent les chefs de l'État à se

décimer les uns les autres, à l'instar de la Convention. Ils croient avoir répondu à tout, énoncé toutes les garanties, et rassuré tout le monde, en affirmant que nous avons un *Gouvernement responsable devant la postérité.* Mais Napoléon III ne comprenait pas les choses autrement, et le roi Guillaume entend bien être responsable de cette façon.

On serait tenté de croire, à première vue, que les signataires du manifeste affiché sur les murs de Paris ont réellement fait du nouveau, comme ils en ont la prétention. Mais il suffit d'y regarder pour reconnaitre que, tout en y mettant un peu plus de façons, ils glissent, comme tant d'autres, dans la vieille ornière révolutionnaire. Ils bégaient le langage de l'avenir, mais ils restent enfoncés dans le passé. Ils révèlent ingénument tout leur secret, quand ils nous proposent comme modèles les hommes de 1793.

Danton est leur type idéal. Il y a, pour eux, une sorte de méthode *dantonienne*, qui est la vraie méthode politique; et s'ils acceptent le Gouvernement de la Défense nationale, c'est avec l'espoir de le *dantoniser.* Sous le faux nom de positivistes, ils sont en réalité des *dantonistes.*

Nous ne refuserons certainement à Danton ni le patriotisme, ni l'audace : mais s'il s'agit de chercher des hommes ayant, à proprement parler, le génie politique, et sachant cadrer avec les circonstances, nous ne compre-

nons pas que l'on songe à celui qu'on a appelé le *Mirabeau de la populace.*

Éliminons, une bonne fois, de toute discussion sérieuse, chassons du terrain scientifique, où il n'y a pas
place pour elle, cette école de la Convention, qui, si l'on
veut bien considérer l'enchaînement des causes et des
effets, se trouve être, en vertu d'une déduction lointaine,
mais rigoureuse, l'auteur véritable, la cause première des
calamités que nous subissons aujourd'hui même, 18 décembre 1870.

Dès 1792, l'effort encore hésitant de la coalition qui
aboutit à Valmy et à Jemmapes, eut pour motif déterminant les aberrations de la Commune.

Le manifeste de Brunswick n'avait été qu'une réponse
à la *journée* du 20 juin. Si les Prussiens échouèrent alors,
c'est qu'ils eurent pour adversaire Dumouriez.

Nous voyons bien que les massacres de septembre
coïncidèrent avec la campagne de Dumouriez : mais nous
ne démêlons pas en quoi le sang répandu alors dans les
rues de Paris contribua à la victoire qui se remportait
dans l'Argonne.

Si bientôt la coalition, devenue acharnée, engloba même
l'Angleterre, c'est que le 21 janvier avait exaspéré toute
l'Europe.

La Convention fut obligée de prendre des mesures de
salut public, parce que le salut public avait été mis en
péril par les fautes de la Convention. Si nous avons sur-

vécu, Robespierre n'y est pour rien. Ceux qui ont droit à notre reconnaissance, ce sont ceux qui, sous Jourdan, combattaient dans l'armée de Sambre-et-Meuse. Et cela est si vrai, que le premier effet de la victoire de Fleurus, loin d'affermir les hommes auxquels l'école montagnarde en attribue le mérite, fut, au contraire, de renverser ces mêmes hommes le 9 thermidor.

Oui, les hommes de 1793 ont laissé une trace durable dans notre histoire; oui, les années sanglantes qui se sont écoulées de 1792 à 1794 ont eu des résultats. Mais cette trace et ces résultats ont été également fatals. C'est ce qui nous a perdus. Nous avons été lancés dans une ère de *propagande armée, de fanatisme conquérant.* De fausses idées ont pesé sur la France et sur l'Europe. La guerre, de part et d'autre, devint un système, du jour où Bonaparte, le nourrisson de la Convention, le favori du Directoire, eût confisqué à son profit la République. Bonaparte, on le sait, n'était qu'un *Robespierre à cheval.*

Nous demandera-t-on d'insister davantage, et faut-il expliquer ce qui saute aux yeux, à savoir que la dynastie corse n'a pu revenir, en 1848, qu'à la faveur des mêmes causes et des mêmes tendances qui lui avaient permis de s'établir en 1799?

De Waterloo à Février, on suit, comme à la piste, le bonapartisme dans notre histoire contemporaine. L'ivraie est toujours là, et rien ne peut l'extirper. Parfois latent, plus souvent rebelle et menaçant, le bonapartisme, quoique vaincu, tient tête à la Restauration. Louis-Philippe, en croyant lui faire sa part, réveille seulement ses appétits et le déchaîne à courte échéance. En 1848, la générosité niaise, ou plutôt la timidité imprudente de ceux qui furent les parrains du suffrage universel, lui ouvre les portes à deux battants et l'établit seul prétendant dynastique, à l'exclusion de tous les autres.

Ainsi, malgré la multiplicité des événements, qui quelquefois en dérobe la suite, on saisit une connexion étroite entre 1793 et 1851 !

Le bonapartisme première édition a fini comme on sait : le bonapartisme, seconde édition, nous laisse, dans la guerre présente, son dernier mot : et l'on nous demande de la reconnaissance pour les hommes de 93, ses éditeurs responsables !

Les signataires du manifeste, qui nous paraissent appartenir plutôt à l'école *affirmative* qu'à l'école positiviste, ont découvert que, du temps de la Convention, la France était plus gravement menacée qu'aujourd'hui.

Nous pensons, nous, qu'il y avait alors plus de *terreur* que de péril. On redoutait, il est vrai, les manœuvres des Bourbons, de la noblesse et du clergé. Mais c'est à peine si nos frontières étaient entamées.

Quelle différence avec l'état présent de nos affaires !

Nous ne redoutons guère le retour de la dynastie déchue, quoique, à une époque où l'on va d'étonnement en étonnement, cette chimère pût être singulièrement favorisée par la légèreté et par l'incurie françaises. Mais nous voyons une partie de la France elle-même visée au cœur.

Le Gouvernement de la Défense nationale est coupé en deux par l'invasion. A Paris (2 millions d'âmes), les plus nombreux et les plus autorisés de ses membres se trouvent, par l'investissement, complétement bloqués. Ils ne correspondent avec le pays que par le domaine de l'air. Ce qui de la France a, jusqu'à présent, échappé aux armées allemandes (20,000,000 d'âmes environ), ne possède, sous le nom de Délégation, qu'une fraction du Gouvernement, qui elle-même n'est pas fixe, et doit subordonner à des nécessités stratégiques le choix variable de sa résidence : hier à Tours, aujourd'hui à Bordeaux.

Nous avions indiqué, dès le début, ce qu'on pouvait faire [1]. Étant donnée la situation actuelle, quel est le plan à suivre ?

Nous admettrions parfaitement qu'à Paris, et surtout en province, on adjoignit au Gouvernement quelques membres nouveaux capables d'inspirer au peuple une confiance raisonnée. Au premier rang serait M. Thiers, que nous nous étonnons de ne pas voir figurer à la tête de la Délégation, où il aurait un rôle à la fois correctif et stimulant. Ici, nous verrions avec satisfaction l'adjonction au pouvoir de MM. Victor Hugo, Quinet, Louis Blanc et

---

1. Voir : *Mémoire sur la Politique extérieure de la France*, et *l'Europe, la France et les Bonaparte*. (Thorin, 7, rue Médicis.)

Dufaure. Plusieurs d'entre eux sont comme l'expression même de la pureté politique. Tous offrent, à ce point de vue, une entière sécurité. Ils garderaient bien la République et contribueraient à lui concilier l'Europe, où ils ont trouvé un refuge contre la France bonapartiste.

Mais cela ne suffit pas.

Il est de toute nécessité que le Gouvernement, à Bordeaux comme à Paris, soit renseigné et conseillé à outrance. Il faut donc constituer des conseils chargés à la fois d'alimenter et de réconforter l'action gouvernementale.

Mais comment former ces conseils? La France envahie ne peut pas employer l'élection, seul moyen légal acceptable en temps ordinaire. On proposait récemment de recourir aux conseils généraux et même aux chambres de commerce; on aurait ainsi formé une sorte de chambre des notables à la façon de l'ancien régime. Mais ces différents corps, dont l'élection même n'est pas sans tache, et dont la composition est généralement médiocre, n'étaient constitués qu'en vue de traiter d'une manière superficielle des questions secondaires.

Nous proposerions, nous, une sorte de chambre des notables, mais en entendant ce mot de *notables* dans un sens tout moderne. Nous voudrions grouper les *notabilités vraies*, et non les *notabilités officielles*. Et puisque nous n'avons pas la base solide du scrutin libre, sachions au moins recueillir les avantages de cet interrègne électoral.

Si *l'élection* ne peut fonctionner, que la *sélection* en tienne lieu.

En temps régulier, l'élection a souvent l'inconvénient de dédaigner les pures capacités, pour se porter exclusivement, dans un pays de suffrage universel, sur les grands propriétaires et sur les démagogues, c'est-à-dire sur deux classes de gens qui représentent tout autre chose que la science; qui constituent, même contre la science, la vieille coalition du parti lourd et du parti téméraire.

En Angleterre, l'aristocratie, par cela même qu'elle est une organisation, présente cette garantie que, si elle n'admet pas toutes les capacités, elle exclut du moins les nullités.

L'ancienne monarchie française, par instinct de conservation, laissait venir à elle, dans les jours de détresse, ceux qui avaient quelque utile consultation à lui fournir. Elle négligeait alors les formalités officielles. Le clergé et le parlement n'étaient pas un obstacle.

Jeanne Darc, repoussée par les docteurs de Sorbonne, était accueillie devant le roi. Elle avait compris que le roi de France ne serait souverain légitime qu'après le sacre de Reims; et dans un temps où le clergé officiel ne voyait pas le parti qu'il y avait à tirer de la religion pour la délivrance de notre pays, Jeanne Darc, par un instinct sûr, avait démêlé la nécessité du temps.

L'élection, alors, c'étaient la Sorbonne, le Parlement. La sélection, c'était Jeanne Darc.

La royauté a su tirer parti des frères Bureau, de Jacques Cœur, etc., et nos anciennes familles parlementaires descendaient généralement d'inconnus découverts par le monarque dans leur obscurité.

Le système d'élection populaire, institué en 1789, est assurément un progrès. Sa raison d'être, c'est de faire arriver, en dehors de tout préjugé, *les hommes nécessaires*. Mais l'élection même libre, en l'absence d'une opinion publique éclairée, reste sans vertu. Elle ne donne pas son fruit.

Aujourd'hui, le moment est venu de prendre les hommes pour ce qu'ils valent. Le péril rétablit l'égalité devant la raison. La légalité machiavélique qui nous opprimait ayant disparu avec quelques-uns de ses engrenages, nous revenons forcément à la loi de nature, qui, brutale partout ailleurs, puisqu'elle donne la supériorité aux plus forts, devient par cela même une loi avantageuse dans le domaine de l'intelligence.

La routine officielle nous a menés où nous sommes. Elle ne peut raisonnablement prétendre à plus. Si elle s'obstinait à nous sauver, c'est alors que nous serions sûrs d'être perdus.

Chose remarquable ! Pour la première fois depuis longtemps, tout le monde est d'accord en France, et le degré d'intelligence de chacun établit seul la différence dans le commun patriotisme. Mais cet accord est stérile. On ne le met pas en valeur. Un grand capital reste improductif, et c'est de cette situation qu'on peut dire, bien plus justement que de nos réserves alimentaires, que nous risquons de *mourir de faim sur un tas de blé*.

Les bonnes volontés demeurent éparses : les sages avis, les conseils pratiques, les expédients profitables ne sont nulle part recueillis, classés, passés au crible.

Nous voudrions remédier à cette déperdition de forces.

L'organisation spéciale que nous proposons n'a pas d'autre but.

Voici comment nous l'entendrions :

Il est clair que dans le choix des hommes il faudrait écarter toute préoccupation de parti. La question de régime politique, aujourd'hui secondaire, est dominée par la question d'existence : *Primo vivere.*

Dans la formation des conseils, on ne se préoccuperait que de deux conditions, toutes deux indispensables, toutes deux compatibles avec n'importe quelle opinion :

1° L'honnêteté politique ;

2° La capacité.

Ce système général de sélection serait mis en pratique avec l'agrément du Gouvernement actuel, par la raison que l'action tout entière lui est réservée. Il nommerait pour chaque conseil un président provisoire. La composition des conseils serait conçue dans l'esprit le plus libéral.

Les hommes plus hardis se présenteraient d'eux-mêmes ; les autres seraient appelés. Toute personne ayant quelque chose à dire qui en valût la peine serait écoutée, et la réunion de ces sortes de synodes serait le tableau même de l'esprit français tout entier mis en travail, et sollicité de dire son dernier mot pour l'indépendance de la patrie.

Il y aurait autant de sections et de présidences que d'ordres naturels d'investigations.

Quatre grandes divisions peuvent être, dès aujourd'hui. tracées sous ces dénominations générales :

1° Stratégie;

2° Diplomatie;

3° Économie politique (avec ses innombrables dépendances : alimentation, emprunts, impôts, etc.);

4° Correspondance (postes, aérostation, espionnage militaire, etc.).

On ne trouverait pas l'équivalent de cette organisation dans les conseils actuellement existant au sommet de l'administration française. Nous avons déjà dit ce qu'il fallait penser des chambres de commerce et des conseils généraux. L'ancien conseil d'État, la cour des comptes, les conseils supérieurs du commerce, de l'agriculture, etc., sont trop imprégnés de l'esprit du régime déchu. Ils sont routiniers, exclusifs, intolérants. Ils reflètent encore l'Empire qui n'est plus. Eux-mêmes n'en sont que les plus brillants débris.

La situation présente demande autre chose que de vieux cadres renfermant par-ci par-là quelques hommes capables, autre chose que des engrenages rouillés et pesants. Il faut un mécanisme simple et délié.

Le nouveau conseil d'État, institué sous le nom de Commission provisoire par le Gouvernement de la Défense, a été composé dans une vue trop étroite. Comme le Gouvernement lui-même, il a été exclusivement recruté au Palais. Nous apprécions ses lumières et sa moralité politique; mais nous ne le croyons pas capable de suffire à la tâche énorme, multiple, écrasante qui s'impose à la France.

Le journalisme pourrait fournir un précieux contingent, mais il ne saurait suppléer à l'organisation que nous réclamons du Gouvernement. Avec des éléments supérieurs, le journalisme contient, dans son bagage, trop de pacotille; il mêle trop souvent l'utile et l'oiseux, le vrai et le faux, la raison sincère et le charlatanisme. Pour être lu, il consent à ne rien apprendre au public, à ne pas lui dire sa pensée. Au lieu d'exprimer la réalité, il plaide l'agréable. *Dicenda tacenda locutus.*

Cette réalité, osons la voir et la dire. La France, après Sédan, pouvait traiter sur les bases de l'indemnité et du démantèlement. Une nation qui s'était cédée elle-même pendant plus de vingt ans à un jongleur politique, pouvait, sans déshonneur, céder quelques pierres à l'Allemagne, qui l'avait, malgré elle, délivrée. (Voir le plébiscite de mai 1870). C'était une occasion d'inaugurer une politique nouvelle, d'opposer à la guerre savante et au néo-Saint-

Empire la paix et le libéralisme organisés et contagieux [1].

Aujourd'hui, la France ne peut pas plus traiter sur le
pied d'un démembrement, que la Prusse ne peut se contenter de ce qui naguère l'eût satisfaite, si l'on avait
su manœuvrer habilement et trouver le joint.

Paris capitale pouvait négocier à la faveur de sa résistance.

Paris place de guerre ne saurait capituler tant que la
France tient bon et que lui-même n'est réduit ni par force
ni par famine.

Placés nous-mêmes dans la situation où était Metz dans
la période précédente, notre devoir est clair : il consiste
à retenir sous nos murs le plus d'ennemis possible, le
plus longtemps possible, par des sorties aussi ménagères
que possible de notre sang : tout sera là tant qu'une action ne pourra être concertée avec la province.

Aucune des considérations qui ont entravé M. Bazaine
ne peut énerver la défense parisienne.

La lutte que nous soutenons n'a pas de précédents. La
Russie, l'Espagne et le Mexique, ne peuvent que nous
tromper par de fausses ressemblances. Dans ces expéditions, les nations que nous avions attaquées n'étaient pas
réduites à leurs seules ressources. Pour l'Espagne et la
Russie, une coalition européenne; pour le Mexique, l'in-

----

1. Voir le *Mémoire*, déjà cité, publié le 12 septembre 1870.

tervention des États-Unis, contribuèrent puissamment à faire lâcher prise aux envahisseurs. La France n'a pas do ligue d'alliés derrière elle, et, d'autre part, ni le climat, ni la structure du sol, ne lui offrent les mêmes ressources. Ici, la guerre de guérillas ne peut être qu'une exception. Le Gouvernement peut se déplacer, mais il n'a pour lui ni les hivers de la Bérézina, ni les refuges des Sierras.

Nous ne nous décourageons pas. Nous espérons : mais seulement dans ce qui offre un espoir. Nous ne faisons pas du patriotisme un roman. Nous croyons que les situations les plus graves sont encore aggravées par l'illusion optimiste, et que voir le vrai est un premier pas vers le salut.

Agir habilement dans le sens du vrai après l'avoir vu nettement, telle serait notre politique.

Messieurs les soi-disant positivistes sont loin d'avoir montré cet esprit positif. Qu'ils fassent un nouvel effort.

En tête de leur manifeste, ils inscrivent le mot : *République occidentale*. S'ils avaient là-dessus consulté la science, elle leur aurait conseillé de s'en tenir à la *République française*. Elle leur aurait expliqué que l'Occident est une appellation vague, sous laquelle on ne trouve que l'Espagne, le Portugal et l'Italie. Ces pays ne sont pas encore mûrs pour la République. Donnons-leur quelques années. Nous croyons nous-mêmes que dans quelques siècles, la République pourra être européenne. Et, si la planète a devant elle deux ou trois mille ans, nous ne désespérons pas que de lointaines générations à venir ne voient un jour la République universelle.

Natura non facit saltus.

A l'ancienne devise : *Liberté, Égalité, Fraternité,* la société dite positiviste a substitué celle d'*Ordre* et *Progrès.*

Nous ne croyons pas qu'une devise soit une solution. Pourtant, sachant que ce qu'on met sur tous les murs finit par se graver dans les esprits; reconnaissant, d'autre part, que tous nos maux sont venus :

1o De notre ignorance séculaire;

2o De la dégradation des caractères;

Nous en admettrions une qui a peu de chances d'être gravée au fronton de nos palais :

Science, Indépendance, Volonté.

Gouvernement de la science, énergie politique des hommes d'État et des citoyens : voilà ce qui peut rendre à la France la conscience de ce qu'elle est, et de ce qu'elle peut valoir.

18 décembre 1870.

6.

III

LA GUERRE

—

I

M. EDGAR QUINET ET L'ARMÉE FRANÇAISE

Un des signes du temps, c'est que nos philosophes, nos poëtes, quittant la solitude où leur pensée se complaisait, viennent avec empressement offrir au Gouvernement de la *Défense nationale* leurs avis patriotiques. Ils abordent les problèmes les plus difficiles du recrutement, de l'armement, de la tactique et de la stratégie, et rencontrent, chemin faisant, plus d'une observation utile.

Tel est le cas de M. Quinet, dont tout le monde connaît la lettre adressée au journal le *Temps*. S'inspirant de l'examen attentif de la France contemporaine et de l'histoire de la première République, l'illustre penseur nous indique ce qu'il appelle l'unique voie de salut.

Sera-t-il permis à un inconnu d'approuver quelques-unes et de combattre la plupart des idées émises par M. Edgar Quinet?

Dans ce travail rapide, nous ne séparerons pas le point de vue militaire du point de vue politique et économique, et nous parviendrons peut-être, par une coordination plus stricte des éléments du problème, à une solution plus exacte.

Nous avons indiqué, dès le principe, les divers objets traités par M. Quinet. Nous allons les passer successivement en revue, avant de tirer une conclusion générale et définitive.

1° RECRUTEMENT. — *Une levée en masse immédiate,* voilà ce que propose tout d'abord M. Quinet. Vraiment, on croirait que M. Quinet a oublié ce dont il devrait se souvenir, lui, le martyr glorieux de la libre pensée, que l'Empire n'est tombé que depuis cinquante jours et que l'Empire a duré dix-huit ans!

Se flatter de retrouver, en vingt-quatre heures, la grande France de 1792, c'est ne pas compter avec des faits qui pèsent encore sur nous d'un poids énorme.

Nous l'avons dit, le jour même où s'accomplissait notre

révolution : « La France ne veut pas des Bonaparte pour fossoyeurs! » mais, qu'on le sache, le fossé était déjà creusé par Napoléon III, et nos gouvernants ne l'ont pas encore comblé!

L'appauvrissement moral de la noblesse au 18e siècle, l'appauvrissement intellectuel de la bourgeoisie au 19e, laissaient encore place, en 1789 et en 1848, à bien des illusions. — Nous n'en sommes plus là.

Dix-huit années d'un despotisme consenti ont alourdi des gens naturellement lourds, les paysans. Pauvres paysans! Ils en étaient venus à oublier la France! Obéir à un maire nommé par un préfet, considérer le préfet comme une image de la Providence, et, comme Dieu lui-même, l'Empereur, qui de loin en loin, venait leur dire, au milieu du beuglement des animaux convoqués au concours régional : « Ici, je respire à l'aise! » Telle était leur vie intellectuelle. Braves gens, malgré tout! Durant tout ce temps, ils nous ont nourris de leurs sueurs, et nous ne les avons pas désillusionnés!

Le Plébiscite, qui a précédé les Cent jours du second empire, avait signifié aux habitants des campagnes, qu'ils n'avaient plus qu'à cultiver tranquillement leur jardin.

Et voilà qu'aussitôt après, des malheurs inouïs fondent sur la France! L'Empire décrète la levée en masse des hommes de vingt-cinq à trente-cinq ans. Toutefois, il ne l'exécute pas, parce qu'il aurait été pris en flagrant délit d'imposture. Il a tout juste assez de crédit pour ressaisir *les anciens soldats, non mariés*. Or, quel est le paysan qui ne se marie dès sa sortie du service militaire?

M. Quinet demande que la République fasse l'application sérieuse de la loi impériale.

Eh, bien! supposons que le Gouvernement de la Défense nationale devienne l'exécuteur des dernières volontés de M. de Palikao, *sans transition, sans ménagement*; il indisposera gravement les campagnards du midi contre la République. Ceux-ci s'écrieront tout ahuris: On n'a jamais rien exigé de pareil sous l'Empire, et ils lutteront contre votre décret, renouvelé de l'Empire, comme on lutte contre un horrible cauchemar.

Si je me rappelle que la Vendée s'insurgea, en 1793, lors de la fameuse réquisition des trois cent mille hommes, je ne suis pas plus rassuré; car le repos néfaste du second empire avait, dans certaines régions, remplacé le droit divin. On lutterait pour le conserver. Chose étrange! *On se battrait pour ne pas se battre*, tant il est vrai que notre lâcheté même ne serait qu'un héroïsme détourné du but!

A quoi voulons-nous en venir? A Dieu ne plaise que nous disions : « Pas de levée! rien que des volontaires! » Non; mais nous dirons : « Une levée progressive! »

C'est ce que nous semble avoir compris le général Trochu quand il a fait à l'héroïque population de Paris un appel que l'impatience française a qualifié de modeste, de timide, de dérisoire. Il a, par cette conception, divisé la garde nationale en plusieurs bans de volontaires. Il y aura les volontaires de la première, de la seconde, de la troisième levée. Et, remarquez qu'aujourd'hui la garde nationale est au complet.

Ce système ne serait condamnable que si, pendant que les uns se dévouent, les autres restaient inactifs. Il en est tout autrement. Les premiers *marchent* immédiatement, les autres *s'apprêtent à marcher.*

Remarquez qu'il serait matériellement impossible de faire autrement, à cause des nécessités mêmes de l'habillement, de l'entretien, de l'armement, etc.

Faites dans les campagnes ce que vous faites dans les villes, vous serez prudents, j'ajoute que vous serez justes !

Que tout le monde soit immédiatement exercé dans les villages, *sur place*. Que, dans le principe, l'armée vienne, pour ainsi dire, au-devant du paysan, au lieu de l'entraîner. Que la guerre actuelle ne prenne pas l'aspect d'une émigration forcée, générale ou instantanée. Que la maison paternelle ne reste pas sans défenseurs, et le champ sans culture. Ne provoquez ni la débandade, ni la désolation, ni la famine. Vous manqueriez complétement votre but.

Les pays les plus immédiatement menacés, grossiront les premiers les armées régulières. Le sentiment du péril se communiquera de proche en proche, et on se convaincra que ce n'est pas la République qui est à craindre en

France, mais les Prussiens, et ceux qui les déchaînent.

2° ARMEMENT. — Vous avez une excellente raison pour agir de cette façon. Tant que vous ne leur confierez que des fusils à piston ou à pierre, vous aurez à craindre qu'ils ne vous disent : « Nous ne nous exposerons pas, avec ces mousquets ridicules, utiles seulement derrière des remparts et des créneaux, aux armes perfectionnées des Prussiens! » Par malheur, les braves et les lâches parleront de même, et il en résultera une immense démoralisation.

La fabrication, plus ou moins rapide, des chassepots, sera donc corrélative de la levée, plus ou moins rapide elle-même, des citoyens.

On n'improvise pas des armées, mais, dans un pays riche et industrieux comme la France, on improvise des fusils, on improvise des canons. Qu'on le sache, malgré les rapports mensongers de MM. de Palikao et consorts, c'est moins sous un nombre que sous un armement supérieur que nous avons succombé à Reichshoffen, à Forbach, et à Sedan. Napoléon III s'avançait bravement, derrière ses chassepots et ses mitrailleuses, quand Guillaume Ier a démasqué son artillerie formidable se chargeant par la culasse.

Faisons, sous ce rapport, aussi bien et même mieux que les Prussiens. Rappelons-nous que les Anglais furent chassés au XVe siècle par notre artillerie, et que les frères Bureau et les sages mesures du grand Conseil aidèrent puissamment l'enthousiasme de Jeanne Darc.

3° CONDUITE DE LA GUERRE. — La stratégie et la tactique sont le fait des généraux. M. Quinet veut des généraux jeunes pour combattre les vieux généraux Prussiens. Cette antithèse aurait dû le faire réfléchir.

Nous avons voulu faire, sur les bords du Rhin, une guerre africaine, avec des généraux *tels quels*, ni trop vieux, ni trop jeunes absolument, mais profondément ignorants. Nous avions été heureux, en Crimée, en Italie, etc., tant que cette ignorance avait été doublée d'élan, de résolution, etc., et que nous n'avons eu à combattre que l'ignorance.

Il faut se rendre compte des transformations subies par l'art militaire depuis 1815.

A la guerre faite de génie a succédé la guerre scientifique.

Napoléon Ier ne fut jamais un savant. Homme d'une imagination ardente, d'un coup d'œil rapide et sûr, il courait d'instinct à la difficulté. Politique et stratégiste passionné, il se donnait le plaisir raffiné de couper les nœuds gordiens après les avoir formés. Jeu dangereux où il trouva sa perte. Il dédaigna ou ignora les grandes découvertes scientifiques, qui, d'ailleurs, ne se développèrent qu'immédiatement après sa disparition.

On pourra refuser à M. de Moltke, aux généraux Prussiens, le titre d'hommes de génie; ce sont, à n'en pas douter, des hommes de science. Ils pourvoient à tout, par l'emploi de toutes les ressources que fournissent les inventions du XIXᵉ siècle. Là où nous n'avions vu qu'un moyen de développer à l'infini les relations sociales, ils ont trouvé celui d'imprimer à la guerre un caractère de précision mathématique. Des *mouvements rapides*, grâce aux chemins de fer; *exacts*, grâce à l'étude du terrain; *concertés et combinés*, grâce au télégraphe électrique; *des effets foudroyants*, grâce à une artillerie nombreuse et perfectionnée, disposée en lieu sûr et opérant avec justesse; les *masses* tour à tour ménagées et précipitées sur le champ de bataille, grâce à la présence d'un généralissimo qui coordonne toutes les opérations; au milieu de tout cela, un espionnage militaire qui égale l'espionnage politique de Napoléon III, des déroutes calculées pour tromper l'adversaire trop confiant dans sa propre ardeur et dans la naïveté des autres; être nombreux sans se laisser voir: voilà la méthode des Prussiens.

Si vous ne vous donnez une méthode semblable, n'espérez rien de vos levées et même de vos armements.

En présence de M. de Moltke et du prince Frédéric-Charles, ce qu'il nous faut, ce sont des généraux ayant étudié l'art militaire, comme l'auteur de *l'armée française* en 1867, mais ayant, en outre, de la décision, et s'il se peut, du génie.

4° OPÉRATIONS IMMÉDIATES. — M. Quinet met à la raison ceux qui espéraient pouvoir faire la guerre en France comme on la faisait en Espagne. La guerre de guérillas n'est possible que dans les régions montagneuses, dans les Vosges et les Ardennes, laissées sans défense par l'Empereur, aujourd'hui au pouvoir des Prussiens, — dans les Cévennes et dans la Vendée où ils n'iront pas. La Péninsule hispanique elle-même, ne nous aurait pas défiés durant six années, si elle n'eût eu *l'appoint* des armées régulières.

On condamne, avec non moins d'à-propos, les *chevauchées du moyen-âge*. La méthode de Philippe de Valois et de Jean le Bon, celle même de leurs vainqueurs, Edouard III et le prince Noir, serait détestable. Mais qui nous parle de chevauchées?

Nous approuvons moins complétement M. Quinet, quand il trace à nos généraux un plan de campagne. Il leur dit de ne s'occuper que de Paris. Paris : tel est pour lui le seul objectif possible de nos tacticiens.

Il importerait de voir non une seule donnée, mais bien l'ensemble de la situation militaire. Ayons, à la fois, les yeux sur quatre points, dont deux sont fixes, et deux autres mobiles. Les deux points fixes, sont Metz et Paris. Les deux points mobiles sont les armées qui se meuvent présentement entre Belfort et Besançon, entre Orléans et Bourges.

Les deux armées qui se meuvent ont chacune un objectif, les deux armées stationnaires. Si elles se réduisaient à un rôle purement défensif, Paris et Metz seraient pris par la famine et la moitié de la France en proie aux Prussiens.

Elles auront aussi à combiner leurs opérations pour

diviser les forces ennemies. A cet effet, elles devraient être suffisamment équilibrées, c'est-à-dire également bien pourvues. Il leur faudra traîner à leur suite des convois considérables en vue du ravitaillement.

Nous n'en voulons pas dire davantage; ce n'est pas que nous ayions, comme bien des gens, des secrets à garder. Nous livrons à tout le monde le fruit de nos réflexions.

Nous résumerons notre pensée de la façon qui suit :

Levée progressive;
Armement rapide et perfectionné;
Guerre savante;
Combinaison mathématique des opérations.

Octobre 1870.

II

LA LEVÉE DE LA GARDE NATIONALE PARISIENNE

Les partisans de la Commune nous disent que son premier acte eût été de décréter la levée en masse : ils accusent le Gouvernement de retards fâcheux et de ménagements politiques envers certaines classes.

Le Gouvernement peut aisément, croyons-nous, se justifier touchant le premier des griefs articulés contre lui. En un mois, il a armé et exercé au maniement des armes quatre cent mille habitants de la capitale. Il les a soumis à une discipline qui tient équitablement compte des droits de la patrie et de ceux du citoyen. Paris est devenu un camp, et il n'a cessé d'être une cité libre.

Au sujet de la formation des corps de volontaires, choisis dans la garde nationale, des dissentiments se sont produits. Hâtons-nous de le dire toutefois, un grand nombre, se plaçant, sans arrière-pensée, sans rancune politique, en face de leur patriotisme, ont couru apposer *au livre d'or* leurs signatures. Ils n'ont point cherché de prétexte à l'abstention dans l'inaction, fondée ou non, de leurs compatriotes.

Mais d'autres se sont écriés : nous ne partons comme volontaires que si toute la compagnie, tout le bataillon, fait comme nous. De plus, nous voulons être assurés que l'on ne ménagera pas les autres bataillons, pendant que le nôtre sera exposé sans ménagement. Les gens sensés ont répliqué : On n'appelle pas tout le monde, parce que les armes perfectionnées ne sont pas actuellement en quantité suffisante !

Alors les défiants et ceux qui voudraient voir disparaître les défiances, ont trouvé le compromis suivant : Au lieu de faire appel aux volontaires, ayez recours au sort, et prenez, de cette manière, dans chaque compagnie, un certain nombre d'hommes. Ou bien, commencez l'armement par les plus jeunes, et poussez peu à peu jusqu'à trente-cinq ans !

D'autres encore ont dit : « Que ces armes perfectionnées

passent de main en main Que chaque bataillon ait sa semaine d'honneur et de péril! Que l'on n'excepte que ceux qui rendent à l'Etat un service public, réel, vraiment utile, ouvriers ou bourgeois, peu importe! »

Nous mentionnons ces diverses solutions. Nous nous abstenons de les critiquer, bien que nous leur trouvions plus d'un défaut. Pour nous, la meilleure solution sera celle qui mettra *le plus utilement et le plus promptement possible* en valeur le patriotisme parisien, et qui, par l'intime croyance de tous à une égalité parfaite devant le danger, créera une véritable fraternité, en nous débarrassant, dès cette heure, des problèmes sociaux qu'on ajournait à la paix. *Point de guerre civile après la guerre étrangère!* Que cette lutte formidable nous décime, s'il le faut, mais qu'elle cimente la nation! *Que l'égalité française achève l'unité française.*

2 novembre 1870.

III

RENSEIGNEZ-VOUS DONC!

Nous venons d'avoir, en petit, notre Sarrebrück et notre Forbach parisiens. Je veux parler de l'affaire du Bourget. Qu'est-il arrivé, en effet? Le 28, nous délogeons facilement, d'une position importante, les Prussiens, et nous nous hâtons de tirer vanité d'une déroute peut-être simulée; — le 29, l'ennemi fait semblant de vouloir nous déloger à son tour, mais dans le seul but de masquer le passage d'un énorme convoi d'artillerie; — le 30, nous sommes assaillis à l'improviste par des forces écrasantes et finalement cernés ou refoulés. Décidément, les lauriers de M. le général Frossard nous empêchaient de dormir!

Cette leçon, qui nous est donnée, non plus sur la Sarre et dans les Ardennes, mais dans notre banlieue, nous convaincra-t-elle de la nécessité de nous *renseigner avec autant de promptitude que d'exactitude?*

Ici se présente, comme on le voit, la question de l'espionnage militaire.

Il a fallu que l'intelligence politique de la France eût bien baissé pour qu'elle en vînt à ne rien comprendre aux choses de la guerre, son département traditionnel!

Les études sérieuses ont disparu, et la sottise en place a pris en main le drapeau de l'honneur. Le même Gouvernement qui avait transformé des magistrats de tous degrés en inquisiteurs, était, dans les affaires du dehors, trop chevaleresque pour daigner rien observer. On appelait autrefois les ambassadeurs des espions politiques. C'était le bon temps. L'Empire en avait fait des chefs d'orchestre.

De la politique, l'ineptie s'était élancée sur la stratégie, et, là comme ailleurs, elle s'était bien vite érigée elle-même en système!

A Dieu ne plaise que je triomphe facilement des auteurs de nos désastres. Mais je dirai à leurs successeurs : Vous dirigez trop souvent vos coups à l'aventure. Aujourd'hui, vous péchez par excès d'audace; hier, c'était par excès de prudence! Tantôt, vous vous laissez entraîner dans un piége; tantôt vous restez inactifs par crainte d'une armée absente peut-être. Ayez des espions. Les Grecs des temps héroïques en avaient bien. Nisus et Euryale, dont la mort vous fait verser des pleurs, étaient, si je ne me trompe, des espions.

Ayez des espions *sûrs et honorables*, tels qu'en possède la Prusse. Ces expressions vous étonnent? Apprenez donc que rien n'est plus patriotique, et à l'occasion plus héroïque que l'espionnage militaire.

Il s'agit bien des Prussiens, vous diront des critiques plus sévères que moi! Soyez renseignés sur vous-mêmes, chevaliers de la République, si vous ne voulez finir comme les chevaliers de la féodalité.

3 novembre 1870.

IV

NOTRE SITUATION MILITAIRE ET POLITIQUE DEPUIS LA REDDITION DE METZ ET LA VICTOIRE D'ORLÉANS

On peut dire que la reddition de Metz a singulièrement aggravé, mais singulièrement simplifié notre situation militaire et notre situation politique.

Tant qu'une armée française était en Lorraine, dans un formidable camp retranché, négliger un pareil objectif était une faute, et, aujourd'hui encore, on pourrait accuser la longue insouciance de la France ou de la Délégation de Tours à cet égard. Mais depuis que les soldats qui la composaient sont allés rejoindre en Allemagne les captifs de Sedan, la France et les membres de la Défense nationale n'ont plus qu'un but : écraser entre Paris et Orléans les forces allemandes.

La destinée du maréchal Bazaine est marquée au coin de la fatalité. Digne d'arriver par son talent au premier rang, il a dû uniquement son élévation à Napoléon III. Un hasard, que son maître reconnaît sans doute comme providentiel, a, par deux fois, remis entre ses mains les destinées d'un empire. Au Mexique, c'est à lui qu'était

revenue la tâche d'édifier le trône de Maximilien; mais
il n'a réussi ni à maintenir, ni à préserver d'*un beau désespoir* ce prince infortuné. En France, il a eu la mission de
remplacer, comme généralissime, Napoléon III lui-même,
qui, dès le lendemain de Sarrebruck, proclamait avec effroi sa propre incapacité militaire. Mais en se débarrassant par la ruse de cette majesté incommode, qui ne savait pas se résoudre à une éclipse nécessaire, il ne faisait
que la rejeter vers Mac-Mahon, comme si le sort voulait
envelopper dans une même catastrophe le plus chevaleresque des généraux de notre temps et le plus dissimulé
de nos souverains.

Lui-même a fini par capituler dans Metz. Chose remarquable! tant qu'il a résisté, il a été l'objet des espérances comme des prévenances de l'Empire déchu et de
la jeune République. L'Impératrice saluait dans le héros
de San-Lorenzo et de Gravelottes le futur restaurateur
des Bonaparte; M. Jules Favre ne doutait pas de son
absolu dévouement à la patrie. Les clairvoyants aperce-
vaient dans Bazaine vaincu la perte de la France;
dans Bazaine vainqueur, l'avénement d'un nouveau
dictateur et peut-être d'une nouvelle dynastie.

Nous le disons franchement : l'avenir de la France
sauvée par M. Bazaine, nous inquiétait.

Une circonstance toute fortuite nous avait permis de
recueillir le premier à Paris les accusations que l'armée

de Metz a proférées, à tort ou à raison, contre son chef. Nous avons lu, depuis, les proclamations fougueuses et prématurées du plus jeune des membres du Gouvernement de Tours. L'interprétation de la *Gazette de France*, toute favorable à M. Bazaine, et profondément hostile à M. Gambetta, nous a paru un instant exacte; mais l'empressement, à coup sûr volontaire, qu'a mis le maréchal à se rendre auprès de l'Empereur a fait sur notre esprit une impression fâcheuse. Être allé à Cassel, dans une pareille occurrence, c'est tout autre chose que d'avoir été à Gand avant Waterloo. Aussi bien nous eussions désiré, pour la gloire de M. Bazaine, qu'il eût suivi jusqu'au bout la fortune de Maximilien plutôt que celle de Napoléon III.

Quoi qu'il en soit, la situation est nettement définie. Il est bien avéré, à cette heure, que la France officielle, celle qui a chancelé à Reichshoffen, qui nous a écrasés jusqu'au 4 septembre, et qui dernièrement pesait encore sur nous, a été complétement renversée. Ceux qui s'étaient compromis dans les spéculations financières, politiques et militaires de l'Empire, n'existent plus. C'est la France républicaine qui se lève, depuis que le maréchal Bazaine a partagé le sort de son empereur, et que la grande armée du second Empire a, comme la grande armée de Napoléon Ier, sombré dans un désastre qu'un jour peut-être nous ne regretterons plus.

Ce moment n'est pas arrivé, qu'on le sache bien! L'éclatant succès du prince Frédéric-Charles a dû tout d'abord inspirer à Paris et à la France les plus vives appréhensions.

Toutefois la France, et Paris lui-même, ont bien vite ressenti, j'imagine, une joie inconsciente, mais réelle. Il venait de disparaître, ce sphynx qui ne nous livrait aucun de ses secrets, et dont la vue glaçait l'enthousiasme et le dévouement français. On n'avait guère combattu jusqu'alors que pour le salut matériel : on fut heureux de combattre en même temps pour un principe qui ne compterait plus d'adversaires parmi les défenseurs du pays.

Par une coïncidence singulièrement fortifiante, à la douloureuse capitulation de Metz a répondu la glorieuse victoire d'Orléans.

Nous faisons abstraction, bien entendu, des rapprochements historiques qui se présentaient à tous les esprits. Orléans, qui avait arrêté au cinquième siècle Attila, au quinzième siècle les Anglais, arrêtait enfin, au dix-neuvième, les Prussiens! Rien de plus propre à imprimer au patriotisme un vigoureux élan. En reconnaissant, comme il convient de le faire, que ce succès n'a rien de décisif, il faut bien admettre que la guerre est entrée dans une phase toute nouvelle. Est-ce la phase de la délivrance? Je l'ignore. Mais c'est, à coup sûr, la phase nationale.

« *Bloquons les Prussiens!* avons-nous écrit, il y a un mois environ. Nos armées occupent, à une distance suffisante et dans plusieurs directions, des positions où elles se retranchent fortement. Les Prussiens bloquent et affament la capitale : la France bloquera et affamera les Prussiens! »

Nous croyons que le moment que nous appelions de tous nos vœux est enfin arrivé!

Nous espérons que MM. Trochu, Paladines, Kératry et Bourbaki, adoptant cette tactique, sauront renoncer à la guerre *brillante*, et auront l'art de temporiser sans perdre de temps.

Si M. Bazaine ne nous a pas appris comment on se bat et on s'immole pour une République, il nous aura du moins enseigné comment on pourrait à la longue user des forces supérieures en combinant avec opportunité la défensive et l'offensive.

Faisons comme lui, sans qu'on puisse jamais nous accuser de poursuivre un but ténébreux.

Ces lignes ne sont pas en contradiction avec celles que nous écrivions naguère touchant la conduite que doivent tenir le Gouvernement et la France. Nous pensons toujours que la République ne doit point s'arrêter à une imitation servile de 1792, ni poursuivre la vengeance des *injures du second Empire.*

Nous croyons qu'il est désirable et qu'il est possible de couper court, d'ici à quelque temps, aux épreuves que traversent la France, l'Allemagne, l'humanité et la science, par une résolution héroïque et par l'habileté diplomatique

6.

se renforçant l'une et l'autre, au lieu de s'entraver mutuellement. Nous conseillons la *guerre à outrance* seulement tant que la *paix à outrance* n'est pas réalisable. Nous ne pouvons oublier que l'Allemagne ruinée serait pour nous une compensation insuffisante à la France ruinée.

25 novembre 1870.

V

L'ÉNIGME DU GÉNÉRAL TROCHU

Il ne s'agit pas de savoir si M. Trochu est un homme honnête, un général instruit, et un écrivain disert. Il y a longtemps que nous connaissons la droiture de ses intentions, sa science militaire et son mérite littéraire.

Il nous semble également impossible, quoi qu'en disent M. Delescluze et ses sectateurs, de nier les services éminents rendus à Paris et à la France par le général Trochu.

Quel Parisien ayant crié, ou ayant laissé crier : *A Berlin !* ne regrette de n'avoir pas lu ce livre trop tardivement populaire : l'*Armée française en 1867* ?

Le général Trochu aurait empêché, si le peuple l'eût connu, tous les malheurs dont nous sommes les témoins.

Qui ne lui sait gré, encore aujourd'hui, de la proclamation qu'il adressa à la ville de Paris, lors de sa nomination à la charge de gouverneur de Paris? Il sut, dans un très-long discours, passer sous silence le nom de l'empereur : ce qui était une défection à la fois habile et courageuse.

Napoléon III avait, après Reichshoffen, installé un ministère réactionnaire. La régente l'aurait maintenu, après Sedan, — si le général Trochu n'eût lancé sur l'empire vaincu, mais soutenu par tous ses affidés, la garde nationale, qui remplaça comme par enchantement les sergents de ville de M. Piétri et les gendarmes de M. Palikao. Proclamé président de la défense nationale, Trochu n'est peut-être pas seul responsable de la direction défectueuse de notre politique et de la mauvaise organisation intérieure; mais on lui doit évidemment l'ensemble des travaux gigantesques qui protégent notre enceinte et la formation d'une armée aussi solide — espérons-nous — qu'elle est nombreuse.

L'histoire, nous en sommes convaincus, dira tout cela du général Trochu.

Mais s'arrêtera-t-elle là ?

Ce point d'interrogation devrait rendre soucieux le général Trochu.

En effet, dans ces conditions, le général Trochu apparaîtrait comme un excellent critique militaire, ayant, sous l'empire, prévu cette guerre funeste sans avoir pu l'empêcher; et ayant, sous la République, retardé la catastrophe qu'il pourrait avoir rendue inévitable.

Il serait, si l'on peut comparer les petites choses aux grandes, une sorte de Canrobert qui n'aurait pas su donner à temps sa démission et remettre à un autre la suite des affaires, après avoir accompli dignement sa propre tâche.

Nous le répétons, rien ne dit que la carrière du général Trochu doive se terminer d'une manière aussi fâcheuse.

Il a fait, jusqu'ici, ce qu'il fallait faire. Saura-t-il désormais faire ce qu'il faudrait faire? Là est toute la question. Là est l'énigme. Sa capacité dans le passé est évidente. Sa capacité pour l'avenir est douteuse.

Nous avons à la tête de l'armée trop peu de vrais généraux. Nous avons hors de ses rangs trop de généraux de fantaisie.

Nous voulons de la discipline chez les soldats et une initiative opportune chez les chefs.

Nous ne croyons pas tout perdu parce qu'on n'a pas fait de *sorties à la Xerxès.* Mais nous croyons tout compromis, soit que l'on sorte, soit que l'on reste immobile, si l'on exécute les opérations militaires à l'aveuglette et à contre-temps.

Qu'on n'ait pas à dire un jour que Trochu, qui a su résister à l'impatience parisienne, n'a pas su décourager la patience des Prussiens.

8 janvier 1871.

VI

LES DEVOIRS DE PARIS CAPITALE

Nous sommes de ceux qui ont condamné la guerre présente, bien avant qu'elle n'eût produit ses fruits amers. Nous y avons vu tout d'abord le naufrage de la civilisation moderne, la ruine de la France et de l'Allemagne déchaînées par le césarisme.

En nous plaçant au point de vue exclusivement national, nous étions effrayés quand nous comparions d'une manière attentive la diplomatie de Berlin et celle des Tuileries, la stratégie de M. de Moltke et celle de Napoléon III. La victoire nous semblait impossible. Même vainqueurs, nous consolidions l'hégémonie prussienne. Surtout, nous prêtions à l'élu populaire, retrempé dans un récent plébiscite et dans une guerre nationale, une force menaçante.

Nous le répétons, nous ne voulions pas la guerre, dût-elle coûter la vie à son instigateur. L'intérêt de la France nous rendait presque soucieux de l'intérêt de l'empire.

Or, l'empire, c'était la France officielle, une fausse

France, qui avait, à la longue, formé, au-dessus de la France véritable, de la France vivante, une croûte énorme, tous les jours plus épaisse et plus impénétrable.

Reichshoffen fut pour nous un trait de lumière. Désespérés avant l'ouverture de la campagne, nous conçûmes, aussitôt après la défaite, l'attente d'une meilleure destinée.

Tout se fût dès lors terminé à notre plus grand avantage, si nous avions eu la résolution et le moyen de secouer notre chaîne.

Le 10 août, lorsque s'écroula le ministère formé — le jour anniversaire de l'avénement du roi Guillaume — pour notre honte et notre ruine, nous promenant avec quelques amis aux abords du Palais-Bourbon, nous ne cessions de répéter :

« Que le Corps législatif prononce la déchéance des Bonaparte, et la France nouvelle brillera aux yeux de l'Europe étonnée. »

Ce vœu était patriotique, à coup sûr, mais confinait à l'utopie. Il fallait, pour renverser l'impérialisme, autre chose qu'un Reichshoffen et qu'un Forbach commentés par un semblable Corps législatif. Il fallait que la honte présente des Bonaparte fût, pour ainsi dire, au niveau de leur gloire passée. Il fallait à Austerlitz l'antithèse la plus complète. Il fallait la récidive de Waterloo, avec l'honneur et la poésie en moins!

La plaie saignante dut donc s'aggraver. La France, incapable de s'affranchir par elle-même, subit un ministère de réaction. Le second empire, qui avait commencé par un Saint-Arnaud, eut le loisir de se clore par un Palikao.

La France officielle fut mise en demeure de sauver la France officielle.

M. Palikao, tout en prononçant le mot de *garde nationale*, refusa d'armer d'une manière sérieuse la nation. Il fit sortir des villes les soldats — eux-mêmes tant soit peu suspects — chargés de les contenir; il rechercha dans les campagnes les vétérans. La gendarmerie et la police lui répondaient du peuple français. Le ministre de l'intérieur, M. Chevreau, manda en toute hâte dans la capitale les sapeurs-pompiers, comme pour éteindre l'immense incendie allumé par ses maîtres. M. Clément Duvernois, en situation de *faire grand*, saisi d'ailleurs de la fièvre des affaires entassait pêle-même les bestiaux de toute espèce; et un député du tiers-parti dénonçait avec effroi — au cœur de Paris — des émeutes de ruminants !

Durant les trois semaines qui s'écoulèrent au milieu de ces efforts, à la fois stériles et gigantesques, l'empire, ébranlé par la Prusse, faisait vis-à-vis de la France, assez bonne contenance. C'est à peine s'il se laissait çà et là entamer. Cependant, la nomination du gouverneur de Paris fut un signe du temps. Sa proclamation, qui pour la première fois depuis tant d'années osait passer sous silence le nom du souverain et prononcer les mots de patrie et d'honneur, était, à coup sûr, une grande nouveauté.

Le travail d'Hercule accompli par M. Palikao aboutit à la catastrophe de Sedan. Le masque du faux Napoléon tomba. Mais l'empire survivait à l'empereur. Tous les hauts fonctionnaires qui avaient une intelligence exacte des traditions administratives, recours permanent du despotisme, inventé par le consulat, restaient tranquillement à leur place. Il n'y eut de modifié que *le couronnement de l'édifice.*

A part le congé donné au Sénat et au Corps législatif, ce fut un pur changement ministériel. On conserva précieusement la vieille politique. Incapable *d'organiser la paix*, on accepta, faute de mieux, la guerre à outrance. On s'obstina à *venger les injures du second empire*, en affirmant que la République devait se fonder non par la transaction, mais par la victoire. On avait combattu l'empire au nom de l'humanitarisme ; on continua la lutte contre la Prusse au nom de l'honneur français.

On le voit, la croûte officielle, si dure et si profonde, résistait toujours. Il semblait impossible de la percer. Paris enthousiaste à contre-temps, la province engourdie, également à contre-temps, étaient les tristes legs de l'empire.

Et cependant Bazaine cherchait à rompre les lignes prussiennes qui l'étreignaient en Lorraine, et pouvait, d'un instant à l'autre, avec la garde impériale et son corlége de maréchaux, s'élancer contre la jeune République, déjà coupée en deux par l'invasion! Ce Monck d'un nouveau genre tenait, pour ainsi dire, en suspens la déchéance définitive de la dynastie corse.

Il y eut un long marasme. Enfin, après soixante jours, la capitulation de Metz acheva l'œuvre de la capitulation de Sedan. La grande armée de Napoléon III alla remplir les forteresses de l'Allemagne, et le bonapartisme passa de la tutelle de Bazaine sous celle des Hohenzollern.

M. Gambetta, qui pendant son séjour à Paris avait pris, comme ministre de l'intérieur, tant de décisions contraires à la prudence, assumait en France, comme ministre de la guerre, un rôle aussi actif que prépondérant. Après avoir lutté, sans trop d'espoir, contre les tendances légitimistes, orléanistes, socialistes, qui s'accusaient de tous les côtés, il put enfin dénoncer la trahison du maréchal Bazaine. La France fut saisie d'indignation. Elle se trouva, comme par enchantement, ressuscitée. Le jeune politique, plein d'une fougue généreuse, avait fait du galvanisme : tâche singulièrement facilitée par la menace trop réalisée de Frédéric-Charles : *Nous irons partout! partout!*

C'est ce que les Prussiens appelèrent le garibaldisme de M. Gambetta : il n'y manquait absolument rien, à leurs yeux, pas même Garibaldi! Une grande nation, que l'on croyait clouée dans le cercueil, se levait et prenait son essor. Et cette renaissance s'accomplissait sous les auspices d'un homme d'Etat douteux, qui avait du moins le grand avantage de n'être arrivé à la vie politique que dans la dernière année de l'empire, et d'avoir, dans un discours célèbre, condamné, au nom de la logique, un plébiscite qui avait trouvé ces sept millions d'adhérents devenus, par une étrange métamorphose, les administrés de M. Gambetta.

M. Gambetta écartait de son chemin même les modérés, parce qu'il savait combien, dans des provinces ignorantes, *la modération sans la science* est voisine de la réaction.

A Paris, le mouvement a commencé plus tôt, mais il a été en réalité beaucoup plus lent.

N'en soyons pas étonnés. Paris n'est pas seulement la ville la plus éclairée de France, c'est aussi le siége de la bureaucratie. Or, la bureaucratie ne comprendra jamais rien aux grands élans nationaux. Elle ne peut que les entraver. L'investissement, en lui interdisant toute action en province, la laissait ici absolument maîtresse. C'est elle qui à Paris, comme Bazaine à Metz, remplissait l'*interrègne.*

Les membres de la défense nationale ne pouvaient pas, dans l'intérieur de nos murs, exercer une dictature comparable à celle dont M. Gambetta était investi ailleurs, par suite de circonstances exceptionnelles. C'étaient les hommes les plus constitutionels du monde, et ils formaient, à ce titre, le ministère le plus honnête et le plus homogène que la France eût possédé. Par leurs qualités mêmes, ils répugnaient aux décisions énergiques. Tout le monde connaît l'indulgence imperturbable du général Trochu, la grandeur d'âme de M. Jules Favre, la modération discrète de M. Ernest Picard, les ménagements de toute sorte de M. Jules Simon, et l'obscurité volontaire ou forcée de MM. Garnier-Pagès, Pelletan, Emmanuel Arago et Jules Ferry. Tout était combiné pour faire de la République de Paris la république modèle, si les Prussiens n'avaient pas été à nos portes.

Il s'agit bien de cela ! Paris, à l'heure qu'il est, ne doit être préoccupé que de cette seule idée : égaler et même surpasser la France en efforts patriotiques !

On avait commis, dès avant le siége, une faute énorme. La grande levée de 25 à 35 ans n'ayant pas été effectuée en temps utile à Paris, c'est à peine si la population parisienne est représentée dans les armées de secours. Paris est absent de la France. Sans la bureaucratie, deux cent mille hommes, retenus prisonniers dans notre enceinte, auraient servi de noyau aux valeureuses légions de la Loire.

Le Gouvernement de la Défense a d'ailleurs accompli noblement son devoir ; il a procédé *méthodiquement* à la levée en masse, en tenant compte des nécessités de mille sortes : habillement, etc.

L'heure est venue du grand effort, du suprême sacrifice. Paris est tenu de faire *plus que son devoir*.

Qu'on ne l'oublie pas : Paris était, avant le démembrement momentané que nous subissons, la capitale de la France. Il redeviendra la capitale, même après la suppression de la centralisation et de la bureaucratie, à condition de ne pas déchoir à ses propres yeux.

Dans un pays qui aime la gloire, mais qui ne sait pas sa propre histoire, pouvons-nous, sans être accusés d'une vaine érudition, rappeler que c'est pour n'avoir pas capitulé, il y a environ mille ans, devant les Normands, que Paris mérita d'être le centre de cette monarchie capétienne qui avait présidé à sa défense ?

Dans la guerre de Cent Ans, après le désastre de Poitiers, c'est l'énergie d'Etienne Marcel et des Etats-Généraux qui remédia à une situation presque désespérée.

Mais la grande ville trahit son antique renommée au milieu de la querelle des Armagnacs et des Bourguignons. L'Université, le Parlement, le Clergé, se firent les complices de l'étranger.

Qu'advint-il ? La France se délivra toute seule, et les monarques Valois, qui, après avoir tout compromis, avaient tout sauvé, délaissèrent les bords de la Seine pour ceux de la Loire.

Paris, il est vrai, continua sa grande existence, et le Louvre féodal fut remplacé, au xvie siècle, par le Louvre de la Renaissance.

Mais l'inimitié, qui datait de l'intronisation d'un Lancastre comme roi de France, couvait toujours. On refusait à Paris le droit de s'étendre au-delà de certaines limites. Les fureurs de la Saint-Barthélemy et de la Ligue le rendirent odieux. Henri IV dut l'assiéger et l'enlever par la ruse à l'Espagne.

Sous la Fronde, un ambassadeur espagnol prit de nouveau séance au Parlement ; et Louis XIV, qui avait à venger les injures de Mazarin et les siennes propres, établit sa résidence à Versailles, assez loin pour ne plus le voir, assez près pour le contenir.

Paris ne fut réhabilité et ne reconquit sa haute situation politique qu'en 1789, le jour où il détruisit la Bastille.

Eh bien, nous avons aujourd'hui une nouvelle Bastille à renverser : celle que le roi Guillame a élevée à nos portes, à la faveur d'un blocus de plus de cent jours!

Que Paris, qui par trois fois a donné à la France la République, sache préserver la France elle-même, en résistant victorieusement à un prétendant étranger.

On n'a pas su éviter, par l'habileté politique, la conquête et l'occupation allemandes : qu'on y échappe par l'héroïsme victorieux !

La civilisation moderne se fût mieux accommodée du salut par la diplomatie mieux informée. Le patriotisme sera satisfait du salut par un sacrifice sanglant.

Si l'on a bien saisi ce raisonnement, on doit voir quels sont aujourd'hui, pour nous, les motifs *sérieux* d'espérer, — pour les Allemands, les motifs sérieux de craindre.

M. de Bismarck n'a connu que la France officielle, la seule qui fût visible sous Napoléon III, et il a pu, sans forfanterie, se vanter d'en avoir promptement raison. Son tort est d'avoir cru qu'il n'y avait absolument rien au-delà. Le roi de Prusse lui-même a avoué récemment, dans une proclamation datée de Versailles, son étonnement en présence de ce spectacle inattendu.

En ce qui concerne spécialement Paris, les impressions mobiles de cette immense agglomération d'hommes, qui forme tout un État, ont complétement échappé à M. de Bismarck. Et voilà pourquoi, dans ses calculs, il a assigné à l'égoïsme des citoyens et à la folie de la *populace* une si grande importance. A cet égard, il a commis, tout en suivant la vérité à la piste, beaucoup d'anachronismes. Il a confondu le 10 août et le 31 octobre,—le 4 septembre et le 25 décembre. Et c'est ainsi que son gracieux maître n'a pu avoir tous les présents de Noël qu'il lui avait promis, et a dû se contenter d'un hochet impérial.

Quant à nous, qui étions non pas hors de Paris comme M. de Bismarck, mais à l'intérieur, nous avons suivi les fluctuations de cet océan populaire, et nous devons dire que, depuis quatre mois, chaque semaine a apporté à l'inintelligence politique et à la démoralisation populaires, toutes deux flagrantes au début, un nouveau correctif.

Qui ne se rappelle Paris, affolé, criant « A Berlin! à Berlin! » et accueillant avec une crédulité ridicule les messages de victoire rédigés par des agioteurs?

Puis, avec nos premiers revers, arriva la défiance, patriotique sans doute, mais mal éclairée, qui ne voyait partout que des espions, et qui ne s'expliquait nos désastres que par la trahison de tous.

Ensuite, la République apparut comme un remède souverain qui dispensait de toute autre préoccupation, et l'on parada avec enthousiasme sur les places de l'Hôtel-de-Ville et de la Concorde.

Plus tard encore, le sang s'échauffa, et l'on accusa bruyamment le Gouvernement d'incapacité. C'était une vue très-fausse, assurément, mais qui montrait dans les masses le sentiment très-vif de la gravité du péril.

Enfin, on s'organisa sérieusement pour une œuvre sérieuse. La garde nationale devint une milice austère et aguerrie.

Voilà où nous en sommes. S'il y a une logique des événements, nous nous trouvons dans de meilleures conditions que précédemment. Nous ne dirons pas, par manière de vantardise, que c'en est déjà fait des Allemands; mais nous dirons : Les Allemands sont surpris de cette seconde phase de la guerre, où il n'y a plus de capitulation, mais bien des résistances acharnées et de terribles retours offensifs.

Eh bien, étonnons-les tous les jours davantage, et, pour cela, usons plus largement encore des moyens qui nous ont été si profitables. Plus de vestiges de l'empire! une sélection d'hommes capables! une organisation de nos forces vives! plus de violences qui autoriseraient le retour de ce que nous détestons le plus! C'est alors, mais alors seulement, que l'on sera sûr que Paris ne figurera pas comme la plus tard-venue des grandes défections de la France officielle.

Paris montre pendant les péripéties du bombardement que l'heure de la décision suprême le trouve prêt et résolu. Il s'est élevé progressivement au niveau des circonstances. Bien plus, il les domine. Il ne craint rien. Son héroïsme justifiera toutes les espérances des patriotes et étonnera les Prussiens, qui se sont singulièrement mépris sur son compte.

7 janvier 1871.

VII

CONQUÊTE ROMAINE ET CONQUÊTE PRUSSIENNE

Guerre de la science contre l'héroïsme : voilà comment nous résumerons l'expédition de César dans la Gaule ancienne et l'expédition de de Moltke dans la France moderne.

C'est au même peuple, en définitive, que ces deux capitaines ont eu affaire. On a montré, depuis longtemps, que le Gaulois se survivait à lui-même dans le Français. Qui ne nous reconnaîtrait dans le portrait que Caton l'ancien traçait de nos lointains ancêtres : *acriter pugnare, argute loqui*. « Il n'y manque absolument que *la science*, disait un jour aux élèves de l'École normale un regretté professeur, et cela m'effraie. »

Néanmoins, dans l'espace de dix-neuf siècles qui sépare les grands événements dont nous parlons, que de transformations avant que la marque originelle prévalût définitivement!

Rome, avec son aristocratie, donna à notre nature légère une certaine consistance. Imitateurs et flexibles, nous prîmes sa langue, son droit, ses traditions, et en partie ses mœurs. Lorsque déjà notre caractère était visiblement détrempé, survint la féodalité qui fut un lourd, mais salutaire alliage.

La monarchie française fit un amalgame de ces éléments hétérogènes, et l'on eut, en littérature, en politique, comme en stratégie, une époque classique, le dix-septième siècle.

Depuis la Révolution française, nous n'avons gardé de Rome que les traditions administratives, de la féodalité que le point d'honneur, et nous sommes livrés, sans défense, avec nos qualités et nos défauts originaires, au sens pratique et à la science implacable des Prussiens.

VIII

LA FORCE DES CHOSES

Notre tempérament national, épaissi par dix-huit ans de despotisme béotien, a formé, en se combinant avec les duretés de la situation présente, un de ces composés inextricables et discordants que la chimie, en son langage, appelle amalgames.

Nous nous débattons contre un engrenage plus fort et plus fin que nous. Nous nous révoltons sans comprendre, et, comme l'animal pris à un savant traquenard, chacun de nos efforts nous enfonce plus avant dans le piége.

Nous avions un système militaire exactement en rapport avec notre atrophie intellectuelle, notre affaiblissement moral et notre corruption politique. Ce système s'est mesuré avec celui de l'Allemagne. Il a été trouvé plus faible et même hors d'état de tenir.

Nous n'en referons un autre qu'avec du temps.

Les efforts magnanimes de nos armées de province vengent notre honneur, forcent le respect de l'Europe, émue de tant de courage, et inspirent à l'ennemi je ne sais quelle inquiétude. Mais il n'est guère possible d'en attendre des résultats immédiats.

L'Allemagne a préparé depuis 64 ans (1806-1870) l'effort victorieux sous lequel nous plions. Chacun des coups qu'elle nous porte représente un capital lentement accumulé de science, d'habitude et de sacrifices.

Le mal serait que la France se crût humiliée pour n'avoir pas pu, en deux mois, improviser une imitation à la fois tardive et précipitée du système militaire de l'Allemagne. Il y a, dans certaines infortunes et dans la façon dont on les supporte, plus de noblesse que dans certains succès. Et si la France se prenait à en douter, il faudrait en conclure que l'Empire lui a décidément inoculé la sotte passion de la fausse grandeur.

Nous avons, quoi qu'il advienne, reconquis dans nos défaites le droit de nous estimer nous-mêmes; et nous avons prouvé qu'en dehors du succès et du temps qu'il faut pour le préparer, rien ne nous manque de ce qui fait les grandes nations.

Ce qui nous trompe, c'est ceci :

Il nous reste assez de ressources en hommes et en argent pour nous faire croire que nous pouvons encore espérer la victoire ; et il nous manque la notion de ce qui rend cette victoire extrêmement problématique. Nous ne nous rendons pas compte de cette vérité : c'est que la supériorité militaire de l'Allemagne est toute dans son organisation, dans sa science, dans sa capacité.

Or, l'organisation ne peut pas s'improviser. La science ne vient qu'à ceux qui ont pris la peine d'étudier; et la capacité ne reparaîtra en France que sous la double influence :

1o De la liberté parlementaire;

2o D'une instruction sans préjugés, sans scolastique, sans routine.

Nos forces, toutes matérielles, sont, pour ainsi dire, *inarticulées*. Elles entretiennent en nous des illusions qu'elles semblent justifier, et qu'en réalité elles trahissent. Elles sont un piége tendu à notre amour-propre national.

Comprenons donc que si la France a eu 89 et 92, c'est que 89 et 92 avaient été précédés par cinquante ans d'agitation intellectuelle, d'émancipation philosophique et de progrès social, qui avaient emporté le génie français bien au-delà de ses anciennes limites.

Au lendemain d'un 1814, pouvions-nous espérer un 1792? et si ce 1792 devait être tenté, pouvions-nous en espérer le succès?

Sans être fataliste, on est forcé de reconnaître qu'il y a des lois dans la nature, que rien n'arrive sans cause, et que certaines causes produisent des conséquences bien difficiles à détourner.

S'il n'en était pas ainsi, il n'y aurait pas de science.

Or, dix-huit ans de lourde et obtuse tyrannie, c'est une terrible cause, et les effets n'en sont peut-être pas encore tous épuisés.

Nous espérons que la France redeviendra la première nation du monde. Mais nous ne pouvons pas oublier que la France, comme toutes les autres nations, est soumise aux forces naturelles, et qu'elle dépend des lois qui gouvernent le vaste univers.

28 janvier 1871.

IV

LA MÉDECINE PRÉVENTIVE

AVANT LE 18 MARS

I

LE MANQUE D'HOMMES

On se plaint du manque d'hommes. L'Empire s'en plaignait. La République s'en plaint.

Ces plaintes ne sont pas sincères.

La vérité est qu'on ne veut pas d'hommes nouveaux. On veut un monsieur qui soit déjà connu, mais on ne veut pas lui donner les moyens de se faire connaître. Or, généralement, dans les conditions actuelles du succès, il aura dû, pour arriver, perdre de son originalité et de sa valeur, entrer dans une coterie, s'encadrer dans un des petits milieux frelatés de la société française. Les gens arrivés, chez nous, sont des gens qui ne sont plus que la moitié d'eux-mêmes.

On n'arrive, en France, que par une déperdition de forces graduelle. Un homme arrivé, dans ces conditions, est un homme usé.

Mais pourquoi ne veut-on pas d'hommes nouveaux? Parce qu'on ne sait pas les choisir.

Choisir les hommes, discerner les capacités, est précisément une des parties de l'homme d'État qui manque le plus à nos hommes d'État.

Les grands politiques ont presque tous eu, sous ce rapport, un tact sûr. Ils ont fait des trouvailles merveilleuses. Ne pas savoir discerner les hommes dans le tas es une immense faiblesse, un aveu d'incapacité.

C'est aussi une preuve d'étroitesse d'esprit, de médiocrité native.

Choisir des hommes nouveaux, c'est rechercher le talent, l'aptitude; c'est ne pas en être jaloux, c'est même y être sensible; c'est être sûr de sa propre supériorité.

Comment les choses se passent-elles?

Chaque parti arrive à son tour au pouvoir, avec son personnel fait, au sortir de vacances plus ou moins longues (de quinze à dix-huit ans, en moyenne). Ce personnel représente une forme du passé, qu'un tour de roue fait succéder à une autre forme du passé. Il y en a ainsi trois ou quatre, et le jeu des révolutions en France peut se comparer à un dé qui reproduit éternellement, dans un hasard limité, les cinq ou six chiffres gravés sur ses faces. On est donc toujours sûr d'être gouverné par un vieux personnel, fût-il composé d'hommes relativement jeunes. Les hommes du jour ne disparaissent pas pour faire place à ceux de l'avenir, mais à ceux de la veille ou de l'avant-veille.

Ces différentes coteries se renouvellent peu. Elles demandent à ceux qui y entrent la foi, ou l'apparence de la foi. Les plus sots peuvent en avoir en provision. Elles n'apprécient, en fait de talent, que cette rhétorique disciplinée qu'il faut à des porte-voix, non cette portée d'esprit, cette puissance d'observation et d'analyse qui fait les penseurs, qui renouvelle la politique, qui soutient les nations dans un progrès permanent.

19 décembre 1870.

II

LE JACOBINISME ET LE BONAPARTISME

Il n'y a qu'une chose à craindre. C'est que les Parisiens *ne sacrifient le bon sens à l'aptitude*. Ils voient bien maintenant que la politique de certains hommes, dans le Gouvernement et hors du Gouvernement, conduirait d'une manière fatale la France à sa ruine.

Mais beaucoup seront tentés de protester avec éclat, sinon contre la partie sensée de la Défense nationale, du moins contre la destinée. M. Gambetta a causé l'échec de Paladines, la déroute de Chanzy, et le suicide de Bourbaki. N'importe, ils voteront pour M. Gambetta.

Ils oublient que, si les sénateurs de l'ancienne Rome se portaient au-devant de Terentius Varron, le vaincu de Cannes, parce que ce consul n'avait pas désespéré de la patrie, ils se gardaient bien de lui rendre son commandement.

Ne l'oublions pas. La politique de M. Gambetta devait être funeste dans tous les cas : c'était un jacobin qui, avec du génie et du succès, aurait facilement tourné au Bonaparte.

Le bonapartisme et le jacobinisme sont frères, et nullement frères ennemis. Ils savent se concerter et se diviser en temps opportun. Ils se font mutuellement des legs entre-vifs. Dans les circonstances difficiles, ils conspirent ensemble. Quand l'un d'eux est au pouvoir, l'autre *prépare ses facultés*. Ils se condamnent l'un l'autre à Lambessa et à Sainte-Hélène; mais ils ne cessent de correspondre, et les révolutions sanglantes et stériles sont le résultat de leur réconciliation.

III

LA FRANCE SAUVÉE PAR ELLE-MÊME

La France va enfin pouvoir élire l'Assemblée nationale, dont nous n'avons cessé de réclamer la réunion depuis la mémorable révolution de Septembre.

Le rôle de cette Assemblée sera immense. Son but immédiat n'est pas de rétablir la Constitution criminellement supprimée par le coup d'État, ou de rapporter les lois vicieuses du second Empire. Elle sera, avant tout, chargée de nous délivrer pacifiquement de l'invasion que la dynastie corse a, pour la troisième fois, déchaînée sur notre patrie, et que la République, malgré des efforts prodigieux, n'a pas pu repousser à main armée.

On a le spectacle, triste sans doute, mais imposant d'un pays qui doit à l'estime qu'il s'est conciliée, encore plus qu'à la crainte qu'il inspire, une complète liberté électorale, sous les yeux et presque sous le fer de l'ennemi.

Plus habitués à l'héroïsme patriotique qu'au courage civil, nous braverions plus volontiers les menaces ouvertes de Guillaume Iᵉʳ que les violences hypocrites de Napoléon III. Mais nous ne devons avoir aucune préoccupation à ce sujet. L'Empereur et le Chancelier d'Allemagne ne nous *pousseront* pas au vote comme le faisait l'homme de Décembre.

Qu'on le sache toutefois, l'Empereur et le Chancelier d'Allemagne seront, dans cette circonstance, des spectateurs intéressés, très-attentifs par conséquent, tout prêts à régler leurs procédés envers nous d'après notre sagesse ou notre imprévoyance politique.

Quelle sera la conduite du peuple français si son bon sens est à la hauteur de son courage?

Il se pénétrera de l'importance de l'acte que le Gouvernement de la *Défense nationale* réclame de lui. Il ne jouera plus à *pile ou face* ses destinées. Il ne se livrera pas à la discrétion du roi Guillaume, par le scrutin de février 1871, comme il s'était livré à la discrétion de l'empereur Napoléon par le scrutin de mai 1870. N'ayant pas su prévenir cette lutte désastreuse, il saura du moins y mettre fin.

Convoqué dans ses comices, il *choisira* ses représentants, au lieu de les demander à une coterie surannée ou à un engouement passager.

Qu'il rejette impitoyablement ces députés serviles, ces *mamelucks* du despotisme, qui, après avoir maintes fois commenté avec enthousiasme ces mots mensongers : « L'Empire, c'est la paix ! » ont, sur un signe du maître, voté la guerre, en étouffant des protestations généreuses.

Qu'il ne jette pas davantage son dévolu sur ces démocrates équivoques qui, après avoir prêché la résistance à outrance, ont voulu, par deux fois, transformer la guerre contre l'étranger en une guerre civile, et qui, si le bon sens public ne les eût désavoués, auraient perdu et déshonoré la France ?

Plus de charlatans, jeunes ou vieux, ignorants ou lettrés, sacrés ou profanes, mielleux ou violents!

A Paris, comme à toute la France, nous dirons : Mettez-vous en face du plus grave des problèmes. Pour le résoudre, prenez les hommes les plus honnêtes, les plus modérés et les plus capables. Vous leur imposerez une tâche que le patriotisme pourra seul leur faire accepter. Ils auront, en effet, à ratifier, au nom de la nation, les résultats nécessaires d'une guerre qu'ils ont condamnée dès le premier jour. Mais ces conséquences funestes seront elles-mêmes, grâce à eux, singulièrement atténuées. En effet, si M. de Bismarck, tout-puissant, en apparence, renonce à nous infliger la honte d'une restauration bonapartiste, en présence des efforts héroïques — non prévus par lui — que nous venons de déployer, il saurait faire encore quelques concessions calculées à un peuple qui, jugé à tort incapable d'une conduite prévoyante, montrerait enfin qu'il a l'instinct et le secret de sa propre conservation.

L'Assemblée nationale devra se composer surtout des hommes qui, après avoir, le 4 septembre remplacé au pouvoir les Palikao et les Rouher, et organisé la défense autant que le comportait le désarroi général, voulaient par la dignité et l'adresse politiques épargner à la France une cruelle humiliation. Ceux-là, bien visiblement, n'ont pas convoité et n'ont pas obtenu une popularité malsaine. Mais qu'on se rassure : leur tour est venu d'être populaires. La nation, dégoûtée des *phraseurs* et des *énergumènes*, écoutera en février les gens sensés, si elle a écouté en septembre leurs adversaires. Elle montrera par ses choix que, Dieu merci ; elle peut opposer aux politiques et aux savants de l'Allemagne, d'autres figures que celles de démagogues ou de rhéteurs. Le génie de la France, malgré les obstacles accumulés par la routine, se fera jour au grand étonnement de la Prusse.

Nous avons bon espoir dans l'avenir de nôtre pays : la leçon qu'il vient de recevoir lui rend facile la tâche de renverser quelques vaines idoles. Si le 4 septembre a vu s'évanouir la France impériale, le 31 octobre et le 22 janvier nous ont également délivrés de la France démagogique. Reste la vraie France, avec les nobles et solides qualités qui ont fait sa grandeur et sa prospérité durant tant de siècles. Rien ne doit ni ne peut la diviser, cette vraie France. Pour elle, plus de partis ! Tous ceux qui la composent ont un principe commun, la République ; un ennemi commun, le bonapartisme ; un but commun, l'indépendance nationale.

Pourvue d'une Assemblée digne d'elle, la France sera sauvée, et, fait nouveau de son histoire, elle ne devra son salut qu'à elle-même. La liberté sera fondée parce que nous n'aurons pas trouvé de libérateur.

Une fois les Prussiens éloignés, la France saura se donner une instruction générale et une organisation politique, — dont nous dessinerons plus tard le plan, — et qui lui assureront facilement le premier rang en Europe.

Nous avons en perspective une revanche immédiate *par la paix et pour la paix*, de nos revers militaires.

Sachons la prendre !

IV

LA PRESSE DU PASSÉ ET LA PRESSE DE L'AVENIR

Nous voudrions, après avoir résumé l'histoire de la presse, montrer ce qu'elle doit être sous une république décidée à en faire un usage vraiment utile à la société.

C'est sous un despote qui savait combien il importe, d'occuper la curiosité française, c'est sous le cardinal de Richelieu, que la presse fit son apparition. Destinée à devenir une puissance, elle ne fut d'abord qu'un vain amusement. La *Gazette de France* parut alors. Pendant un siècle et demi, elle suffit aux vues du Gouvernement français.

Mais, depuis longtemps, elle ne suffisait plus aux secrètes aspirations de la France. Monseigneur, duc de Bourgogne, *grand Dauphin*, héritier présomptif de la couronne durant cinquante ans, pouvait bien se contenter de jeter un rapide coup d'œil sur la liste des naissances et des décès. Saint-Simon, l'aristocrate, le blâme de ce dédain excessif de la presse. La seconde partie du règne de Louis XIV vit pulluler les *Nouvelles à la main*, les *Lanternes*, dirions-nous aujourd'hui, véritables journaux d'opposition, irréguliers, clandestins, qui faisaient à la monarchie une guerre de guérillas. Les gros pamphlets paraissaient à Amsterdam et à Londres : ils émanaient de cette France extérieure que le grand roi avait détachée de ses États, par la révocation de l'édit de Nantes, comme pour assurer le triomphe de l'Angleterre, notre ennemie d'alors, et de la Prusse, notre ennemie d'aujourd'hui !

Quand Montesquieu et Voltaire parurent, on tourna l'obstacle qu'on ne pouvait renverser. On donna des leçons à la France, en transportant en Perse les personnages affublés de noms Orientaux. Ou bien on soutint une lutte hypocrite, mais implacable, contre une puissance, l'Église, par exemple, en flattant une autre puissance, la Royauté. Il n'y avait pas encore de journaux, mais le journalisme, on le voit, existait déjà.

La Royauté elle-même eut son tour. Une véritable meute de folliculaires se précipita à l'assaut de *la triple enceinte.* On peut relire les déclamations forcenées d'un Marat. Absence d'instincts généreux et de vraie science, déclamations à la Jean-Jacques, voilà la presse sous la révolution. Le peuple, toujours excité par elle, ne fut jamais éclairé.

L'Empire pacifia le journalisme. Il daigna l'exploiter à son profit, mais dans une faible mesure. La franche brutalité du régime ne lui permettait pas d'organiser, sur une vaste échelle, la corruption. Il frappait ses adversaires ; il ne leur opposait pas des écrivains gagés. L'enthousiasme servile des rhéteurs, tels que Fontanes, comportait, après tout, quelque dignité. Le seul journaliste original, c'était l'Empereur lui-même, qui, d'un trait de plume, donnait la note définitive sur toutes choses, dispensant avec largesse l'éloge et le sarcasme. Le libéralisme naissant satisfit ces penchants généreux en se rejetant vers la critique littéraire.

L'heure de l'émancipation arriva sous un prince qui n'avait d'autre prestige que celui de la naissance et de l'esprit. C'est alors qu'on put appeler la presse le quatrième pouvoir de l'État. Elle étudia les questions d'une manière sérieuse, pour elles-mêmes, et non en vue d'une aveugle opposition. Elle fit la leçon aux rois, qui n'en profitèrent pas, il est vrai. Qui n'a déjà nommé les *Débats*, le *National, le Globe*, etc.? Il y avait un parfait accord, à ce moment, entre la tribune libérale et la presse libérale.

La presse, qui s'était efforcée d'empêcher toute réaction, accomplit une révolution nécessaire. 1830 fut pour elle l'apogée de sa légitime influence. Elle avait, de son côté, le bon droit, le savoir et l'éclat du talent.

La monarchie de Juillet divisa les journaux en deux catégories : les partisans *quand même* du bouleversement, et les défenseurs patentés de l'admistration. La juste mesure, la libre recherche se perdirent dans ces querelles intéressées. On lutta, on n'étudia plus. La décadence se trahit dans le fond, comme dans la forme. C'était le second Empire qui s'annonçait.

En dehors de ces deux catégories, n'oublions pas les grands novateurs du xix⁰ siècle, qui, par la hardiesse de leurs vues et la puissance de leur dialectique, étonnaient le monde avant de l'ébranler.

La révolution de Février autorisa l'expression et, en quelque sorte, l'application de ces théories. La presse fut impuissante à retrouver son équilibre. Les passions se déchaînèrent aussi violentes et aussi stériles qu'avant le 18 brumaire ou les lois de septembre.

Enfin Napoléon III vint, et, le premier en France, organisa la compression et la corruption. Journaliste sous Louis-Philippe, il fut, comme empereur, l'ennemi irréconciliable du journalisme. Il entreprit de l'écraser et de le déshonorer. Il eut, pour atteindre ce résultat, des ministres dignes de lui. Saint-Arnaud avait séduit et compromis la plus noble armée du monde; Magnan massacra les partisans attardés de la légalité; Morny créa une administration byzantine. Persigny, qui fut l'apôtre du bonapartisme, comme Troplong en devint le théoricien, organisa le système des avertissements et des suppressions arbitraires. Ce régime dura quinze ans (1852-1867), *grande mortalis ævi spatium*, dirait Tacite, laps de temps assez considérable, par malheur, pour décider de la destinée d'une nation.

Aussi, quel abaissement dans la presse! L'histoire le

dira. Le nombre fut petit de ceux qui, comme Prévost-Paradol, semblaient tout dire, à l'occasion, grâce à un art suprême de laisser tout entendre. Le fanatisme religieux et politique, au contraire, que d'interprètes il posséda! Mais ne rouvrons pas une plaie saignante.

En l'absence de tout contrôle du parlement et de la presse, les scandales de cour et de ville s'accumulèrent. Les Tuileries devinrent une sorte de *Parc aux Cerfs*, où les courtisanes et les ministres, qui les avaient recrutées, se coudoyaient sous les yeux d'un maître à la fois langoureux et sévère.

Ce sont précisément les scandales qu'un satirique, populaire et incisif, flagella avec tant d'énergie. Charles X avait eu son Courier, Louis-Philippe son Cormenin, Napoléon III eut son Rochefort. (Méritait-il un plus noble pamphlétaire?) M. Rochefort a dit ce que tout le monde savait, ce que tout le monde, par malheur, tolérait. Il obtint le prix de son audace intéressée : le Gouvernement lui donna une prison, Paris l'envoya au Corps législatif.

En somme, Napoléon III n'avait pas réussi à détruire la presse qui, de ses mains débiles, soulevait sa chape de plomb. Son but, avoué par ses amis, fut de laisser jusqu'à nouvel ordre flotter les rênes, afin que le noble coursier, emporté par son ardeur, fît une chute retentissante et se brisât les reins, au milieu des applaudissements frénétiques du monde officiel. Ce nouveau calcul fut trompé :

témoin la campagne électorale de 1869. Mais le plébiscite, précédé et suivi des pompes de la haute Cour, présageait une terrible répression.

Si nous négligeons la tourbe sans conscience dont la *correspondance secrète* nous a révélé les noms et le tarif, nous distinguerons parmi les journalistes :

1° Ceux qui sont nés journalistes, pour ainsi dire, et dont l'insuffisance éclate à tous les yeux. Pour eux point dedémarcation entre la gaudriole et la politique. Leur seul tort est peut-être de ne pas s'en tenir aux faits divers. A la longue, ils auraient tué la presse d'une manière bien plus sûre que les Persigny, les Morny, etc.

2° Ceux qui ont des vues, parfois remarquables, mais incohérentes, et dont les perpétuelles contradictions font suspecter la bonne foi. Tel est le cas du fameux publiciste, *sénateur in petto* de *l'empire libéral,* qui sans doute tenait sa promesse de livrer au public *une idée par jour,* mais qui n'a jamais coordonné ses pensées divergentes. La veille, partisan de *la Paix et de la Liberté,* il déchaînait, le lendemain, la guerre funeste. Par une fatalité inconcevable, on acceptait ses erreurs, on dédaignait ses bons conseils. On le tenait à l'écart, et le prince s'emparait de ses disciples *pour faire grand !*

3° Ceux qui ont un système fortement conçu, mais exclusif, laissant de côté, par l'entraînement d'une logique fiévreuse, les faits rebelles à l'assimilation. Proudhon fut leur chef. Nul plus que nous ne reconnaît la puissance de son génie.

4° Ceux qui, d'une manière moins éclatante mais plus désintéressée, classent les faits et les idées, en trouvent le lien, et forment ainsi un ensemble complet et précis.

Il n'est pas besoin de dire que nous tiendrions pour ces derniers, si nous avions constaté leur existence. En tout cas, se rapprocher de cet idéal est le plus grand mérite que l'on puisse ambitionner.

Quittons les sentiers battus jusqu'à ce moment. Ne croyons pas que le journalisme consiste, soit dans la poursuite effrénée des faits curieux et imperceptibles, rarement authentiques, soit dans une polémique ardente, dont le plus grave défaut est de ne pouvoir être sincère, etc.

Ce qu'il nous faut, ce sont des penseurs, qui viennent, armés de toutes pièces, exposer sans détour, sans préoccupation de *ligne politique à suivre*, leurs doctrines ingénieuses et profondes. S'il convient que les entraves du despotisme tombent, il importe aussi de s'affranchir des préjugés d'un faux libéralisme. La science n'arbore jamais de drapeau.

Le *Times* accueille les études de toutes sortes qui lui sont présentées. Les sots l'accusent de se contredire. Mais il ne se contredit pas plus que la bibliothèque de l'homme le plus consciencieux. En France, rien de pareil. On est réduit à louer les feuilles qui, ayant adopté une ligne moyenne, font, à droite et à gauche, une place aux faits et aux idées dont on déplore l'existence, mais qu'on veut bien laisser modestement circuler.

La troisième et définitive République française doit favoriser cette presse nouvelle. Elle doit, par un haut sentiment de la dignité humaine, rejeter dans l'ombre ces feuilles dont les romans vulgaires ou les récits controuvés font perdre au peuple français ce qui lui a manqué au moment décisif, *le sens de la réalité.* Il est passé le temps où la presse n'était qu'une moderne variante du *panem et circenses* des Césars romains.

15 octobre 1870.

V

LA RÉPUBLIQUE ET LA PRESSE

L'Électeur libre a été fondé pour dire la vérité. Il la disait tous les huit jours quand il était hebdomadaire, et il n'est devenu bi-quotidien que pour la dire deux fois par jour.

Ce programme paraît bien simple. Il est cependant des plus malaisés à remplir. Ceux qui veulent s'y tenir deviennent aussitôt comme la cible contre laquelle convergent de tous les points de l'horizon les accusations des partis extrêmes, et d'un grand parti qui, sans être extrême lui-même, est toujours uni à l'un ou à l'autre des partis extrêmes, le parti des charlatans.

Ces accusations sont contradictoires, et pourtant on ne peut pas dire qu'elles se détruisent les unes par les autres; car tous ceux qui se tiennent, soit fanatisme, soit calcul, en dehors de la vérité peuvent être en désaccord sur tout le reste : ils sont toujours d'accord contre la vérité.

A cette difficulté aussi vieille que le genre humain, et déjà cruellement éprouvée à une époque où les journaux n'existaient pas encore par quelques penseurs, l'honneur de notre espèce, une difficulté toute contemporaine est venue s'ajouter, qui ne rend pas commode le métier de ceux qui se mêlent d'écrire sur les affaires publiques.

L'Empire, qui avait monté comme un décor d'opéra tout le système de l'État, avait grand soin que l'illusion d'optique ne fût jamais interrompue. Il tenait dans sa main la plupart des journaux, et, sans vouloir porter atteinte à ceux de nos confrères qui ont fait comme Siéyès dans ces temps difficiles, *qui ont vécu*, il les avait réduits à un mutisme qui, nous l'avouons, nous, né dans des temps déjà meilleurs, aurait lourdement pesé à notre caractère. Certains journaux, qui s'épanouissaient dans cette atmosphère, et qui lui ont dû quelques années de prospérité servile et de succès frelaté, se sont évertués, à cette époque déjà éloignée, à nourrir de fausses apparences, à régaler de vaines illusions le public trop confiant.

Les rares hommes qui persistaient alors à vivre en citoyens, en hommes politiques, remarquaient que l'Empire avait tracé autour de la France un cordon *anti*-sanitaire qui empêchait tout contact entre les masses populaires et les nations extérieures.

L'investissement que l'Allemagne nous impose aujourd'hui par la force, existait dès lors pour les intelligences françaises. *L'opinion publique,* mise sous un vaste séquestre, vivait d'une vie artificielle qu'elle prenait pour la vraie vie, dans une béate ignorance d'elle-même et des autres.

A ce régime malsain elle a contracté des maladies inévitables. Elle est devenue bornée, et ce qui est le trait de de toute nature bornée, susceptible à l'excès. Un rien l'exaspère. Ce ne sont que fureurs et exaltations, suivies d'abattements et de syncopes. C'est une opinion publique *féminine.*

La vérité toute nue lui fait mal aux yeux. Il faut qu'on la lui arrange, qu'on lui mette de la gaze. Elle ne supporte la vérité qu'à l'état de dilution. Il lui faut la vérité homœopathique. Tout a ainsi été rapetissé à la mesure d'un épicuréisme petit-bourgeois, qui a voulu que la vérité, que l'art, la morale, la politique, se fissent petits comme lui. Le monde, pensait-on, devait être fait pour notre agrément.

On comprend combien un pareil tempérament facilite la besogne de ceux qui, étant nés sérieux, ayant quelque vigueur d'esprit, et osant regarder les choses en face, ne sont pas toujours d'humeur à découper en petites pastilles et à mettre en de petits cornets enrubannés les vérités dont la prompte divulgation importe à la chose publique.

Tout le monde n'est pas disposé à dire comme Fontenelle : « *Si j'avais la main pleine de vérités, je me garderais bien de l'ouvrir.* »

A toutes ces difficultés s'ajoutent celles qui naissent d'une situation atroce et repoussante. Pour la première fois depuis quatre-vingts ans, le droit moderne semble n'être plus qu'une simple phrase. L'ancien régime, ragaillardi et retrempé par la science, renaît avec une sève inattendue.

Dans ce qui se passe en Europe, les immortels principes de 1789 ne jouent pas un plus grand rôle qu'une pure poésie dans la vie quotidienne, et quelque chose du néant déclamatoire du révolutionnarisme napolitain semble être devenu le propre de ces fameux principes qui, animés autrefois d'une vertu positive et efficace, ne régnent plus, dirait-on, que dans le domaine du chant.

Dans cet état de choses, quelques journaux, ont pensé qu'il fallait continuer à donner au public la musique à laquelle il était accoutumé. Ils ont pensé qu'étant dans la chambre d'un malade, ils devaient marcher sur la pointe des pieds, parler à voix basse, et prendre des airs rassurés ou rassurants.

Nous n'avons pas cru devoire faire comme eux. Nous avons voulu, dès avant le 4 septembre, pratiquer dans la presse le régime républicain. Que demande-t-on à la presse dans les pays libres? Des informations vraies (bonnes ou mauvaises), des opinions sincères.

Nous avons donné au public des informations vraies; nous lui avons exposé des opinions sincères.

Ainsi nous avons fait. Ainsi nous continuerons de faire.

1er janvier 1871.

VI

LA RÉPUBLIQUE ET LES LÉGITIMISTES

Tous ceux qui, ayant remarqué dans l'histoire des peuples libres la belle et noble part que le gouvernement parlementaire assure aux classes aristocratiques, jettent ensuite un coup-d'œil sur l'ensemble des événements accomplis en France depuis 1789, en viennent nécessairement à se poser cette question :

Pourquoi, en France, les classes aristocratiques ont-elles généralement montré si peu de goût pour les instilutions de ce genre ?

A cette question on a fait différentes réponses. On a invoqué l'esprit de cour, l'ignorance politique, les préjugés, les traditions de famille, le prestige des souvenirs.

En somme, on n'a pas répondu d'une manière décisive.

Je n'examine pas, bien entendu, pourquoi, sous Louis XIV, Louis XV et Louis XVI, les classes aristocratiques se laissèrent si docilement entraîner dans l'orbite de la royauté; pourquoi, prenant pour une alliance ce qui n'était qu'une exploitation, pour une concession ce qui n'était qu'un assujettissement insidieux, elles surent tant de gré au pouvoir central de les avoir, en quelque sorte, déracinées du sol, et désarmées de leur antique influence.

C'est là une autre question, non moins importante, mais mieux élucidée, au moins à ce qu'il semble.

Je demande simplement pourquoi, depuis 1789, les classes aristocratiques se sont montrées généralement hostiles au gouvernement parlementaire, même lorsqu'elles le tenaient de la main préférée ?

C'est évidemment parce que, jusqu'à ce jour, les classes aristocratiques (ancienne noblesse et haut clergé) se croyaient encore assez fortes pour aspirer à être un gouvernement.

Comme elles espéraient encore saisir un jour ou l'autre le pouvoir, elles voulaient l'avoir dans les conditions les plus larges. Elles caressaient dans leurs rêves l'absolutisme qu'elles espéraient exercer un jour.

Plusieurs fois les faits sont venus contredire ces espérances.

En 1789, la vieille noblesse est balayée avec la royauté au moment même où, selon toute probabilité, la royauté et elle allaient entrer en guerre privée.

En 1815, de retour après vingt-cinq ans d'exil, elle arrive rêvant le despotisme.

En 1830, elle cherche à l'établir : elle échoue.

En 1848, elle espérait ressaisir le pouvoir : elle n'y réussit pas. Bien plus, des dangers d'une nature infiniment plus sérieuse l'obligent à refouler ses préférences aussi bien que ses antipathies, et on la voit s'unir à la bourgeoisie contre le parti socialiste.

En 1851, le coup d'Etat eut son approbation tacite. Elle se résignait à obtenir d'un Bonaparte le gouvernement de son vœu.

Elle faisait dès lors une grande concession. Elle sacrifiait, pour un temps, les préoccupations de *personnes*, afin de réaliser le *régime*. Elle renonçait à la *dynastie*, pour sauver la *cause* elle même.

A partir de 1859, elle put s'apercevoir que ce régime pis-aller, lui-même, se tournait contre elle.

Pour retrouver l'absolutisme conservateur, elle avait momentanément consenti à renoncer aux Bourbons.

Or, l'absolutisme soi-disant conservateur la trahissait, et ne pouvait pas faire autrement.

L'absolutisme veut bien tenir le monde en tutelle, mais il ne veut être tenu en tutelle par personne.

L'absolutisme veut être populaire : il est donc forcé de heurter ses amis réactionnaires.

De plus, l'absolutisme veut être absolu (il appelle cela l'indépendance du pouvoir civil), et il espère avoir meilleur marché de la foule que des classes aristocratiques.

A la foule, il suffit de faire croire qu'on l'aime et qu'on la sert.

Les classes aristocratiques veulent être réellement aimées et effectivement servies.

Elles peuvent parfois être égoïstes : elles ne sont jamais dupes, pour longtemps du moins.

L'absolutisme, dans un Etat comme le nôtre, est donc bien inutile aux classes aristocratiques. Il peut être, il est même nécessairement amené à leur devenir hostile.

Si les classes aristocratiques ont bien compris cela, elles doivent s'apercevoir :

1º Qu'elles ne peuvent plus être, à elles seules, un gouvernement.

2º Qu'elle ne peuvent plus être qu'un parti.

1789, 1830, 1851, trois déceptions, trois leçons.

Seront-elles comprises ?

Si elles sont comprises, voici ce que les classes aristocratiques devront en conclure :

Tant que les classes aristocratiques aspiraient au gouvernement exclusif de l'Etat comme à un monopole, on comprend, à la rigueur on s'explique qu'elles aient eu plus de goût pour le pouvoir absolu que pour tout autre.

Elles se croyaient encore assez puissantes pour dominer tous leurs adversaires. On s'explique qu'elles n'aient pas eu la magnanimité de leur donner en cadeau le droit de discussion, et, en général, les libertés politiques.

Elles se croyaient capables de prendre toute la place vacante au soleil. On admet qu'elles n'aient pas eu l'exquise modération de partager.

Tant qu'elles étaient de cet avis, il y avait de la naïveté à leur demander de penser autrement.

Mais aujourd'hui, si elles sont clairvoyantes, elles doivent comprendre qu'elles n'en sont plus là. Elles n'en sont plus à rêver l'exclusion ou l'extinction de leurs adversaires. Elles en sont à demander à ces adversaires une place à côté d'eux.

Devenues simplement un des partis politiques de la France, leur intérêt est de réclamer la somme de liberté indispensable à l'existence et à l'action de tout parti.

Elles sont donc devenues, par le fait, les auxiliaires les plus directement intéressés de toute tentative pour fonder le gouvernement parlementaire.

En un mot, elles ne sont plus qu'une minorité, et c'est ce qui doit changer du tout au tout leur point de vue.

Déjà, en 1851, elles avaient fait une première concession. Elles avaient fait taire leurs préférences dynastiques pour obtenir ce que la dynastie préférée leur eût donné.

Qu'aujourd'hui, elles fassent comme en 1851 : qu'elles sacrifient de même la dynastie pour le régime; qu'elles fassent au pays cette seconde concession.

Que pour avoir par la République la *liberté* qui leur est indispensable, elles ne se montrent pas plus chatouilleuses en 1871 qu'elles ne l'ont été en 1851 pour avoir l'*ordre* par l'absolutisme impérial.

Le second pacte vaudra mieux que le premier. La République leur donnera ce qu'elle leur aura promis.

10 mars 1871.

VII

LA RÉPUBLIQUE SANS LA VICTOIRE

Le bonapartisme est mort. Mais tous les bonapartistes n'en sont pas encore convaincus.

Nous les avons observés depuis Sedan, et il ne nous a pas fallu une grande clairvoyance pour démêler leur tactique.

Le raisonnement de ces gens-là est bien simple.

Quand ils ont vu la République se lancer dans ce que nous appelons le *masaniellisme*, ils ont compris d'instinct qu'elle allait se perdre. Aussi ils ont crié : Bravo ! Ils ont

pris rang dans la garde nationale, dont le costume patriotique les rendait du jour au lendemain inviolables. Ils se
sont même assez bien conduits devant l'ennemi. Il y a eu
quelques bonapartistes tués dans les dernières affaires.
C'est ce qui les distingue d'une certaine bohême politique
qui n'a fourni à la résistance de la patrie aucun contingent
appréciable. Par là ils ont mérité de venir immédiatement
au-dessus d'elle dans l'échelle de la considération publique.

Voici comment ils raisonnaient :

« La République s'annonce comme une grande représentation à l'instar de 1792. Cela ne peut pas aboutir,
parce que cela est surhumain. (En cela seulement, ils
avaient l'instinct politique, le flair du possible.) Un jour
viendra où il faudra faire œuvre de gouvernement, cadrer
avec les autres États de l'Europe, rentrer dans le grand
concert, négocier, traiter, faire tout ce qui concerne un
gouvernement sérieux, officiel, reconnu par ses pairs. Ce
jour-là, nous redeviendrons nécessaires. La situation
nous appartiendra. Les braves gens de la République,
naïfs jusqu'au bout, mettront leur point d'honneur à résister à outrance. Nous les acculerons à *la politique de
l'impossible*. Ils ignorent la diplomatie. Ils ne connaissent pas les hommes. Ils sont sur un tréteau : ils ne sauront pas en descendre. Nous reviendrons, nous gens pratiques, pour faire la politique de tous les jours. Et nous
aurons gagné à cet intermède un brevet de patriotisme. »

Pendant qu'ils raisonnaient ainsi, leurs journaux, qu avaient reçu le mot d'ordre, prêchaient la guerre d'extermination. Les anciens adulateurs de M. Rouher, les acolytes de M. de Lavalette, les associés de M. Duvernois, se livraient à un chauvinisme écheyelé. Ils soutenaient qu'il y avait des vivres pour trois mois quand il en restait pour huit jours. Ils en remontraient là-dessus au *Réveil* et au *Combat*. Ces bas-finauds faisaient les énergumènes. Ils ne voulaient entendre à rien, et, dans leur colère fabriquée, dans leur lyrisme de sang-froid, ils retrouvaient quelques-uns des accents dangereux de cette école qui a tout gâché en France : le bonapartisme libéral de la Restauration.

Nous vivons dans un pays où l'opinion publique, noyée dans le suffrage universel, n'est en garde contre rien ni contre personne.

Faut-il s'étonner qu'ils aient malheureusement dupé trop de badauds?

Une autre disposition funeste de notre tempérament national travaillait pour eux.

Beaucoup de gens, voyant la République aux prises avec une situation désespérée, l'exaltaient perfidement en paroles, tout en la détestant, et cherchaient à l'enfermer dans l'absolue nécessité de vaincre, comme dans un cercle sans issue.

Ceux-là criaient plus haut et plus fort que les autres :

« La République ne peut se fonder que par la Victoire!

« Sans la Victoire, point de République! »

Nous aussi, nous aurions voulu la *République victo-rieuse*. Mais nous ne la rejetons pas parce qu'elle n'a pas accompli ce miracle. Nous osons distinguer la République de la Victoire. Nous croyons que victorieuse, elle aurait entraîné derrière son char tous ceux que le succès fascine.

Ceux-là, en la voyant maltraitée par la fortune, ont suivi leur penchant naturel :

> Sequitur fortunam, ut semper, et odit
> Damnatos.....

Peu touchés des bienfaits de la liberté, ils se retirent d'elle parce qu'elle n'a pas battu la Prusse. Dans la défaite tout leur est égal.

Nous ne saurions trop prémunir le public contre cette classe particulière d'esprits faux. Cette manière de rai-sonner, si elle venait à l'emporter, nous compromettrait définitivement en Europe, en même temps qu'elle justi-fierait tous les reproches qu'on fait à notre frivolité morale.

Que nous reproche en effet, l'Europe? Il faut bien le dire : l'Europe reproche à la France de n'adorer que la force, d'être l'esclave du succès, d'être indifférente à la liberté; de vivre par l'amour-propre, au lieu de vivre par la conscience.

L'Europe se rappelle que la première République a été

belliqueuse bien plus que libérale; elle sait que, si le roi Louis-Philippe est tombé, c'est surtout pour avoir paru trop pacifique; et que la République modérée, parlementaire, libérale, qui lui avait succédé se trouva sans défense contre le nom des Bonaparte ressuscité par cet aventurier de naissance douteuse, mais d'incapacité démontrée, que M. Villemain appelait un *Soulouque blanc*.

Si la troisième République, si les garanties libérales qu'elle implique, venaient à disparaître encore, ces reproches, auxquels jusqu'ici nous avions mille réponses à faire, seraient bien près de paraître justifiés.

L'Europe se dirait ceci :

« Les Français avaient conservé l'Empire, tant qu'il avait le succès. Ils lui avaient tout passé : la loi de sûreté générale, le despotisme administratif, l'avilissement des âmes, l'oppression des intelligences, le Mexique, Sadowa. *Ils lui avaient permis de trouver que la Prusse était mal délimitée!* Ils lui avaient tout laissé faire contre eux-mêmes, parce qu'ils le croyaient capable de tout faire contre les autres.

« Le jour où l'Empire a été vaincu, ils l'ont aussitôt renversé.

« Ils avaient accepté la République, parce qu'ils lui attribuaient une vertu magique pour les mener à la victoire. Ils croyaient avoir mis la main sur un talisman dangereux en temps ordinaire, mais souverain contre l'ennemi. Quand la République, tout en sauvant l'honneur a plié sous le poids d'une tâche impossible, ils l'ont, de même, désertée : preuve que ce qu'ils lui demandaient, c'était tout autre chose que les garanties qui assurent la dignité des individus et des nations. »

Qu'aurions-nous alors à répondre? Prenons-y garde, encore une fois! On se compromet, dans ce monde, par la versatilité et l'*inconsistance*, plus encore que par un mauvais caractère.

31 janvier 1871.

VIII

LA RÉPUBLIQUE ET LES CONSERVATEURS

On peut définir le parti conservateur en France : *Un parti qui n'est révolutionnaire que sous la République.* Tout gouvernement qui s'installe chez nous avec la forme monarchique est généralement sûr de trouver, comme premier point d'appui, comme première garantie de durée, un immense stock de votes acquis d'avance, qui lui font crédit sur sa mine. Quel qu'il soit, il lui suffit d'être *monarchique.* Ce masque couvre au besoin toutes les usurpations et même toutes les utopies.

Nous voyons dans notre histoire contemporaine que les mêmes classes, les mêmes hommes qui avaient soutenu

9.

Louis XVIII et Charles X, ont soutenu aussi Louis-Philippe et Napoléon III. L'état-major de chacune de ces monarchies a changé successivement : le fond sur lequel elles s'appuyaient est resté le même. Il y a là un *substratum* presque immuable.

Que voyons-nous, au contraire, sous la République de 1818? Les mêmes hommes qui avaient voté pour le règne précédent, et qui devaient voter pour le règne suivant, se coalisèrent contre la République. Ce mot leur faisait peur. Ni l'expédition de Rome, ni la loi du 31 mai ne les rassurèrent. La République avait beau se faire conservatrice et oligarchique, elle était toujours pour eux la République. Ils lui préférèrent un démagogue socialiste, parce qu'il s'appelait Empereur et qu'il portait l'hermine et la couronne.

La grande masse conservatrice a, depuis lors, fait un pas. Elle n'en est plus à préférer absolument la monarchie à la République, elle en est à préférer simplement ce qui existe à ce qui n'existe pas. Indifférente de tout temps au fond, elle l'est aujourd'hui même à la forme.

Le Gouvernement de la Défense nationale a bénéficié de cette disposition nouvelle. Il lui doit des adhésions nombreuses, dont quelques-unes sont surprenantes. Beaucoup de gens qui étaient en principe hostiles à tout changement, même après Reichshoffen, même après Sedan, se sont ralliés au Gouvernement issu d'un changement qu'ils ne voulaient pas. Ils ne lui demandent que de durer, prêts à lui communiquer toute la solidité que leur devait le régime précédent.

De là, pour les hommes qui sont aujourd'hui au pouvoir, une nécessité impérieuse. Il faut que leur allure politique continue d'être conciliante, rassurante et modérée.

Les gouvernements penchent en général du côté de leurs principes.

La monarchie de 1830, qui se considérait comme une quasi-légitimité, était surtout préoccupée de gagner à elle ceux qui représentaient dans toute sa pureté le principe qu'elle ambitionnait d'exprimer. Elle croyait avoir beaucoup fait quand elle avait réussi à se rattacher par-ci par-là quelque grand nom du faubourg Saint-Germain. Trop flattée de ces conquêtes rares et stériles, elle dédaignait un parti avec lequel elle aurait dû transiger, et qui se trouva, le 24 février, plus fort qu'elle.

Que la République du 4 septembre ne s'inquiète pas trop de M. Ledru-Rollin, de M. Félix Pyat, de M. Blanqui. C'est là, en quelque sorte, son faubourg Saint-Germain. Qu'elle cherche son point d'appui dans le pays. Le pays aime les gouvernements qui se protègent eux-mêmes, et qui, tout en lui demandant son assentiment, ne lui demandent pas trop son concours. Il soutiendra la République, si elle a le sentiment de sa force, *si elle se sent gouvernement.*

La République n'est pas le gouvernement d'un parti.

Elle est proprement le *gouvernement de l'intérêt général*, rien de plus, rien de moins.

Étant donné un pays qui s'appelle France, qui occupe sur la planète une situation déterminée, qui confine à l'Espagne, à l'Italie, à la Suisse, à l'Allemagne, à la Belgique, qui a plusieurs centaines de lieues de côtes, qui a un commerce, une marine, des colonies, des intérêts en Europe et ailleurs, il s'agit de chercher quel est, dans toutes les branches d'activité, dans tous les sens et dans toutes les directions, l'intérêt dominant de ce pays; dans quelle mesure cet intérêt peut se concilier avec celui des autres nations; dans quelle mesure il demande à en être dégagé, et individuellement protégé.

Cet intérêt trouvé, il s'agit de s'y tenir, et d'en faire la règle d'une politique sensée et rationnelle. Que cet intérêt ait seul la parole, qu'il soit le seul but de ceux qui gouvernent; que la politique qui est chargée de le faire triompher ou simplement de le faire vivre n'ait à se préoccuper d'aucune autre considération : qu'il n'y ait à faire la part ni d'une dynastie, ni d'une aristocratie; que rien de secondaire n'intervienne dans la poursuite de l'objectif principal, et que les ressorts mis en jeu dans le mécanisme ne soient gênés par aucun corps étranger : voilà la République au sens vrai du mot. C'est la France mise en état d'être plus que jamais elle-même, sans atténuation, sans entrave, sans partage.

Cet idéal scientifique et pratique, d'une conception si

simple, n'a été que bien rarement atteint. On ne voit guère que les États-Unis d'Amérique qui aient réussi à en faire une quasi-réalité.

C'est que, dans ce monde, tout se paie. Tout bien s'achète au prix d'une rançon. La rançon de la République en France a, jusqu'ici, été l'influence de la démagogie, ou pour parler vrai, c'est la crainte chimérique de cette influence qui a toujours empêché la République de subsister. La démagogie n'est pas un mal mortel ; mais c'est celui qui fait le plus peur à la France. De là les concessions, les sacrifices que, depuis 1789, nous avons faits à la forme monarchique. C'est par peur de la démagogie qu'aussitôt la République proclamée, ce brave peuple de France entre en suspicion et en tremblement. De sorte que si les nécessités de la France ramènent d'une façon périodique ce type supérieur de gouvernement, le tempérament de la France a toujours, jusqu'ici, ramené la monarchie. Jamais la République n'a existé à l'état normal, jamais elle n'a eu le temps de se montrer ce qu'elle est.

La République de 1792 a été une longue crise. La République de 1848 n'a été qu'un interrègne. Il y avait vacance du trône et champ ouvert aux concurrences dynastiques. Les Bourbons, les d'Orléans, les Bonaparte étaient en lutte sous le couvert de la République ; et le peuple de Paris le comprit si bien, que se retirant, pour ainsi dire, d'une arène où il n'y avait pas place pour lui, il assista avec une indifférence relative au coup d'État. *Le 2 dé-*

cembre fut la victoire du Bonapartisme sur l'Orléanisme ou sur la Fusion, nullement sur la République toute nominale.

Le prince qui s'est sauvé en Belgique avec notre argent nous aura rendu le service de démontrer à la France et au monde qu'en fait d'insécurité, de ruines et de misères, les réalités de la monarchie dépassent de bien loin les fantômes qu'évoque devant soi dans les imaginations ignorantes le seul nom de République. Nous devons croire que cette orgie dynastique est la dernière.

L'immensité de notre malheur nous dérobe la vue d'un fait nouveau dans notre histoire. Le parallélisme qu'on avait observé depuis 1789 dans l'ordre de succession de nos différents régimes politiques, et qui se résumait en une série ainsi figurée : Royauté constitutionnelle, République, Empire ; — puis de nouveau, Royauté constitutionnelle, République, Empire, est, cette fois, rompu. Après 1815, il avait fallu trente-trois ans de monarchie parlementaire pour amener la République. Aujourd'hui, nous passons sans intermédiaire de l'Empire à la République; 1848 succède immédiatement à 1815.

Cette nouveauté a ses causes. On peut les démêler.

En entravant l'essor des supériorités naturelles, le despotisme a pour résultat indirect de rehausser d'autant l'importance des supériorités factices qui reposent sur la naissance et sur les préjugés. Les germes d'*aristocratie démocratique* qui sommeillent dans le sein des masses populaires ne pouvant pas éclore, il s'ensuit que sur la plaine, parfaitement nivelée, les vieilles idoles, à demi ruinées, se dressent comme les seuls points culminants. Elles sont seules en vue. Ainsi l'absence d'illustrations nouvelles ne profite qu'aux héritiers souvent indignes des illustrations d'autrefois. Voilà pourquoi le premier empire étant tombé, on n'aperçut debout en France que la monarchie de droit divin, et les influences de caste.

Sans doute, il suffit de la liberté parcimonieuse de la Restauration pour que les forces nouvelles de l'intelligence et du talent pussent, en moins de quinze ans, détruire ce qui subsistait du trône et de l'autel. Mais si l'éloquence et la science en vinrent facilement à bout, il n'est pas moins vrai que le despotisme impérial, en les préservant de toute concurrence, leur avait, sans le vouloir, rendu, avec le prestige, l'apparence de la force.

Le second empire n'a pas même laissé après lui ces débris vermoulus qui, après Napoléon Ier, purent servir à la reconstruction d'un édifice monarchique. Absorbé par l'idée fixe de rendre impossible toute autre dynastie que les Bonaparte, Napoléon III s'est, durant vingt ans, livré à un travail effréné de destruction sociale et de démolition européenne, qui a pleinement réussi.

C'est parce qu'il avait détruit, l'un après l'autre, tous les étais du régime monarchique en France, qu'il a fini par sentir la terre manquer sous lui. En précipitant ses rivaux dans l'abîme, ce *monomane dynastique* y a glissé lui-même :

mais ils l'avaient précédé. Après Napoléon III, il n'y a plus même en France de sol pour la monarchie.

Là est la marque du second empire. Son vrai caractère, c'est d'avoir été un système dévorant, *la monarchie d'Erostrate.*

Où sont aujourd'hui les influences locales, les hiérarchies de classes, les distinctions sociales, les vieilles croyances, et les grandes familles, sur lesquelle M. le comte de Chambord pourrait édifier son trône?

Où sont, en Europe, les appuis, les sympathies, les alliances qu'il pourrait apporter en dot à la France? Il n'y a plus de Bourbons dans le monde, et c'est le dernier trône de cette maison qui, s'écroulant en Espagne, y a laissé, parmi ses débris, le germe de cette guerre dans laquelle a sombré l'Empire, disparaissant ainsi dans le trou énorme qu'il avait fait à la carte d'Europe. Qu'est devenu l'édifice savamment élevé par Henri IV et Richelieu pour concilier, dans une commune propondérance, les intérêts de la dynastie et ceux de la France? Où sont les princes de la ligue du Rhin, ou, à tout le moins, les petits Etats d'Allemagne et d'Italie, dévoués jadis à la cause légitimiste?

Où est le pouvoir temporel, clé de voûte autrefois de tout le système? Où en sont même ces Habsbourg, si chers aux Bourbons, liés avec eux par tant de souvenirs? Quelle figure ferait sur le trône de France le dernier des Capétiens, appelé à consacrer par sa présence la destruction de l'œuvre de ses ancêtres? Ne serait-il pas comme l'expression amère et dérisoire de sa décadence et de la nôtre ? La France ne s'y tromperait pas, et ne verrait dans son retour que le triomphe pitoyable d'une réaction sans gloire et sans avenir.

Les princes d'Orléans sont des citoyens non et des prétendants. Républicains d'instinct sous le règne même de leur père, ils ne songeront jamais à diviser leur patrie.

Reste ce qu'on pourrait appeler la *cinquième dynastie*, celle que, dans un pays comme le nôtre, un aventurier peut toujours espérer de fonder par surprise, au lendemain d'un grand succès. Celle-là est toujours à craindre, et, bien qu'inconnue et invisible, je la signale d'avance à la défiance des politiques. Mais lors même qu'un nouveau sauveur essayerait d'abuser encore de la reconnaissance nationale, et réussirait par hasard à fonder quelque chose sur notre oublieuse légèreté, quel serait alors l'avenir de la France ?

Les défenseurs du système monarchique usent d'un argument qui a pu être vrai jadis. Ils prétendent que l'hérédité est à elle seule un frein et un guide pour le monarque. Ils croient qu'intéressé à léguer à son fils un domaine aussi prospère que possible, il est amené, dans cette espérance, à gouverner ses sujets comme un bon père de famille gouverne ses enfants. Hélas ! même aux temps où la monarchie florissait incontestée, cette considération n'a guère gêné ni retenu personne. Mais, du moins, il y avait chance qu'elle pût agir.

Les monarchies improvisées du dix-neuvième siècle n'ont pas cette vertu. Elles savent qu'elles n'ont pas de lendemain. Elles aussi, elles ont tiré une leçon des révolutions qu'elles voient et subissent comme nous. Mais c'est une leçon d'égoïsme et d'insensibilité. Elles vivent au jour le jour, sans instincts ménagers, sans préoccupation de l'avenir, sans précautions conservatrices. Elles exploitent les peuples assez fous pour revenir à elles par routine, avec une rapacité et une âpreté qui rappellent les Césars de la décadence romaine, pressés de jouir de leur principat éphémère. Dans les conditions présentes, *le monarque n'est plus un père de famille*, c'est *un viveur*. S'il est prudent, il thésaurise : il place ses fonds à l'étranger, et se prépare peu à peu, en cas de déchéance, à prendre rang dans l'aristocratie financière d'Europe. Y a-t-il là rien de commun avec la vieille théorie de la monarchie?

Renonçons donc à nos illusions. N'espérons plus ce que nous ne pouvons plus avoir. Puisqu'il n'y a plus de monarchie, au sens vrai, au sens noble du mot, passons-nous-en. Que le parti conservateur, instruit par l'expérience, fasse, lui aussi, le sacrifice de sa chimère. Pour avoir l'air raisonnable et sage, elle n'est pas la moins dangereuse. La principale qualité des conservateurs a toujours été le bon sens positif, le sentiment de la réalité. C'est à cette qualité, précieuse entre toutes, que nous faisons appel. Nous les supplions de ne plus céder à une sorte de crainte enfantine de la République, de laisser les mots, de prendre les choses pour ce qu'elles valent. Qu'ils se rallient à la République : ils seront à la fois le contre-poids de la démagogie, et le lien qui rattachera l'avenir au passé.

10 octobre 1870.

IX

NOUVELLE THÉORIE POLITIQUE

Dans notre malheureuse France si bouleversée par *la révolution et la tyrannie chroniques*, il serait temps d'asseoir une théorie et une pratique gouvernementales conformes à la raison, à la réalité et à la science.

Nous avons toujours admiré la formule politique dont le président Lincoln — durant la crise la plus terrible qu'aient traversée les États-Unis — se servait dans presque tous ses discours :

« Le gouvernement du peuple, pour le peuple et par le peuple. »

L'Amérique a appliqué, à son profit, cette formule qui n'est présentement pour la France qu'un bel idéal.

Pour réaliser cet idéal, que nous manque-t-il ? Une seule condition, mais absolument indispensable. Il nous manque *le peuple*, sujet, but et agent du Gouvernement.

A défaut du Gouvernement *par le peuple*, on a prétendu avoir le Gouvernement par *l'opinion*.

Cette prétention n'est pas nouvelle. Elle remonte à une époque déjà assez reculée, où, ne pouvant plus nier qu'il n'y eût *des peuples*, on était fort embarrassé pour déterminer leur *place au soleil*. On créa en leur honneur une expression aussi vague que peu compromettante. Un Italien composa un livre intitulé : *Della opinione regina del mondo*. Pascal, substituant au mot *opinion* celui d'*imagination*, nous donne un commentaire non équivoque de ce texte célèbre : « Elle dispose de tout; elle fait la justice et le bonheur, qui est le tout du monde. » Montaigne l'avait déjà nommée : « La royne et empériére du monde ! »

Avec le temps, l'opinion, tout en restant aussi arbitraire et aussi versatile que par le passé, a fini par se faire prendre au sérieux. Ceux qui ont voulu l'exploiter, ont toujours commencé par lui rendre hommage : « L'opinion, a dit Napoléon III, remporte toujours la dernière victoire. » Le dictateur de Bordeaux, qui croyait faire du nouveau alors qu'il anoblissait, à peu de frais, la routine française, s'est à son tour écrié : « A l'encontre des gouvernements despotiques qui nous ont précédés, *nous n'entendons servir que l'opinion*. »

Mais que peut être, dans un État constitué comme l'est aujourd'hui la France (royauté légitime, monarchie parlementaire, empire ou république), cette *opinion* qui doit nous servir de phare?

Aucun homme d'État n'a eu l'esprit et le courage de poser catégoriquement cette question.

L'opinion, dans les conditions où nous nous trouvons, sera-t-elle l'expression de la conscience universelle?

Il n'y a *conscience* que là où il y a *science*.

La science, nous le savons, peut être *accidentellement* au pouvoir, et *non moins accidentellement* entraîner l'opinion publique.

Mais cette bonne fortune est rare, surtout dans un pays de *suffrage universel ignorant*.

Que la royauté légitime, la monarchie parlementaire, l'empire ou la république, ait à sa tête des gens éclairés, il résultera de *ce hasard heureux* une allure favorable de tout l'État. La locomotive bien pourvue entraîne le convoi avec rapidité et précision. Les voyageurs sont enchantés. L'opinion publique est satisfaite. Mais que l'on change de conducteur, ou que, par suite d'une fausse manœuvre, un train heurte un autre train, on constate que tout va mal, et personne ne trouve le remède. L'opinion conclut que précédemment les choses n'allaient pas, malgré les apparences. Elle renverse tous ces soi-disants sauveurs qui ont perdu la nation. Ceux-ci trouvent des successeurs, car ils occupaient des places enviées. Mais rien n'y fait, et l'opinion continue ses oscillations fantaisistes. La balance, comme on dit en statique, est devenue folle!

Ainsi l'opinion, comme le suffrage universel lui-même, est *dirigée;* elle n'est pas *directrice.* Elle *approuve* ou elle *condamne;* elle *n'agit pas.*

Il en serait tout autrement si le suffrage universel, *que l'on ne peut pas supprimer, mais qu'on peut instruire et organiser,* devenait moins *docile.* Nous ne lui demandons pas d'être, dès aujourd'hui, intelligent; nous ne lui demandons que d'être moins confiant.

Comme toutes les foules ignorantes, mais curieuses, il aime le drame. Il lui faut un personnage dominant et bruyant. Coup d'État et coup d'éclat, pour lui, c'est tout un. Il s'entiche plus facilement d'un homme que d'un principe, d'un mot creux et sonore que d'une réalité sérieuse. Il est la proie des charlatans. Qu'il daigne accomplir l'effort que nous réclamons de lui!

Avec son consentement, nous travaillerons dans son intérêt. Nous ferons deux choses qui sont au-dessus de ses facultés : 1° Nous dissoudrons les partis politiques 2° nous instruirons d'une façon complète tous les citoyens.

Égaré par les théories courantes, l'un des membres du Gouvernement de la Défense nationale disait naguère à ses admirateurs : « Ce serait une erreur de vouloir supprimer les partis. » Cette manière de voir est presque aussi ancienne que la politique, et nous avons voulu remonter jusqu'à sa source.

Depuis longtemps nous méditons ce passage de la *Vie de*

Solon, peut-être le plus grand et sans contredit le *plus humain* des législateurs de l'antiquité :

« Parmi les lois de Solon, il en est une qui note d'infamie quiconque, dans une sédition, ne se déclare pour aucun parti. »

Plutarque ajoute : « Apparemment, il voulait que nu ne pût se montrer indifférent ou insensible aux calamités publiques... Il voulait que, dès le commencement de la sédition, on s'associât à la cause du plus juste, et qu'au lieu d'attendre de quel côté se déclarerait la victoire, on secourût les gens honnêtes, et partageât avec eux les dangers! »

Athènes, qui avait inventé *l'ostracisme*, avait donc également trouvé *l'équilibre des partis*. Elle cherchait à éviter le désarroi et le despotisme.

L'Empire romain, qui avait une organisation aristocratique avec un couronnement monarchique, ne comportait pas de séditions politiques, mais subissait des séditions militaires.

Dans les temps modernes, l'Angleterre est le mieux constitué des États, grâce à la lutte virile et sage des whigs et des tories, qui, partisans sincères de la liberté, résolvent le grand problème politique que l'on ne saurait impunément éluder : « Agir ou temporiser, suivant l'opportunité. »

Mais, qu'on ne l'oublie pas, l'Angleterre est la mieux douée des aristocraties. La France, qui, des bras d'une royauté sans frein, est tombée dans ceux d'une démocratie sans frein, est trop téméraire ou trop novatrice pour s'accommoder d'un tel mécanisme politique. Elle a le malheur de posséder une demi-douzaine de partis qui, loin de se faire contrepoids, déchirent les derniers lambeaux de la patrie.

Voici un dilemme catégorique : *Les partis disparaîtront, ou la France disparaîtra.*

Nous disons qu'ils doivent *disparaître*, et non entrer en *conciliation* ou en *fusion*.

L'essai de la *rue de Poitiers* et celui du *ministère de Janvier*, qui ont abouti, le premier au coup d'État, le second à la guerre présente, montrent bien ce que produisent chez nous cette fusion et cette conciliation des partis !

En France, on a abusé de tout, même de la conciliation. Dans un prochain article, sous le titre : *Plus de partis !* nous motiverons la mesure scientifique, mais radicale, que nous réclamons, non pas de la force publique, mais du bon sens public.

Nous dirons aux bonapartistes, aux jacobins, aux orléanistes, aux légitimistes et aux cléricaux, d'abandonner leurs dénominations et leurs bannières. Qu'ils sachent redevenir purement et simplement des *Français*.

Nous répéterons avec une variante cette belle parole de L'Hospital, si longtemps incomprise au milieu des fureurs du catholicisme et du protestantisme : « *Otons ces mots diaboliques, noms de partis et de séditions, luthériens,*

huguenots, papistes; ne changeons pas le nom de chré-
tiens! »

Pour trancher les difficultés pendantes, L'Hospital avait trouvé le principe de la *tolérance; nous,* nous mettrons en avant celui de *la science.*

21 février 1871.

X

UNE RÉFORME ÉLECTORALE

Ce qui a fait notre malheur, c'est que la France ait pu être opprimée pendant dix-huit ans *de la manière la plus injuste, mais la plus légale du monde.* Nous en sommes redevables aux manisfestations souvent inconsidérées, toujours trop éclatantes, du suffrage universel. Un homme a eu le droit de répéter à tous les échos ces paroles insolentes : « l'État, c'est moi ! Les députés représentent des circonscriptions électorales; moi, je représente la nation. Je suis le peuple lui-même. »

Sept millions cinq cent mille suffrages avaient fait de cet homme, se disant providentiel, une divinité implacable contre les opposants, mal protégés par le scrutin secret. Les adorateurs eux-mêmes ont été immolés à ce fétiche grossier que la superstition populaire avait dressé sur un trône !

10

Si le suffrage universel eût été suffisamment éclairé, le péril n'eût jamais existé, même dans ces conditions. Mais il eût été conjuré si on eût enlevé aux élections présidentielles ou impériales et aux plébiscites leur éclat excessif. Il eût suffi de pratiquer la méthode employée par la Rome royale et républicaine. A Rome, toutes les tribus étaient convoquées sur la place publique, mais elles votaient dans l'ordre désigné par le sort, et le scrutin s'arrêtait dès que la majorité était acquise pour ou contre une proposition.

Cette méthode pourrait être adoptée en France, toutes les fois qu'il s'agirait d'élire un président de la République (si la future Assemblée nationale rétablissait purement et simplement la Constitution de 1848). Le sort désignerait l'ordre dans lequel les départements ou les provinces seraient appelés à voter; des jours spéciaux seraient attribués aux opérations électorales, afin qu'elles pussent être arrêtées dès que la majorité des suffrages serait acquise pour ou contre.

Le nombre constituant la majorité serait annoncé à l'avance; il aurait pour base la totalité des votants inscrits sur les listes. Les abstentions dans les départements ou provinces appelées les premières au scrutin n'auraient d'autre effet que de prolonger les opérations électorales et d'amener au vote quelques départements de plus.

Grâce à cette méthode, il n'y aurait plus de tyran possible. On n'aurait plus besoin d'un Waterloo ou d'un

Sedan libérateur. La voix du peuple ne serait plus in-firmée par la voix de Dieu.

Les États-Unis ont leur manière, assez compliquée, de tourner la difficulté que nous signalons. Mais, moins naïfs que la France, ils ont fait en sorte de ne point confier les destinées de leur république à un conspirateur pré-tendant; ils évitent ces manifestations retentissantes en faveur d'un seul homme, qui sont l'origine de toutes les tyrannies ! Nous proposons une solution simple, telle qu'on les aime en France.

Mais, me direz-vous, le peuple français aime aussi ces *coups d'éclat qui appellent les coups d'État !*

S'il en était ainsi, après la triste expérience que nous venons de faire, je ne me soucierais plus du peuple français.

Qu'on le sache bien : le peuple français ne condamnera pas le suffrage universel, parce qu'un peuple ne se con-damne pas lui-même; mais il condamnera, sans nul doute, le plébiscite, tel qu'on l'a pratiqué jusqu'à cette heure.

5 janvier 1871.

XI

LA RÉFORME INTELLECTUELLE

Paris a voulu, en 1848, une réforme électorale; le Gouvernement impérial, en 1867, a voulu une réforme militaire.

Ces deux réformes ont été tentées.

La première nous a donné un suffrage universel omnipotent, mais ignorant. La seconde nous a donné une armée brave, mais indisciplinée.

L'armée n'existe plus, mais le suffrage universel survit aux désastres dont il a été en grande partie l'auteur inconscient.

Pour qu'il devienne sage et avisé, il nous faut, non pas seulement une réforme militaire ou électorale, mais une réforme dans l'instruction publique (1).

Nous avons osé dire devant un nombreux auditoire, en parlant des désastres dont nous sommes les témoins désolés : « Un temps, très-prochain, viendra où l'on accusera, non pas seulement, comme aujourd'hui, un empéreur et des généraux incapables, mais — cette parole vous étonne peut-être — les professeurs de la jeunesse ! »

(1) Voir à ce sujet, l'ouvrage si complet et si vrai que vient de publier M. Michel Bréal : « *Quelques mots sur l'Instruction publique.* »

Avant de prétendre retrouver dans la nation le sens pratique dont elle était douée autrefois, mais qu'avaient complétement oblitéré le mauvais roman et le journalisme frelaté, il faudra, qu'on ne l'oublie pas, l'*instruire*.

La France a besoin d'un système d'éducation qui la mette en rapport non-seulement avec l'antiquité, — si mal expliquée et si mal comprise dans nos colléges, — mais encore avec l'Angleterre, l'Allemagne, avec tous ces pays enfin dont nous apprenons quelquefois l'existence à nos dépens.

C'est de cette pensée que nous nous inspirons. Nous nous proposons de présenter, en temps et lieu, à l'Assemblée et au public, *un projet de réforme de l'instruction publique.*

Nous connaissons par expérience les vices et les lacunes d'un système d'enseignement dont le couronnement est tout entier dans ce mot : *Rhétorique.* Sans entrer dans les détails de notre projet, nous en indiquerons aujourd'hui les points principaux. Nous demandons que l'instruction publique repose désormais principalement :

1º Sur l'étude et la pratique des langues vivantes, *sans omettre le français;*

2º Sur l'explication et l'intelligence approfondies des chefs-d'œuvre de l'antiquité grecque et romaine, substituées aux exercices oiseux de mémoire et d'imagination (tels que le discours latin) dans lesquels on la copie sans

10.

la connaître; exercices qui semblent être le but de l'enseignement laïque et ecclésiastique;

3º Sur l'histoire;

4º Sur la géographie;

5º Sur les éléments de l'économie politique;

6º Sur les sciences physiques et naturelles.

7 mars 1871.

XII

LA VRAIE DÉCENTRALISATION

Les événements dont nous venons d'être témoins montrent, d'une manière irréfragable, que *centralisation* et *organisation* ne sont pas absolument synonymes. La France, qui était sous Napoléon III le pays le plus centralisé de l'Europe, était, en même temps, l'un des moins bien organisés.

Il nous faut, pour conjurer la décadence de la France, l'*organiser* au point de vue politique comme au point de vue militaire.

Nous voudrions aujourd'hui, non pas résoudre, mais simplement poser cette question capitale, d'où dépendent notre salut et notre grandeur future.

Nous ne touchons pour le moment qu'à l'organisation intérieure de la République française.

C'est l'administration française que nous avons en vue.

Qu'on ne l'oublie pas, — le préambule de la Constitution de 1852 nous le rappellerait au besoin suffisamment, — l'administration française, telle que nous l'avait léguée le Consulat, servait d'assises au despotisme.

Nous pourrions conclure immédiatement que le despotisme ne sera pour toujours mis en déroute que lorsque l'administration aura été largement modifiée.

On célèbre beaucoup notre incomparable unité française; mais cette unité n'exclut pas un certain morcellement politique qui empêche l'établissement d'une véritable opinion publique.

Lorsque la Constituante, sur la proposition de Sieyès, supprima les anciennes provinces et créa les départements, il fallait faire disparaître des divergences locales qui heureusement n'existent plus.

La division du territoire en préfectures devra être maintenue longtemps encore; mais il y aura lieu probablement à restreindre le nombre des sous-préfectures, qui seraient, dans le nouvel état des choses, *des sinécures.*

On sait le développement effrayant des sinécures en France. Nous leur ferons la guerre en temps utile.

Dés aujourd'hui, nous disons que les sous-préfectures ne seraient plus que des sinécures, du moment qu'on aurait accordé aux municipalités l'autonomie à laquelle elles ont droit.

Sachons également nous rappeler que ces emplois administratifs n'ont été créés qu'à une époque où les communications étaient rares et difficiles, et où il fallait que l'État eût partout des représentants autorisés et sédentaires.

Que de changements sous ce rapport! Nous avons les télégraphes qui, en quelques heures, transmettent du centre aux extrémités les décisions supérieures de l'Assemblée ou du Pouvoir exécutif. Nous avons les chemins de fer qui, avec une rapidité non moins surprenante conduisent les délégués de l'Assemblée ou du Pouvoir dans la ville qui réclame leur présence.

Il faudra, mais plus tard, songer à reconstituer les provinces, où il sera loisible d'installer des gouverneurs qui contrôleront les préfets et les empêcheront de s'ériger, comme naguère, en potentats.

On aura à réformer les conseils de préfecture, à organiser des conseils provinciaux, etc.

Ni routine, ni témérité ! telle sera, nous n'en doutons pas, la devise de l'Assemblée nationale et des ministres qui agiront sous son contrôle. Complétons cette devise de la manière suivante : *Pas de symétrie hors de propos.* Nous-mêmes nous n'avons pas en vue une suppression de tous les sous-préfets de France et de Navarre.

Il conviendra de tenir compte, en tout, de l'opportunité, des besoins permanents ou transitoires, etc. Quand le moment sera venu, nous étudierons, à ce point de vue, notre géographie industrielle et politique, et nous tirerons de cet examen approfondi de précieuses inductions.

Nous ne traçons pas un programme. Mais nous serions heureux de voir la presse, redevenue sérieuse et pratique, s'emparer de ces importants objets d'études. Pour engager les lecteurs à s'y intéresser, nous ferons briller à leurs yeux ce mot qui, lui aussi, dans un pays ruiné par des aventuriers, pourrait servir de devise aux hommes d'État sérieux : *L'économie bien entendue.*

10 mars 1871.

XIII

PARIS CAPITALE

Il y a des esprits timides et chagrins qui, jetant sur les événements qui viennent de se passer un regard mal assuré, croient que la France ne rentrera dans une voie de paix et de prospérité que lorsque Paris aura cessé d'être la résidence de l'Assemblée nationale et du Gouvernement.

Cette vue est tout à fait défectueuse et montre une absence complète de sens politique.

En effet, les troubles dont Paris a été le théâtre ne sont pas dus, comme on le pense, à son titre de capitale, mais bien à l'immense agglomération d'hommes de toutes provenances que Paris renferme.

Cette agglomération elle-même est la conséquence nécessaire d'un fait bien connu : Paris est le centre de l'industrie, des arts, des lettres et des sciences en Europe. Aucun décret d'une Assemblée constituante ne pourrait changer cet ordre.

Les destinées de Paris sont entre les mains des Prussiens. Aujourd'hui, du haut de nos forts, ils le surveillent. Demain, peut-être, par point d'honneur militaire plutôt que par un intérêt quelconque, ils défileront devant la statue de Strasbourg et devant la colonne d'Austerlitz. Mais, du moment qu'on ne leur fournit pas de prétexte, ils ne sauraient détruire Paris : c'est la seule chose que l'Europe, si indulgente envers eux, ne leur permettrait pas.

Paris, échappé des serres de la Prusse, reste toujours Paris. Il n'a même aucun tort à se faire pardonner. Malgré quelques velléités démagogiques que l'invasion de l'Hôtel-de-Ville et l'élection de certains énergumènes, effroi de la province, ont trahies, Paris, durant la guerre allemande, n'a cessé de donner à la France un noble exemple. Le siége de Paris demeure, en dépit de bien des fautes, le plus grand événement militaire de tous les siècles. Il n'a pas duré dix ans, et il n'aura peut-être pas un Homère pour le chanter, mais il laisse bien loin derrière lui le siége de Troie. Ici, l'histoire n'aura pas besoin des ornements de la légende et de la poésie.

Paris a su faire la guerre, et s'il n'a pas sauvé la France, la France, en dépit d'efforts héroïques, n'a pas pu secourir Paris. Il a succombé, mais le dernier. Voilà pourquoi il restera capitale.

Au commencement des temps modernes, Paris se vit préférer par nos rois d'autres villes plus ou moins éloignées des bords de la Sei e. Mais c'est qu'il avait commis l'immense faute d'accueillir comme des libérateurs, durant la guerre de Cent-Ans, les Anglais, et, au milieu des fureurs de la Ligue, les Espagnols.

Notre frontière étant plus découverte que par le passé, Paris est, plus que jamais, notre première forteresse. Condamné à être toujours à la peine, il sera toujours à l'honneur.

Enfin, ne l'oublions pas, cette lutte fatale, d'où nous sortons mutilés et sanglants, Paris, — auquel on peut reprocher d'avoir laissé le haut du pavé aux manifestations militaires de la police française, — l'aurait infailliblement empêchée, si la province ne lui avait imposé Napoléon III *à perpétuité*.

Napoléon III, qui n'avait certes pas de faible pour Paris, foyer de l'opposition libérale, n'avait pas osé le *dégrader;* il s'était contenté de l'*haussmanniser.*

La République parlementaire n'entreprendra rien contre Paris capitale. Paris capitale, de son côté, n'entreprendra rien, — nous en sommes assuré — contre la République parlementaire.

Pour exprimer toute notre pensée, la France se doit à

elle-même de garder pour capitale une ville qui possède les plus beaux musées, les bibliothèques les plus riches du monde, et qui est le rendez-vous de tous les savants. Mais Paris se doit à lui-même de ne pas glisser sur la pente qui, dans ces derniers temps, le conduisait à une décadence certaine.

M. de Bismarck avait pu croire que Paris n'était qu'un lieu de plaisirs et un foyer de révolutions. Il a été un champ de bataille sans que le parti du désordre l'ait emporté. Cette réhabilitation suffit, à supposer qu'elle fût nécessaire. Qu'elle soit pour longtemps sérieuse et réfléchie, cette noble cité! C'est d'elle que partiront les idées et les réformes qui permettront la réorganisation de notre chère patrie.

6 mars 1871.

XIV

LE JEU DE LA RÉACTION

Quand donc ces tristes mots « Révolution, Réaction, » seront-ils rayés de notre langue politique?

La Révolution et la Réaction, ces deux sœurs ennemies, sont nées et mourront ensemble. Elles espèrent bien vivre et faire longtemps leurs affaires. Nous croyons toutefois que leurs jours sont comptés.

De bonne foi, appellerons-nous Révolution ce qui se passe actuellement à Paris? Des gardes nationaux, au moment où les Prussiens annonçaient leur entrée solennelle dans nos murs, se sont emparés d'un certain nombre de pièces d'artillerie. Les lauriers des traîneurs de sabre les empêchaient de dormir. Pour donner un pendant à un type célèbre, ils se sont faits, très-patriotiquement d'ailleurs, *traîneurs de canons*. Puis, quand tout danger a été dissipé, ils se sont installés à poste fixe sur quelques hauteurs, d'où ils veillent, à leur façon, au maintien de la République.

Ces terribles artilleurs n'empêchent point Paris de vaquer tranquillement à ses affaires, mais ils troublent singulièrement le sommeil de la province.

On s'imagine un peu partout que ce sont de nouvelles journées de juin qui se préparent. La frayeur croît en raison directe de l'éloignement de *la capitale*. Dans la banlieue, on pense qu'il y a *quelque chose*; à Orléans et à Amiens, règne une certaine appréhension indéfinissable; à Limoges et à Lille, on prononce tout bas le mot de révolution; à Tarbes et à Saint-Brieuc, on affirme que Paris est foudroyé par l'insurrection ou bien près de l'être. Nous lisons dans le *Démocrate breton*, journal de la Bretagne républicaine :

« L'insurrection, parfaitement armée, est maîtresse de

11

la rive droite ou à peu près, et le général Vinoy a dû se retirer sur la rive gauche. La suspension de la télégraphie privée, ordonnée ce matin, confirme la gravité des nouvelles. L'émotion est grande. Cette infortune manquait à Paris. Malheureusement cela pouvait être prévu. Si les Prussiens n'ont pas désarmé la garde nationale, c'est qu'ils soupçonnaient que, dans les faubourgs livrés à toutes les excitations, à toutes les folies, la guerre couvait, lente, mais inévitable (1). »

Nous osons espérer que les ci-devant *traîneurs de canons*, quelque flattés qu'ils soient de paraître — à six cents kilomètres des buttes Montmartre — des foudres de guerre, — renonceront à leur jeu puéril ou patriotique (à eux de choisir l'épithète qui leur conviendra), pour la raison suivante :

Passer des nuits à la belle étoile, par un temps peu rigoureux, est une épreuve qui ne manque pas absolument de charmes. Procurer des cauchemars au plus bas prix à des millions de Français, est un acte qui sent son gamin de Paris. Mais fournir des armes à la réaction est presque un crime.

La réaction a gardé un silence calculé tant qu'elle a espéré que la République de la Défense nationale, simple intermède, la conduirait où elle voulait aller. Mais voici qu'elle s'aperçoit que la République est prise au sérieux

____

(1) Réalisée huit jours plus tard.

par le Gouvernement que l'Assemblée nationale vient de donner à la France. Elle se met donc à épier les signes précurseurs d'un orage; elle a entendu déjà gronder le tonnerre, tellement elle a besoin qu'il gronde; elle dénonce non-seulement les agitateurs forcenés qui lui permettent à elle-même de faire figure, mais encore ceux qui ne jugent pas à propos d'écraser ces agitateurs. C'est elle qui a inventé ce beau mot *décapitalisation*, sans doute parce qu'il ressemble à cet autre : *décapitation*.

Décidément la Réaction et la Révolution sont également irréfléchies. Si la Révolution travaille pour la Réaction, la Réaction travaille, elle aussi, pour la Révolution.

Nous qui ne voulons ni de Réaction, ni de Révolution, parce que nous voulons uniquement le règne du bon sens et de la liberté, nous ne cesserons de nous élever au-dessus de ces partis égoïstes qui, toujours soucieux de leurs rancunes et de leurs ambitions, n'oublient jamais qu'une seule chose : l'intérêt de la Patrie.

13 mars 1871.

XVI

QUELLE REVANCHE?

Nous entendons prononcer, dans toutes les conversations, le mot de *Revanche*. Ce mot ne nous déplaît pas absolument, mais nous voudrions lui donner un sens raisonnable et nettement défini.

Nous n'oublierons jamais le spectacle que présentait Paris les 26, 27 et 28 février 1871.

Une paix douloureuse, mais nécessaire, venait d'être signée à Versailles par l'éminent patriote qui s'était de toutes ses forces opposé à une guerre fatale.

Les clauses du traité furent bientôt connues des Parisiens. Nous perdions la plus grande partie de l'Alsace et une portion considérable de la Lorraine; nous payions une indemnité écrasante de cinq milliards de francs.

Mais Paris, qui avait pris naguère pour devise ces mots célèbres : *Pas un pouce de notre territoire, pas une pierre de nos forteresses, pas un centime de notre argent!* n'eut point, dans cette crise suprême, le loisir de songer à la ruine et au démembrement de la patrie.

l'aris se préoccupait exclusivement de l'outrage dont il était menacé.

Trente mille Prussiens allaient défiler devant cette statue de Strasbourg que nos concitoyens avaient si long-temps adorée comme la madone de la République, et qu'ils venaient de recouvrir d'un voile funèbre.

A cette idée, comme on disait dans la vieille langue française, « le sang mua aux Parisiens. » Ils formèrent des barricades au hasard, surtout dans les quartiers où l'armée prussienne ne devait point pénétrer. Ils se saisirent d'un parc d'artillerie et promenèrent en tout sens une centaine de canons qu'ils établirent, de guerre lasse, à Montmartre, devenu l'Aventin de Paris.

A minuit, la générale retentit, le tocsin fut sonné. On se porta vers quelques maisons de détention, ou l'on élar-git deux ou trois conspirateurs de profession. Puis on s'é-lança à la rencontre des uhlans, qui, disait-on, forçaient, en ce moment même, les barrières.

C'était un désarroi étrange. Quelques-uns criaient, au milieu des ténèbres, le grand mot de la situation : *Revanche!* Ils expliquaient à la foule des gardes nationaux, qui les écoutaient avec complaisance, qu'une sortie en masse pouvait leur livrer, dans deux ou trois heures, l'un des forts détachés, d'où ils foudroieraient aisément les en-vahisseurs. C'en serait bientôt fait de l'Empereur-Roi, du Chancelier de la Confédération, du chef d'état-major géné-ral, de tous les Prussiens et de tous les Allemands.

Qu'advint-il ? Les uhlans, par bonheur, n'avaient point transgressé la consigne. La sortie n'eut pas lieu, car les *traîneurs de canons*, se rabattant sur l'intérieur de la ville, n'eurent d'autre loisir que de continuer, à la Bastille et en d'autres lieux, leurs scènes de violences tragi-comiques, tandis que des citoyens affligés déposaient sur les grilles de la colonne de Juillet des couronnes d'immortelles, et que les patriotes les plus dignes de ce nom, ennemis de l'émeute comme de l'ostentation, restaient chez eux absorbés par leur douleur aussi profonde que sincère.

L'armée allemande a fait son fameux défilé sous l'arc de triomphe de l'Étoile.

Venue à l'heure que déterminait la convention de Versailles, elle a battu en retraite à l'heure prévue par cette même convention.

Pendant les quarante-huit heures qu'ils ont séjourné dans notre enceinte, les vainqueurs ont à peine entrevu les vaincus. Aucun conflit n'a eu lieu, grâce à la prudence des chefs des deux nations.

La grande manifestation parisienne a subi la loi du flux et du reflux. Aujourd'hui, en dépit des munitions dont elle dispose et des tranchées dont elle s'entoure, elle est réduite aux proportions d'une *Fronde de carrefour*. La disparition subite des Prussiens l'a privée d'une mise en scène indispensable. Elle n'a plus pour adhérents que des désœuvrés qui, dès demain, nous l'espérons, retourneront *cultiver leur jardin*.

Le récit que nous venons de faire nous permet de saisir sur le vif les deux grands défauts parisiens et même français qui, depuis vingt ans, pèsent si lourdement sur nous :

1o L'orgueil militaire;

2o La légèreté d'esprit.

Nous ressemblons un peu aux Anabaptistes de Munster, ou mieux encore à ces Juifs de la décadence, qui, subissant volontiers la tyrannie des Hérodes, provoquaient maladroitement les armes des Flaviens, se laissaient assiéger, faute de quelques concessions opportunes, dans Jérusalem, succombaient par la famine, et périssaient jusqu'au dernier, en défendant, dans le Saint des Saints, le *Chandelier à sept branches*. On le sait, les Juifs ne purent être régénérés qu'après leur dispersion à travers le monde. Ils voyagèrent, apprirent bien des choses, et se firent, non pas cosmopolites, mais, suivant les circonstances, Lombards, Polonais, Portugais, Allemands, etc. Dans ces pérégrinations, ils perdirent jusqu'au fanatisme qui leur avait fait crucifier le Christ. « Faire ses affaires! » tel fut leur mot de ralliement, — en quoi ils ne diffèrent pas essentiellement des Anglais, des Allemands, des Américains, etc., de tous ces peuples enfin pour qui le rôle de victime n'a guère d'attraits. Nous ne croyons pas qu'ils nourrissent encore l'espoir de se venger des Romains, qui ont eux-mêmes disparu depuis longtemps. Ici « la revanche » n'aurait point de sens.

Il est bien entendu que nous ne proposons pas aux Français l'exemple des Juifs. Toutefois, le bon sens est toujours de mise, et il ne faut jamais *s'enferrer* dans des thèses insoutenables.

Les vaincus, à quelque race qu'ils appartiennent, ont toujours une revanche à prendre. Mais quelle sera cette revanche ? Cela dépend de mille circonstances, dont les unes ont précédé, les autres accompagnent, les autres enfin suivront la défaite.

Si le désastre provient de l'abaissement des caractères et des intelligences, ce sera prendre une revanche éclatante que de relever les caractères et les intelligences.

Si la ruine de la patrie est due à l'indignité des chefs, ce sera prendre une revanche que de s'évertuer à les bien choisir désormais, afin de n'avoir pas à répéter constamment ce cri, si en honneur chez le peuple dont nous parlions tout à l'heure : « Nous sommes trahis! lapidons-le! »

Que si l'on est en présence d'un ennemi qui ne doit sa victoire qu'à la supériorité de ses états-majors, à l'emploi intelligent de toutes les ressources de la science et à la discipline de ses soldats, ce sera prendre une revanche que de s'assurer tous ces avantages. Mais la revanche véritable, la revanche par les armes, celle que le peuple demandait hier à cor et à cri, viendra-t-elle ?

Sans doute. Néanmoins, avant de jouer une pièce, il faut l'avoir composée.

Encore serait-ce une erreur que de considérer l'histoire

comme une série de revanches. A ce compte, les Tyriens, victimes d'Alexandre, les Carthaginois, victimes des Romains, les Anglo-Saxons, victimes des Normands, attendraient encore leur revanche.

Nous-mêmes, nous n'avons pas pris sur les Anglais notre revanche de Trafalgar, de Waterloo et des traités de Paris (1763-1815). Nos voisins nous ont enlevé brutalement nos possessions de l'Inde et de l'Amérique, et nous ne songeons même pas à les revendiquer.

Il n'en peut être de même de l'Alsace et de la Lorraine, qui n'étaient pas des possessions lointaines, mais des parties intégrantes de la France.

Toutefois, il y a en politique, comme en médecine, des dérivatifs.

Dans un temps plus ou moins éloigné, l'Allemagne peut, si nous paraissons l'oublier, cesser d'être prussienne. Les cadres de la vieille Europe peuvent, d'un jour à l'autre, se rompre. L'économie politique peut prendre enfin le pas sur le militarisme. Et alors, l'Alsace et la Lorraine, qui, en dépit de nos lamentables défaites de Sedan, de Metz, d'Orléans, du Mans et de Belfort, auront conservé leur position géographique, entre la Meuse, la Moselle et le Rhin, peuvent servir non plus de séparation, mais de lien entre la France et l'Allemagne réconciliées.

Certes, il serait triste de penser qu'après les malheurs accumulés durant ce dernier trimestre, nous dussions avoir une France abaissée dans une Europe qui ne vaudrait pas mieux que celle d'hier.

Mais il faut se garder de croire que la France ne puisse se relever qu'en exterminant une ou plusieurs nations de l'Europe.

La France recouvrera ce qu'elle a perdu, ou l'équivalent de ce qu'elle a perdu, si elle se montre digne d'un pareil retour de fortune.

Qu'elle sache qu'il y a des vues, ou fausses, ou impossibles à réaliser, ou indignes d'être poursuivies.

Qu'on n'oublie pas non plus que, pour parer à toutes les éventualités, il nous faut une *France complète*, apte à faire tout ce qu'elle aura le désir ou l'obligation d'accomplir.

C'était une France bien incomplète que celle de Napoléon III! L'empire *militaire* et l'opposition *humanitaire* ne cadraient pas avec les alternatives des événements (la paix ou la guerre).

Voilà pourquoi nous manquions absolument d'organisation.

Tout notre mal est venu de là.

Lorsque deux nations voisines, également prévoyantes, maintiennent au dedans l'accord entre les classes et sont prêtes à repousser toute attaque venant du dehors, il n'y a pas de conflit possible. Mais si une seule s'est assuré ces avantages, celle qui s'en est privée a tout à craindre, car elle est à la fois l'objet de la tentation et du mépris de sa

rivale. On ne croit pas nuire à l'humanité en mettant hors
la loi un peuple qui a perdu le respect de lui-même.

Nous avons, dans tous les cas, un exemple à éviter et
un exemple à suivre.

L'exemple à éviter est celui de la généreuse Pologne,
qui, s'entêtant dans le désir, légitime sans doute, mais
aveugle, de prendre sous un bref délai sa revanche, a été,
à chaque nouvelle protestation contre ses tyrans, saignée à
blanc et finalement terrassée.

L'exemple à suivre est celui de la Prusse parcimonieuse,
qui s'est bien gardée de défier immédiatement son vainqueur, mais qui ayant échappé peu à peu à son étreinte,
s'est lentement refaite, a substitué au vieil organisme bran-
debourgeois un organisme allemand aux ressorts d'acier,
et l'a, en temps opportun, progressivement mis en mouvement et à l'épreuve. La Prusse est parvenue à grouper
autour d'elle toute la race germanique. Pourquoi ne grou-
perions-nous pas autour de nous (ainsi que nous l'avons
indiqué dès les premiers jours de la République) toute la
race latine?

Mais une pareille œuvre exige du temps, de l'étude, du
sang-froid? Sans aucun doute. Et voilà pourquoi nous
craignons que la France ne sache pas l'accomplir.

Les amis de la France craignent, et ses ennemis espèrent, qu'elle ne saura pas mettre à profit le répit qui lui
est donné; qu'elle ne saura pas travailler, qu'elle ne saura
pas réfléchir.

On redoute et l'on souhaite chez le peuple français ce que nous appellerons l'*atrophie cérébrale*. On le voit déjà, travaillé par le *masaniellisme*, se complaire dans le drame, transporté, des ais d'un théâtre et du domaine de la fiction, dans le domaine de la réalité et sur le pavé de nos rues !

Dans cette hypothèse, que nous voulons croire irréalisable, les Parisiens finiraient par tenir le milieu entre les *truands* du moyen âge et les *lazzarone* contemporains. *Di omen avertant* !

La mise en scène a tout perdu chez nous depuis quatre-vingts ans. La prise de la Bastille eût suffi, et largement. Par malheur, nous voulons, à tout prix, avoir des histoires françaises *illustrées*.

Qu'en est-il résulté? On a fait, non pas les affaires du pays, mais la guerre civile et la guerre étrangère. A l'intérieur, les partis se sont multipliés et perpétués; au dehors, les haines se sont accumulées contre la France. Notre grande Révolution eût pu être le signal de l'invasion de la science dans la foule. Elle n'a été que le signal de l'invasion des barbares dans la vie politique.

Combien plus sensée était la France de l'ancienne monarchie qui, évitant en tout le tragique, écrivait sur les murs d'un cimetière de jansénistes :

> De par le roi, défense à Dieu
> De faire miracle en ce lieu.

Après avoir été pris si souvent au même piége, gardons-nous de recommencer à tout propos notre histoire contemporaine.

Dans le demi-siècle qui vient de s'écouler, que de sottises n'a-t-on pas fait commettre au peuple français en lui jetant le mot de *Revanche!* qui a le don de l'électriser.

C'est en prononçant ce mot de *revanche*, qu'au lendemain de l'occupation de Paris par les alliés, Napoléon n'a eu qu'à débarquer en Provence pour faire voler « l'aigle impériale de clocher en clocher jusqu'aux tours de Notre-Dame. » Cette aventure criminelle nous conduisit à Waterloo, dont les lugubres conséquences sont connues de tous ; mais Waterloo lui-même donna à *la Revanche* un attrait encore plus irrésistible.

L'abolition des traités de 1815 devint la thèse favorite du peuple français. Le chauvinisme prit naissance. On ne sut aucun gré aux Bourbons d'avoir par leur médiation opportune sauvé l'intégrité de la *France monarchique*. On ne leur pardonna pas d'avoir sanctionné des sacrifices inévitables. Par contre, Napoléon, auteur de tous nos désastres, resta éminemment populaire. « Il s'est assis là ! » répétait-on avec le chansonnier patriote. Les complots bonapartistes furent encouragés par cet état *psychologique* de la nation française. Louis-Philippe, malgré son admirable bon sens, sacrifia à l'idole populaire, et raviva, comme à plaisir, les souvenirs *les plus palpitants* de ce qu'on appelait l'épopée impériale. On ne se contentait pas do rapporter son corps sur les bords do la Seine, « au milieu de co peuple français qu'il avait tant aimé ! » on lo proclamait hautement « lo souverain lo plus légitimo do notro histoiro. »

Doit-on s'étonner quo Louis Bonaparte, lo neveu du *grand homme*, ait osé rêver lo rétablissement do la couronno impérialo à son profit ?

A Strasbourg et à Boulogne, il s'écriait, commo lo peuplo lui-mêmo : « Revancho ! » Devant la cour des pairs, il se posait non-seulement en prétendant, mais en vengeur : « Un dernier mot, Messieurs. Jo représento devant vous un principo, uno cause, uno défaito. Lo principo, c'est la souveraineté du peuplo ; la cause, cello do l'empire ; la *défaite*, *Waterloo*. Lo principo, vous l'avez reconnu ; la cause, vous l'avez servio ; *la défaite, vous avez voulu la venger*. Non, il n'y a pas de désaccord entre vous et moi, et jo no veux pas croiro quo jo puisse êtro dévoué à porter la peino *des défections d'autrui*. »

Peu do jours après, il s'étonnait avec raison d'êtro enfermé dans la prison do Ham, tandis que les cendres do son oncle étaient reçues respectueusement aux Invalides par lo roi qu'il avait voulu détrôner.

On connaît la suite. La nation, s'obstinant dans un faux point do vúo, no voulut pas avoir d'autro président do la République quo l'héritier do la défaito do Napoléon.

Contraint de fairo lo modeste pour no pas effrayer les

pacifiques de la France et de l'Europe, il saisit la couronne impériale en prononçant ces mots célèbres : « L'Empire, c'est la paix ! »

Mais Napoléon III et le peuple lui-même savaient bien que *empire* ne serait jamais synonyme de *paix*. Le dix-neuvième siècle, à son déclin, ne permettait plus une guerre perpétuelle et universelle ; le nouvel empereur, dont l'idée fixe était bien de détruire les traités de 1815, conçut le projet de venger, *non pas en bloc, mais en détail*, les injures de Napoléon Iᵉʳ.

Napoléon III eut la satisfaction de prendre *sa revanche* de la Russie. Il prit aussi *sa revanche* de l'Autriche. Il songea ensuite à la Prusse et *aux bords du Rhin*. Mais des expéditions lointaines ayant entraîné loin du théâtre de l'action une grande partie de ses forces, il imagina de faire battre *la Prusse et l'Italie par l'Autriche*. Il avait déjà, au grand effroi des puissances, proclamé que les « traités de 1815 avaient cessé d'exister. » Lorsque M. Thiers, dans un mémorable discours, conjura la Chambre de ne pas aggraver ces odieux traités en en poursuivant, *per fas et nefas*, la radiation, Napoléon III prit, à Auxerre, *sa revanche de M. Thiers, et du bon sens :* « J'ai envers le département de l'Yonne une dette de reconnaissance à acquitter. Il a été un des premiers à me donner ses suffrages en 1818 : c'est qu'il savait, comme la grande majorité du peuple français, que ses intérêts étaient les miens, et que *je détestais comme lui*

les traités de 1815, dont on veut faire aujourd'hui l'unique base de notre politique extérieure. »

Les guerres de 1866 et de 1870 ont atteint le but que
se proposait l'empereur. Les fameux traités ont été abolis.
Mais les sinistres pressentiments de M. Thiers, à leur
sujet, se sont réalisés. Et aujourd'hui, quel est le Français
qui n'éclaterait de joie, si on lui disait que les traités
de 1815 vont être pour toujours remis en honneur?

Il ne s'agit guère de cela pour le moment. Il s'agit de
subir, *tant que la nécessité l'exigera*, le traité de Versailles, qui nous enlève des provinces réunies à la France,
non point par la Révolution, mais par la monarchie.

Nous le savons, ce n'est pas Napoléon III qui se char-
gera de nous répéter d'une manière intempestive le mot
de *revanche!* Dans sa bouche, ce mot ne serait que ridicule. Mais nous avons, par malheur, *un stock de néo-bo-
napartisme alimenté par le jacobinisme.*

Un certain journalisme nous écœure et nous alarme. A
cette devise : « *Revanche immédiate,* » il en ajoute une
autre : « *Récriminations perpétuelles.* » Il lance à tout
propos le mot de « *trahison!* » Il ne cesse de répéter que
si tout est perdu, c'est que, avant Sedan, il y avait *un
traître* qui s'appelait Napoléon III, et, après Sedan, *un
autre traître*, qui s'appelait Trochu ; ne voyant pas que,
dans notre décadence, Napoléon III et Trochu étaient

1. 6 mai 1866.

plutôt des accidents et des symptômes, que dès causes.
Quant à dire au peuple *son fait*, nul de ces *bravi* ne
l'ose. Tous veulent conserver leur clientèle d'acheteurs et
de dupes.

Après avoir — vers la fin de l'Empire — dévoré les
contes bleus sur la guerre, du *Gaulois* et du *Figaro*, on
s'arrache *le Vengeur* de M. Pyat, *le Cri du Peuple* de
M. Vallès, le *Mot d'Ordre* de M. Rochefort, le *Dernier
mot* de M. Blanqui [1]. Mauvais titres ! mauvaise marchan-
dise! Le *Dernier mot* est suivi de beaucoup d'autres. Le
peuple, *criant*, sans préparation suffisante, est exposé à
braire; s'il *se venge* sans discernement, il peut tuer ses
meilleurs amis ; et s'il prend un *faux mot d'ordre*, il
tombera encore une fois aux mains de la Prusse.

Cette troisième République française qui, longtemps cap-
tive des Hohenzollern, a, comme le chevaleresque François Iᵉʳ, perdu tout, sauf l'honneur, — elle peut, si elle est,
à l'instar du roi des gentilshommes, corrigée par le malheur,
se fonder et durer. Elle doit pour atteindre ce but se proposer deux choses : 1º bien déterminer les attributions du
suffrage universel et l'instruire, afin qu'il remplisse dignement son rôle; 2º dissoudre les anciens partis politiques,
afin que les forces du pays s'*additionnent* au lieu de *se
diviser.*

Nous n'avons que quelques observations à faire sur ce

---

1. Écrit avant la suspension de ces divers journaux.

que nous entendons répéter autour de nous. Nous nous sommes expliqués longuement sur la *Revanche!* Expliquons-nous maintenant sur les autres cris de la presse populaire :

1º Des jeunes gens!
2º Plus d'avocats dans la Chambre !
3º Plus d'Allemands en France!
4º Des députés alsaciens pour représenter Paris!

De grâce, ne faisons pas de la capacité politique une question d'état civil. Ne nous occupons pas de vieillards et de jeunes gens! *Ni éphébocratie*, ni *gérontocratie!* mais un choix intelligent d'administrateurs. N'excluons que les *ignorants*, les *intrigants* et les *fanatiques*.

Dire : *Plus d'avocats!* dans un pays où il se fait tant de phrases et tant de procès, c'est proposer une réforme salutaire, mais à la condition qu'on ne remplacera pas les avocats de profession par des bavards et des hâbleurs qui n'auraient d'autre supériorité sur leurs prédécesseurs que celle de n'avoir pas étudié le droit. Paris vient de faire un mauvais essai aux dernières élections! Il a bien réussi à évincer quelques avocats de bon sens (il y en a dans le nombre), mais il a fourni à la Chambre plusieurs bancs d'énergumènes. Certains de ces énergumènes ayant donné leur démission, il y a lieu, *non pas de les réélire* (ce qui serait les contrarier bien mal à propos), mais de les remplacer par des gens sérieux et honnêtes.

Mais par qui les remplacer? Le peuple répond : Par les députés de l'Alsace !

Nous n'aurions rien à objecter, s'il s'agissait de ne pas priver l'Assemblée nationale des lumières de tel ou tel Alsacien éminent; mais élire les députés alsaciens *en masse*, dans le seul but de faire une manifestation *patriotique*, c'est ne pas comprendre le rôle de la *représentation*. En thèse générale, Paris ne saurait être mieux représenté que par des Parisiens qui connaissent les intérêts et les désirs de leurs compatriotes. On peut réserver aux députés de l'Alsace d'autres marques de sympathie.

Quant à la ligue qui se forme pour exclure les Allemands de tous les corps savants comme de toutes les fonctions et de tous les métiers, nous n'avons rien à en dire. Nous serions portés à être généreux même envers nos vainqueurs, si nous n'étions convaincus qu'ils ont abusé, avant la guerre, de notre hospitalité, et, pendant la guerre, de leur victoire. Nous le voyons donc renaître, sous les auspices de cette lutte fratricide, l'ancien droit de Rome : *Hostis !* Nous n'espérons pas que des rancunes aussi déplorables que légitimes s'apaisent de sitôt. Mais adhérant *provisoirement*, pour notre part, à la ligue anti-prussienne, nous dirons à tous les Français : « *On ne détruit que ce qu'on remplace.* » Si nous avions en France, et surtout dans la capitale, beaucoup de professeurs allemands, de patrons allemands, d'ouvriers allemands, etc., c'est que leur activité consciencieuse et persévérante avait trouvé partout d'innombrables appréciateurs. Pour qu'on les exclue et qu'on ne ressente pas le besoin et le désir de réclamer leurs services, les Français doivent les faire oublier en déployant des qualités égales ou supérieures. Mais qu'on songe à l'effet produit dans le monde le jour où il serait constaté que l'enseignement des langues dans nos écoles et l'expédition des affaires dans nos maisons de commerce réclament des Allemands *quand même*. Ce jour-là la France pourrait bien ne pas renoncer à sa *réhabilitation militaire* ; mais elle aurait proclamé *ipso facto* son incapacité et son indignité.

Nous terminerons en rappelant cette maxime, qui fut française au dix-septième siècle, et qui est à coup sûr prussienne au dix-neuvième :

« Tâcher toujours plutôt à changer ses désirs que l'ordre du monde. »

Nous avons dit maintes fois, et nous répéterons dans un ouvrage intitulé : *Politique de prévoyance durant le siége de Paris*, qu'il y a une science historique.

La science historique n'est pas une science exacte, c'est une *science d'approximation*.

En histoire, il n'y a pas qu'une seule chose de possible. Mais *il suffit que tout ne soit pas possible* ; que telle hypothèse présente plus de probabilité que telle autre ; — et que l'on puisse prévoir et préparer dans une certaine mesure les événements ; il suffit de ces données évidentes pour que la science historique et la science politique, *qui en dérive*, existent.

Des passions (qui sont la grande inconnue à dégager) résultent *des déviations*, qui peuvent être elles-mêmes calculées.

C'est pour n'avoir pas possédé la science historique et politique que le Gouvernement de la Défense nationale, héritier des fautes de l'Empire, *sans bénéfice d'inventaire*, a échoué dans sa noble entreprise.

La présence à la tête de l'État d'un grand historien, qui est en même temps un grand politique, nous fait mieux augurer de l'avenir.

C'est lui et ses collègues qui nous donneront la réponse définitive à cette question si grave:

Quelle Revanche?

16, 17 et 18 mars 1871.

V

LA CRISE

I

PHYSIONOMIE DE PARIS PENDANT LA GUERRE ET DEPUIS
LA CONCLUSION DE LA PAIX

Retracer la physionomie de Paris durant les diverses
phases du siége qu'il vient de soutenir serait une entreprise digne à la fois d'un grand poëte et d'un moraliste
profond. En effet, que d'observations de tout genre à recueillir! Que de vivants tableaux à dessiner! Cette tâche

demanderait un Labruyère *populaire*, capable et désireux de tout voir comme de tout peindre.

Nous voudrions, après avoir indiqué les principaux traits de cette ample tragédie, à cent actes divers, fixer dans le souvenir le centième, et dernier peut-être, de ces actes, que nous nommons *la crise politique et sociale après la conclusion de la paix.*

Rappelons d'abord la mise en scène de la déclaration de la guerre, aux jours caniculaires de juillet : *Rabies leonis.* Dans cet immense théâtre des boulevards de M. Haussmann, trois cent mille curieux *qui ne réclamaient que leur place au parterre*, assistaient aux démonstrations de trois cents agents de M. Piétri, criant : A Berlin! Entre ces *mouchards* émérites et les candides Parisiens, *la Marseillaise* établissait comme un lien de confiance et de sympathie. Combien de gens se sont laissés entraîner *à Berlin* dans le but de faire résonner aux oreilles de l'auteur du coup d'Etat le cri terrible de 1792 : *Tyrans, descendez au cercueil!* L'autorité ne tarda pas à le comprendre ainsi, et, la guerre enfin *lancée*, la préfecture de police exigea que l'on partît *pour Berlin* en silence.

Vint ensuite l'enthousiasme provoqué par de *fausses victoires.* Cet enthousiasme, comme l'agiotage qui en était l'entrepreneur, eut pour théâtre la place de la Bourse.

Les défaites *officielles* ayant subitement remplacé les victoires *semi-officielles*, on commença à critiquer le

Gouvernement, qui jeta à l'eau le ministère Ollivier et lui substitua le ministère Palikao ; mais on continua à lire avec frénésie les contes bleus du *Gaulois*, du *Figaro*, et *tutti quanti*, de tous ces journaux enfin qui nous prouvent si bien aujourd'hui que nous ne pouvions en aucun cas être vainqueurs. Qui, dans cette période de la guerre allemande, n'a conféré avec la foule sous les galeries de l'Odéon? On y vit jusqu'à des disputes d'académiciens qui se jetaient mutuellement au visage les qualifications malsonnantes d'*alarmistes* et de *bonapartistes*. C'est en cet endroit que nous apprîmes, en deux éditions, — le 3 septembre au soir et le 4 septembre au matin, — la capitulation impériale de Sedan. Décidément, les alarmistes avaient alors raison.

Mais le tort des *alarmistes* fut de devenir subitement optimistes, parce que le mot de République avait été inscrit par le peuple sur tous nos monuments et que la statue de l'Empereur n'offusquait plus les passants. A ce moment, le drame populaire se jouait sur la place de la Concorde. La garde nationale paradait aux cris de *Vive Trochu!* et accablait de couronnes d'immortelles la statue de Strasbourg, qui risquait fort de n'apparaître aux étrangers, malgré le patriotisme qui la transfigurait, que comme un magot de la Chine. Peu à peu toute cette effervescence se porta à l'Hôtel de Ville, siège du Gouvernement de la Défense nationale. Là furent proférés pour la première fois ces mots funestes : *Pas une pierre de nos forteresses! pas un pouce de notre territoire! pas un centime de notre argent!* Là, M. Jules Ferry calma la multitude en lui donnant l'assurance que M. Jules Favre ne rapporterait jamais de Ferrières cette chose odieuse : *La paix!* Mais le peuple, de plus en plus exigeant, ne se contenta pas de la guerre. Il voulut la victoire. On ne la lui accorda pas. Alors, il perdit patience et cria : *Commune! Commune!* Le 8 octobre, première sortie contre le Gouvernement; le 31 octobre, deuxième sortie. Le héros du jour était M. Gustave Flourens; le sauveur présumé, M. Dorian.

De gré ou de force, *tous les traîtres* furent relâchés et maintenus en liberté de par le plébiscite parisien. Pour la première fois, depuis le début des hostilités, nous eûmes une satisfaction patriotique. Paris rentra en lui-même et se recueillit. Phénomène purement physique peut-être. Depuis deux mois, aucune nouvelle positive n'arrivait de la France et de l'Europe dans la capitale de l'Europe et de la France; le rationnement commençait sur une assez vaste échelle; nos rues étaient plongées dans l'obscurité par suite de la disparition du gaz. Paris prenait l'aspect d'un sépulcre. Les groupes de curieux étaient plus clairsemés. On s'enrôlait, il est vrai, dans la *garde nationale de marche,* au son de la musique. Mais nos forts, qui avaient parlé maintes fois si inutilement, se résignaient au mutisme. Le président de la défense nationale l'ordonnait ainsi. De temps à autre, néanmoins, il faisait *fermer les portes*, ce qui indiquait aux Prussiens qu'il allait sortir. Il sortait, en effet, et brillamment, quoi qu'on en ait dit. La mâle canonnade de Champigny, si intense et si nourrie, retentit encore à nos oreilles.

Pendant près de trois mois, Paris fut d'une admirable patience. *La panique du pain* dura peu. On endura sans sourciller la faim, le froid et le bombardement. Qui n'a pas été ému jusqu'aux larmes en voyant ce déménagement calme et digne de la rive gauche vers la rive droite, au milieu des obus qui pleuvaient, et les *queues* de pauvres femmes qui, au nombre de plusieurs centaines, quêtaient, pour ainsi dire, à la porte d'une boulangerie ou d'une boucherie municipale, trente grammes de cheval ou deux cents grammes d'un pain affreux ?...

Lorsque les défaites de Saint-Quentin, du Mans, de Dijon et de Montretout, et la famine, eurent prouvé la nécessité d'une capitulation, Paris retrouva son énergie pour protester contre son infortune. Le sang coula. (22 janvier.) Cette démonstration patriotique se généralisa après la signature de la paix de Versailles. C'est alors que Montmartre fit sa Fronde anti-prussienne ou anti-sociale.

Nous avions bien raison de dire en commençant : « Quel drame lugubre ! Que d'émotions ! »

Aujourd'hui la fièvre semble tombée, mais elle a été suivie de cette indicible prostration que les médecins désignent, croyons-nous, du nom d'*ataxie*. Voyez plutôt !

Paris ravitaillé a retrouvé jusqu'à un certain point l'abon-
dance et le confort. La ville, si ténébreuse jusqu'au départ
des Prussiens, est illuminée comme aux plus beaux jours
de M. Haussmann. La sûreté de nos rues ne laisse rien à
désirer, et les regards ne sont attristés que par les cica-
trices que les obus ont laissés sur nos plus beaux et nos
plus glorieux monuments.

Il ne manque plus à Paris, pour être de nouveau Paris,
que le mouvement, l'animation, *la vie*. Dans son silence
obstiné, on lit les malheurs qui viennent de le frapper.
Tous les cœurs sont serrés. Tous les esprits sont absorbés
par d'amères réflexions. N'oublions pas que Paris, qui a
eu, durant le siége, dans les immigrants de la banlieue,
une large compensation aux *absents*, a perdu les immigrants sans retrouver tous les absents. Que dis-je? les derniers événements ont augmenté encore le nombre des absents. Beaucoup de gens ont pensé que Paris, avec sa zône
de *champs de bataille* et de *champs de mort*, pourrait
devenir un foyer de pestilence. Ils ont fui. D'autres se sont
dit que la guerre civile était inévitable. Échappés aux
obus prussiens, ils ont cherché à se mettre hors de la
portée des canons de Montmartre, le grand épouvantail
du moment. Ils ont fui. Paris est devenu pour tous ces
francs-fileurs synonyme d'insécurité et d'insalubrité. Ils
sont allés grossir en province l'opposition contre la capitale. Or, les griefs de la province sont les suivants. Tout
en se pardonnant à elle-même d'avoir fait le plébiscite, elle

ne nous pardonne pas d'avoir *laissé* faire la guerre, quand les préfets impériaux eux-mêmes voulaient la paix ; d'avoir *continué* la guerre après la chute de son auteur ; d'avoir ainsi amené les Prussiens chez elle et de l'avoir elle-même entraînée contre les Prussiens, etc. L'Assemblée nationale, qu'on ne l'oublie pas, est l'expression de tous ces griefs, en partie légitimes, en partie injustes.

La réaction et la révolution s'aidant mutuellement, l'affaire des Buttes-Montmartre est devenue notre grande crise politique et sociale. Des personnes qui calomnient, croyons-nous, l'Aventin, ont créé une expression originale : *la question des trente sous.* Nous qui respectons Montmartre, même au milieu de ses égarements, nous l'appelons plus simplement la question du travail.

Paris cessera d'être ce qu'il est présentement, un *sépulcre blanchi*, à condition de revenir *au travail.*

La province aura beau dire : *Je ne m'occupe pas de politique.* Là n'est pas la solution des difficultés pendantes, car la *politique s'occupe de la province aussi bien que de Paris.* Mais Paris et la province peuvent être sûrs de ne pas errer, s'ils adoptent cette devise salutaire :

Au travail !

15 mars 1871.

12.

II

L'ATAXIE DU 20 MARS

Toute la nuit, le 5ᵉ arrondissement et tout le 9ᵉ secteur ont été en émoi. Une panique indicible s'est emparée de la garde nationale, au moment où elle se reposait tranquillement sur ses lauriers de la veille. Le bruit s'est répandu que les forts de la rive gauche venaient d'être réoccupés par les troupes allemandes. Le rappel et le tocsin se sont fait entendre durant trois heures consécutives. On s'est porté en masse vers les points soi-disant menacés. Vérification faite, il a été constaté que l'on avait été dupe d'un cauchemar. Le calme est revenu avec le jour. Cependant, le cauchemar peut devenir une réalité d'un moment à l'autre.

Nous avons parcouru ce matin une grande partie de la ville. Place du Panthéon, une proclamation du vigintivirat de la Fédération de la garde nationale attire nos regards. C'est une explication et une justification des événements de la Saint-Joseph. Les maîtres de la situation énumèrent les excès dont ils nous ont fait grâce. De l'assassinat des généraux Clément Thomas et Lecomte, pas

un mot. Nous passons devant six pièces de canons dispo-
sées devant le Panthéon. Gagnant la rue du Cardinal-Le-
moine, nous remarquons une autre affiche. Le comité
enjoint de dresser des barricades, mais en laissant un passage suffisant pour le transport des approvisionnements.
Nous traversons la Seine. Des murs de moellons ferment,
en haut et en bas, la rue des Deux-Ponts.

Nous ne voyons point que l'enthousiasme règne, rue
Saint-Antoine, parmi les ouvriers, pas plus que l'indignation ne régnait hier aux boulevards parmi les bourgeois.
Au milieu de cette prostration, que nous avons appelée
d'un nom bien connu en médecine, *l'ataxie*, ni indignation ni enthousiasme ne sont possibles. Il n'y a place qu'à
une activité purement physique. Les mâchoires ont toujours leur jeu, mais non les cerveaux, provisoirement
atrophiés. La vente des comestibles continue, mais le
commerce est complétement arrêté.

Sur notre route, nous rencontrons le 76e bataillon de la
garde nationale, qui parade au milieu de l'indifférence
qui est le trait caractéristique de cette révolution. Ayant
franchi une nouvelle barricade, nous nous trouvons en
face de la colonne de Juillet, qui devient pour nous un
sujet d'études. Les drapeaux rouges s'y marient aux drapeaux tricolores, mais, en dépit de tout, jurent ensemble.
Nous distinguons, par ordre de dates, la série d'*ex-voto*
qu'un patriotisme *bigarré* a déposé sur ce bronze qui,
avant le masque dont on l'a affublé, laissait lire cette ins-

cription vraiment glorieuse : 27, 28 et 29 Juillet 1830. Ce sont d'abord des couronnes d'immortelles avec cette légende : Aux martyrs de la guerre nationale. Elles sont là, depuis le 26 février, comme une protestation honorable contre l'entrée des Prussiens.

Mais les manifestations populaires changent bientôt de nature. Les mots de : République démocratique et *sociale* nous l'indiquent suffisamment. Les prétentions augmentent avec nos désastres. Nous observons un peu plus loin ces paroles mémorables : *République universelle; volonté des peuples.* Cela nous rappelle quelques conversations que nous avons saisies au vol hier auprès des barricades de Montmartre : « Cette révolution va changer la face du monde. Dans deux jours, Berlin proclamera la République. » — « Nous avons maintenant une armée sérieuse à Paris, sans compter celles qui viennent de Lyon, Marseille, Bordeaux. La revanche sera bientôt prise. » — « Nous n'avons rien à craindre des Prussiens. Une centaine de matelots sont avec nous; la patrie doit leur être éternellement reconnaissante! »

Nous nous acheminons ensuite par les grands boulevards. L'*ataxie* y est à son comble. Une centaine de soldats de la ligne, logés à la caserne du Prince-Eugène, secouent leur sommeil en regardant les évolutions d'un saltimbanque. Le *Cri du peuple* se fait entendre; il annonce l'arrestation de M. Thiers. C'est pour mieux pous-

ser à la consommation. Je devine le *truc*, et je m'en vais
à mes affaires.

20 mars 1871.

III

93 ET 71

Ce serait faire trop d'honneur à l'insurrection de Paris
que de la comparer même au régime de 1793.

En 1793, au fond des âmes les plus féroces, il y avait
l'amour de la France, le culte de la patrie. Les proscrip-
tions étaient terribles ; mais c'étaient des hommes dévoués
à l'unité nationale qui proscrivaient des hommes soupçon-
nés de s'entendre avec l'étranger et de rêver fédéralisme
en présence des armes ennemies.

Aujourd'hui, ce sont des fédéralistes de la pire école, des
amis de l'étranger, eux-mêmes en partie étrangers, qui
proscrivent l'unité française.

En 1793, la Terreur n'était qu'un moyen. La victoire
était le but.

En 1871, la Terreur est à elle seule le but de ceux qui
l'appliquent ; ou bien, si elle est un moyen, c'est le moyen
d'assurer le pillage et de protéger l'assassinat.

En 1793, la Commune et la Terreur étaient sorties,

comme par explosion, des susceptibilités nationales exaspérées par les résistances intérieures, surexcitées par les dangers du dehors.

En 1871, la Commune et la Terreur, se produisant au lendemain de nos désastres, pour souscrire obséquieusement au traité de paix, ne sont que la révélation d'un guet-apens prémédité à froid par des condottieri sans patrie.

Ces partisans de la lutte à outrance épiaient la fin des hostilités pour sortir de leur embuscade. Hardis seulement contre la France, ils n'osaient se montrer en face de l'ennemi pendant le siége ; mais ils étaient trop impatients d'user de leurs armes contre leurs concitoyens pour attendre, avant de commencer la guerre sociale, que les Prussiens eussent quitté Saint-Denis.

Ces partisans de la République une et indivisible veulent séparer les villes des campagnes, distraire Paris de la France, diviser l'État en une multitude d'États, constituer, en un mot, une sorte de féodalité par en-bas.

Le second Empire avait déjà détruit au dehors l'œuvre trois fois séculaire de François Ier, de Henri IV, de Richelieu et de Mazarin. L'Europe, dont il faisait ainsi les affaires, ne lui cherchait pas querelle. Elle lui permettait d'avoir, à ce prix, des victoires.

La Commune de 1871 renchérit encore sur cette politique anti-française.

Il ne lui suffit pas que par la création définitive de deux

unités nationales sur nos frontières, la France ait été replacée dans la situation où elle était au xvi° siècle, et qu'un traité inévitable ait fait reculer nos limites au-delà non-seulement du traité de Westphalie (1648), mais même du traité de Cateau-Cambrésis (1559).

La Commune de 1871 trouve la France, telle qu'elle est, encore trop forte. Elle remonte encore plus haut dans l'histoire pour y chercher le type de l'abaissement national. Son idéal c'est la France du xi° siècle.

Plus elle serait morcelée, plus il y aurait de communes.

Ainsi, au moment où l'Italie et l'Allemagne ne veulent plus de la *confédération*, on ose proposer à la France de reprendre, pour son propre compte, cette déplorable forme politique; on veut qu'elle revienne à son début, en reniant tout son passé!

L'insurrection de 1871, qui s'attache à copier 1793, ne manque pas de prodiguer à l'armée française, qui défend la patrie et la République, les épithètes de *Chouans* et de *Vendéens*. Mais c'est elle qui est une véritable chouannerie démagogique, une Vendée socialiste!

Aujourd'hui, la Vendée et la Bretagne soutiennent l'unité nationale. C'est la Commune de Paris qui fait exception à la France. C'est elle qui est en sécession.

De même, le Comité de salut public qui, en 1793, travaillait au moins à sauver le pays, n'en poursuit actuellement que la dissolution. Il avait alors une raison d'être, sinon légitime, du moins compréhensible. Expression suprême et violente de l'instinct national poussé jusqu'à la fureur, il était né pour concentrer contre l'ennemi toutes les ressources du pays, pour en discipliner toutes les forces, pour en tendre tous les ressorts.

Mais qu'est-ce que ce Comité de salut public qui commence par mendier la tolérance de la Prusse, par lui demander humblement la permission de persécuter, de traquer, de fusiller des Français; et qui ne paraît destiné qu'à ressusciter, au service de haines subalternes, les procédés de police employés au moyen âge par l'Inquisition?

Lors même qu'il se ferait illusion au point d'espérer vaincre les résistances de la France entière concentrées à Versailles, ne sait-il pas que la Prusse peut, d'un geste et d'un mot, l'anéantir? Que le premier résultat de son succès serait précisément de livrer la France à la Prusse?

On le voit, entre la Commune de 1871 et celle de 1793, il n'y a, malgré l'identité des dénominations, aucune ressemblance. Si détestée, si maudite que soit la première en date, le seul résultat de la parodie lugubre contre laquelle le pays est réduit à se défendre sera de faire paraître moins odieux, par l'effet du contraste, l'objet épouvantable de cette imitation à contre-sens et à contre-temps. A ses petits-fils dégénérés, Robespierre devra de la reconnaissance. Comparé à eux, il fait presque figure d'homme d'État.

On se rappelle encore cette bande d'assassins et de brigands qui, à quelques kilomètres d'Athènes, firent prisonniers, il y a un an ou deux, des touristes anglais et un diplomate étranger en promenade, et massacrèrent ceux qu'une énorme rançon ne vint pas à temps délivrer de leurs mains.

Ce n'est plus dans la plaine de Marathon, c'est en plein Paris que se passent actuellement des scènes analogues. Il ne peut plus être question ici des orgies de la passion politique : ce sont, purement et simplement, les manières de faire usitées dans les Abruzzes et dans les montagnes du Péloponèse.

Comment caractériser autrement des gens qui, sous prétexte d'opposition politique, arrêtent comme ôtages les femmes et les enfants, qui ferment les issues de la ville pour en faire une vaste souricière, qui incorporent de force les passants dans leur bande, qui font de chaque coin de rue une embuscade?

L'antique peine du talion, les vieux codes barbares sont dépassés par le banditisme qui, sous le nom de Commune, se donne carrière dans Paris.

La ville la plus civilisée, la plus brillante, la plus aimable du monde est devenue comme un lieu pestiféré, d'où chacun cherche à s'enfuir. Les malheureux qui ne peuvent s'échapper sont réduits à invoquer, sur le sol de la patrie, l'appui des puissances neutres. Ils vont demander asile aux consulats étrangers, et il en est maintenant de la capitale de la France comme de ces lointains pays de l'Orient où il faut des capitulations pour protéger les Eu-

ropéens contre la barbarie des coutumes locales et les atro-
cités des indigènes.

(Journal officiel de la République française
du 12 avril 1871.)

IV

LES PARTIS DANS L'ASSEMBLÉE NATIONALE

Une certaine presse qui ne peut guère, n'étant ni conservatrice ni libérale, avoir beaucoup de goût pour le régime parlementaire, en veut particulièrement à l'Assemblée nationale. Elle ne peut pas lui pardonner d'exister et
de prouver par là que ce régime peut, même en France,
s'établir et durer.

Elle n'a pas de peine à démontrer que sur 600 députés
qui composent cette Assemblée, tous ne sont pas, sur toutes les questions, absolument du même avis; et elle en
conclut que d'une Chambre ainsi désunie et divisée, on
ne peut rien attendre. Elle appelle anarchie morale ce
qui, dans tous les pays libres, est considéré comme l'exercice régulier de la vie parlementaire.

Ces différences d'opinion qui, selon les circonstances,
savent tantôt s'accuser, tantôt s'effacer, la scandalisent.
Elle ne comprend rien à ces débats contradictoires qui se

tranchent par des votes, et ne voyant sortir de la libre expression de tant de convictions diverses ni la violence ni la dictature, elle est toute désorientée. Elle ne se doute pas seulement de ce qu'il y a tout ensemble de consciencieux et de politique dans ces transactions à l'aide desquelles les principaux groupes de la Chambre, sans renoncer à aucune de leurs préférences distinctes, savent cependant se concerter pour le bien public.

On montre qu'on a été élevé sous le despotisme, quand on demande à une Assemblée d'être unanime, quand on la blâme de ne pas sentir, de ne pas penser, délibérer et voter tout entière comme un seul homme.

Faut-il donc le répéter encore une fois? Les partis sont nécessaires pour l'établissement et pour le jeu de la liberté politique; nécessaires en ce sens qu'existant naturellement et par la force des choses, ils reçoivent par la liberté politique, le droit de se manifester au grand jour, avec l'obligation qui en résulte, de se régler et de se contenir. La liberté politique elle même n'est pas autre chose qu'un appel fait au bon sens et au savoir-vivre des partis, admis à se contredire, parce qu'on les suppose assez raisonnables pour ne pas s'entretuer. C'est là la première condition du gouvernement libre.

La France à ce point de vue donne depuis longtemps pleine satisfaction aux théoriciens. Ce ne sont pas les partis qui y manquent. Mais jusqu'ici ils n'avaient pas su vivre ensemble dans des rapports tolérables. Ils ignoraient l'art de subordonner les questions et de s'entr'aider dans les grosses affaires, tout en se disputant pour le reste. N'obéissant qu'à l'esprit de système et à ses passions, chacun d'eux voulait être, à lui seul, le gouvernement; chacun voulait, par ses seule forces, réaliser, sans concession, son programme intégral.

Les révolutions de 1830, de 1848 et de 1852 ont fait justice de cette illusion bien naturelle chez une nation à la fois ardente et inexpérimentée.

Le second Empire n'a pas été autre chose que la longue démonstration de la nécessité où sont les partis, en France, de s'entendre tous entre eux, par l'impuissance où est chacun d'eux d'imposer isolément sa domination exclusive. C'est de cette impuissance qu'était né l'Empire; c'est d'elle qu'il a vécu : il cherchait à l'éterniser comme le fondement même de son pouvoir; et si les partis, maintenant rapprochés sans se confondre, venaient encore à se brouiller, l'Empire trouverait dans ce désaccord les éléments certains d'une résurrection. Il pourrait même se faire que la solution bonapartiste fût dépassée par l'effet d'une situation trop avancée, et qu'il ne nous restât plus aujourd'hui d'autre alternative que la République ou la *germanisation*. La France semble mise en demeure dès aujourd'hui, par les événements, d'être sage ou de ne plus être.

Ainsi, à défaut même de sagesse politique, l'instinct de conservation doit suffire pour suggérer aux différents partis qui composent l'Assemblée nationale, leur règle de conduite dominante. Et, comme au fond, ces partis, plus unis qu'on ne le suppose au sujet des grands problèmes sociaux, ne sont sérieusement en désaccord que sur la question de la forme à donner au Gouvernement; par cela même que le Pouvoir exécutif ajourne cette décision, le pas se trouve donné, dans les discussions de la Chambre, à ce qui rapproche sur ce qui divise.

Voilà pourquoi les partis, sans renoncer à rien, ont compris, tout en luttant les uns contre les autres, qu'ils étaient nécessaires les uns aux autres.

Cela ne peut étonner que les gens pour qui le triomphe du bon sens en France était à la fois inattendu et désagréable.

L'Assemblée nationale de 1871, c'est la représentation vivante de l'Union libérale. C'est l'avénement aux affaires de ce grand parti d'opposition pratique et mesurée qui, dès le lendemain des élections de 1863, réclamait hautement les *libertés nécessaires*.

Dans le cours de ses réclamations successives, l'Union libérale avait devant elle deux obstacles principaux : c'était d'abord le tempérament politique de la nation française qui, se retrouvant dans les partis eux-mêmes, les portait à viser, dans un isolement jaloux et avec une logique effrénée, un but radical. Dans un pays comme le nôtre, où les opinions tiennent de si près à l'amour-propre, bien des gens aiment mieux affirmer d'une façon tranchante leurs convictions, au risque de payer cette affirmation d'une parfaite impuissance, que de faire les concessions à la suite desquelles on peut acquérir une part positive d'influence sur la direction des affaires. L'autre difficulté était dans la nature ingrate du Gouvernement impérial, essentiellement abusif et arbitraire, rebelle à toute limitation, dédaigneux de la raison à force d'ignorance, et plus facile à jeter hors des gonds qu'à tempérer.

Aujourd'hui l'Empire ne peut plus rien contre le bon sens, et, d'autre part, on peut espérer que le tempérament national s'est formé à l'école du malheur.

Voilà pourquoi l'Union libérale a pu devenir, est devenue l'Assemblée nationale.

Il n'y a d'exclus de ce grand triomphe que le jacobinisme et le césarisme, parce que ce triomphe a été précisément remporté sur eux. Le césarisme est en exil. Le jacobinisme célèbre sa dernière orgie dans Paris, dont il cherche à faire un immense Munster.

Il est dans la nature humaine de ne pas sentir le prix de ce qu'on possède.

Nous assistons à une renaissance qui, sans nous consoler, devrait nous rendre l'espoir. Mais nous n'en goûtons pas assez toute la douceur.

Nous en appelons à ceux qui, durant les longues années de l'Empire, ont éprouvé la nostalgie de la liberté politique.

Le temps n'est pas si éloigné, pourtant, où l'illustration et la science étaient des titres à l'exclusion, quand Prévost-Paradol publiait ses premiers essais, quand Tocqueville rédigeait la philosophie du désespoir politique! Que ceux qui s'en souviennent veuillent bien considérer le spectacle que leur offre l'Assemblée nationale! N'est-ce pas là, en somme, ce rendez-vous de tous les partis parlementaires, cette association de toutes les intelligences honnêtes, cette coalition de toutes les opinions libérales que l'on rêvait comme un idéal, à l'époque où Paris, la France, l'Europe, étaient livrés aux démolitions impériales?

Sans doute, la perfection n'est pas de ce monde, et nous sommes trop légers en France pour n'être pas extrêmement sévères. Mais telle qu'elle est, avec ses vices comme avec ses qualités, si par un bouleversement de plus après tant de bouleversements, l'Assemblée nationale venait à nous manquer, elle n'aurait pas besoin, pour être regrettée, des lointaines perspectives de l'histoire. Deux mois de césarisme suffiraient pour faire comprendre aux plus indifférents ce qu'elle vaut et ce qu'elle garantit.

Les âmes libérales et les intelligences sérieuses éprouveraient alors ces ressouvenirs amers, ces regrets douloureux que tant de penseurs et d'hommes d'État ont avoué avoir ressentis lorsque, consternés par la durée imprévue du second Empire, et revenant, pour oublier le présent, aux jours brillants de leur jeunesse, il leur arrivait, dans

le cours de leurs études ou de leurs méditations rétros-
pectives, de rencontrer le ministère Martignac.

Avril 1871.

V

LES THÉORIES POLITIQUES DU COMITÉ CENTRAL.

« Esprit d'ordre, de progrès, de justice, c'est-à-dire
de révolution. » C'est en ces termes que le Comité central
s'exprime à la fin de sa dernière circulaire. Nous savions
déjà que le Comité manquait absolument de logique;
nous apprenons que l'histoire et même la langue française, en dépit de certaines phrases bien tournées, lui
sont complétement inconnues. Qu'il se procure le diction-
naire des synonymes, et il verra que l'on n'emploie
jamais l'un pour l'autre le mot de « justice » et le mot
de « révolution. »

Qu'il y ait eu des révolutions *nécessaires*, et par conséquent *salutaires*, malgré les violences qui accompagnent
même les meilleures d'entre elles, cela est indubitable;
mais qu'on veuille fonder « l'ordre sur la révolution en
permanence, » c'est là une prétention absurde que nous
rougirions de prendre un seul instant au sérieux.

Dans tous les cas, la révolution du 18 mars, commencée par le meurtre du général en chef de la garde nationale, continuée par le massacre de la rue de la Paix, et terminée (?) par un escamotage électoral, ne sera jamais le type de la révolution *de l'ordre, du progrès et de la justice.*

On se demandera de quelle maladie, française ou internationale, est née la révolution du Comité central. On voudra savoir ce que le bon sens parisien était devenu pendant cette lugubre semaine qui pouvait être fatale à la patrie.

Nous avons affaire à de terribles théoriciens, ne l'oublions pas. Aussi faut-il lire avec attention le programme des dictateurs de l'Hôtel de Ville. Ils nous disent qu'ils « *étaient* l'expression de la liberté municipale juridiquement insurgée. » Aujourd'hui, ils cèdent la place à la Commune « de droit, sinon de fait. » C'est la Commune qui « définira son mandat et délimitera ses attributions. »

Autant de phrases, autant de sophismes. Nous sommes les partisans sincères de l'indépendance municipale, en tant qu'elle ne détruira pas l'unité française ; mais c'est précisément pour cette raison que nous ne voudrions pas qu'elle eût pour fondateurs et pour garants des membres d'une société secrète, interlope, moitié française et moitié allemande, et pour expression un conseil né d'un vote aussi irrégulier que hâtif.

13.

Ce que disent MM. Assi et consorts sur la fédération des Communes n'a aucun sens. Les communes, en tant que communes, doivent être, non pas solidaires, mais indépendantes les unes des autres. Par un défaut de logique que nous avons relevé dans presque tous les manifestes du Comité, c'est à l'idée exagérée de l'Etat que l'on nous ramène en cherchant à échapper à l'État.

Serait-il admissible, je vous le demande, que Paris, Lyon et Marseille se concertassent pour bouleverser la France et imposer à la France entière leurs volontés? Nous comprenons la fédération des provinces, autrement dite la décentralisation : nous ne comprenons pas une ligue de communes. Nous comprenons la représentation séparée des villes et des campagnes, comme elle a lieu en Angleterre : nous ne comprenons pas l'oppression que l'Internationale voudrait faire peser d'abord sur les villes, où elle a de nombreux adhérents, puis sur les campagnes elles-mêmes, qui ignorent jusqu'à présent son existence.

C'est avec une joie mal dissimulée que le vigintivirat proclame « l'unité nationale brisée » et s'enorgueillit d'avoir conduit à bonne fin l'œuvre si bien commencée par la Prusse.

Mais le vigintivirat se vante . les mouvements de Lyon et de Marseille, même celui de Paris, n'ont pas cette gravité. Pour peu que la raison, si flagellée, reprenne courage, elle fera sortir du gâchis de l'Internationale un *ordre nouveau* qui nous dispensera d'une *révolution nouvelle.*

Pour compléter cette revue rapide des sophismes de l'Internationale, il faudrait, de l'Hôtel-de-Ville, se rendre dans chacune des mairies *prises d'assaut* par des délégués *intrus*. Voici M. Régère qui, du haut du Panthéon, proclame la déchéance de la bourgeoisie et l'avènement du prolétariat. Il demande, comme représentants de la Commune, « des prolétaires instruits. » M. Régère, qui est un déclamateur, ne voit pas que l'instruction a précisément pour but de supprimer le prolétariat.

Nous qui réclamons une instruction *complète* pour tous les citoyens, et qui croyons que la Révolution de 1789, autrement féconde que la Révolution de 1871, a, en principe, supprimé les démarcations sociales, nous entendons cent fois mieux le bien du peuple que les charlatans; mais nous ne serons jamais populaires. On plait bien plus au peuple en lui disant : « Jouis! » qu'en lui disant : « Je vais t'instruire! »

29 mars 1871.

VI

ILLÉGALITÉ ET DÉRAISON

Les menaces du Comité central ne nous ont pas empêché de lui dire qu'il était l'illégalité et la déraison au pouvoir.

Les menaces de la Commune ne nous empêcheraient pas de lui dire, à son tour, qu'elle est l'illégalité et la déraison au pouvoir.

La Commune est l'illégalité, c'est évident. Les élections dont elle est issue se sont faites en vertu d'un décret du Comité central, c'est-à-dire d'une société secrète composée de gens inconnus ou douteux.

Elles se sont faites en dehors de l'initiative et même de l'autorisation des pouvoirs légitimes de l'État.

Elles se sont faites sans que les délais de rigueur aient même été observés.

Que dirons-nous des résultats du scrutin ?

Le vote du 26 mars a, du moins, à nos yeux cet avantage qu'il nous permet de prendre le « défunt » Comité central en flagrant délit de mensonge, et la Commune « régnante » en flagrant délit d'usurpation.

Au dire du Comité central, il tenait son mandat de 215 bataillons de la garde nationale, soit (à raison de 1,500 hommes par bataillon), de 322,500 citoyens. Or, combien se sont approchés des urnes électorales? Environ 150,000 citoyens.

Il faut, bien entendu, défalquer de ce chiffre les voix, au nombre d'environ 30,000, données aux députés, maires et adjoints qui n'avaient consenti à une transaction que parce que le Comité affirmait que les élections auraient un caractère simplement « municipal. »

La voilà donc cette Commune de Paris qui prétend

traiter d'égale à égale avec l'Assemblée nationale de Versailles !

En présence de ce spectacle, nous ne pouvons que répéter le mot d'un grand magistrat, témoin affligé mais impuissant d'une semblable révolution : « C'est grande honte quand le valet chasse le maître ! »

Si ce valet avait au moins le sens commun !

Nous ne croirions pas de notre dignité de discuter une à une les mesures par lesquelles *l'être de raison* (est-ce bien le mot ?) qui signe : *la Commune de Paris*, vient d'inaugurer *son règne* comme pour bafouer l'Égalité et la République *française* ou *universelle*. Nous ne prendrons qu'un exemple.

Voici le décret concernant les loyers, celui qui aura le privilège de faire *jaser* les gens :

Art. 1er. Remise générale est faite aux locataires des termes d'octobre 1870, janvier et avril 1871.

Art. 2. Toutes sommes payées par les locataires pendant les neuf mois seront imputables sur les termes à venir, etc., etc.

Nous n'irons pas plus loin, mais nous dirons : Ce décret est la déraison même. Il a pour unique objet de mettre *hors la loi* les propriétaires et la propriété elle-même. En effet, si M. Assi de la Commune, successeur de M. Assi du Comité central, n'avait eu d'autre désir que de soulager les malheureux, il se serait bien gardé d'ordonner « une remise générale. » Il aurait ordonné des remises particulières et motivées. Sous prétexte « qu'il est juste que la propriété fasse au pays sa part de sacrifices, » c'est un communisme *provisoire* que décrète l'Hôtel de Ville.

N'étant pas propriétaire, nous avons voix au chapitre. Ayant payé régulièrement nos termes, nous avons été fort étonnés d'apprendre ce matin que nous avions pour débiteur « notre propriétaire. » Mais cette largesse de MM. Assi et consorts ne nous rendra pas plus indulgents envers un gouvernement qui débute par un acte de basse corruption à l'égard des locataires (c'est-à-dire de l'immense majorité), et de suprême injustice contre les propriétaires. C'est bien le cas pour nous de répéter l'adage latin : *Timeo Danaos et dona ferentes.*

31 mars 1871.

VII

LA BOURGEOISIE DÉNONCÉE PAR M. LOUIS BONAPARTE

On sait dans quelles circonstances et avec quelle attitude le personnage qui fut Napoléon III, a été informé de l'insurrection du Comité central de Paris.

L'homme de décembre avait quitté depuis quelques heures Wilhelmshohe. Le train *impérial* était arrivé à

Bruxelles. Il faisait nuit. Le wagon où sommeillait l'ex-empereur s'ouvrit. On lui présenta brusquement un journal, et l'on approcha de son visage une lumière afin qu'il prit connaissance d'un passage du plus haut intérêt.

C'est de la révolte de Montmartre qu'il s'agissait. Le *masque* de Napoléon III resta impassible. Mais tous ceux qui composaient son cortége donnèrent à leur joie un libre cours. Le voyage continua sans nouvel incident. Descendue de wagon, la *sombre majesté* s'embarqua pour l'Angleterre. On sait quel accueil enthousiaste les insulaires ont fait à l'ancien monarque des Français, lors de son entrée à Douvres. Cette réception *cordiale* était due sans aucun doute à l'admiration rétrospective qu'ils ressentaient pour un homme qui, profondément détesté par les Parisiens, les avait néanmoins *matés* durant dix-huit ans.

Vue bien superficielle, à coup sûr. Car cette soldatesque de la Commune, qui prétend *vivre de son fusil*, est en réalité le résultat le plus net et la plus pure *décoction* de l'empire. Toujours le *panem et circenses !*

Entre cette soldatesque démagogique et le bonapartisme, surtout depuis que Napoléon III a inoculé à ce dernier *son virus*, il y a une affinité manifeste.

On sait quelle armée le régime déchu avait donné à la France. Les chefs, trop souvent, étaient des ignorants chamarrés, des intrigants *de haut, moyen et bas étage*, que l'on plaçait, suivant les circonstances, dans les ambassades *à grand orchestre*, dans les antichambres et mêmes dans les haras. On les chargeait de missions encore plus délicates... peu honorables, dit-on. Les soldats méprisaient et craignaient les généraux. Ils avaient une discipline *superficielle* qui a disparu à Sedan. Le mal a été s'aggravant. C'est ainsi que la démagogie, devenue soldatesque, a pu attirer à elle la soldatesque devenue démagogie.

Napoléon III, politique et général incapable, mais conspirateur émérite, s'est rendu compte des ravages opérés dans les grandes villes comme dans l'armée, par sa honteuse victoire de décembre et sa non moins honteuse défaite de Sedan. Il prétend bénéficier de son œuvre. Ne lui en voulons pas trop : c'est son droit, et même étant donnée sa mission providentielle, son devoir.

Or donc, Napoléon III, s'étant installé à Douvres, vient de faire, dans le journal qu'il rédige (car ce briseur de presses est journaliste), dans la *Situation*, de Londres, le manifeste dont le besoin se faisait sentir, sous ce titre : « Le parti de l'ordre. » Il débute ainsi : « La Providence est un grand justicier. »

Napoléon III lui-même doit en savoir quelque chose; car c'est *providentiellement*, j'imagine, qu'il a été conduit avec les siens, à Wilhelmshohe d'abord, puis à Douvres.

Le but réel de l'Empereur n'est pas, soyons véridiques, de rendre hommage à la Providence, mais bien de dénoncer une classe également maudite par les bonapartistes et par les démagogues, la bourgeoisie.

Que la bourgeoisie se tienne pour avertie. C'est Napoléon III qui le lui présage au nom de la Providence : « Comme le 2 décembre, sur les mêmes boulevards, elle sera décimée, non plus pour le salut de la société, mais pour la ruine de l'ordre, qu'elle-même a ébranlé. »

Comment la bougeoisie a-t-elle ruiné l'ordre ? Par son attitude au 4 septembre, « quand elle a laissé renverser le trône d'une femme. » Tel est l'avis de Napoléon III. Nous, au contraire, nous pensons que si la bourgeoisie court, avec tout le reste de la nation, quelque péril, c'est parce qu'elle a laissé faire le coup d'État.

« La bourgeoisie a tué l'autorité. » Sans doute, du moins pour sa faible part, puisque, pendant vingt ans, la bourgeoisie et la France entière se sont inclinées devant l'*autorité* usurpée et malsaine d'un aventurier bien servi. L'autorité étant le résultat du respect qu'on accorde à des lois respectables, nul n'a plus contribué à sa ruine que l'auteur des attentats de Strasbourg, de Boulogne et de Paris.

Ce Paris anarchique du 18 mars 1871, procédé en ligne directe du Paris terrorisé du 2 décembre 1851. Entre ces deux dates fatales, il y a une étroite connexité, que vous verriez vous-même si vous n'étiez intéressé à solder à Londres, comme vous le faisiez autrefois à Paris, des théoriciens forcenés.

On dit que Cromwell chassa le Long-Parlement avec ce cri terrible : « Disparaissez ! disparaissez tous ! »

Napoléon III tient le même langage à notre Assemblée nationale : « Qu'elle disparaisse dans le chaos ! » Son grand crime, aux yeux de Louis Bonaparte, c'est qu'elle est une assemblée *bourgeoise.* C'est aussi ce que lui reprochent MM. Assi et consorts. Concertez-vous, messieurs du bonapartisme et de l'*Internationale,* si vous avez tant de haines communes. Loin de vous imiter, c'est la conciliation des classes, et non l'extermination de l'une par l'autre, que nous voulons. Vous prétendez déchaîner la guerre civile : nous nous efforçons de l'éviter.

1er avril 1871.

VIII

LA POLITIQUE TIRÉE DE L'HISTOIRE

A PROPOS DE LA CRISE ACTUELLE

Lorsque, — durant le mémorable siége de Paris, — nous entreprîmes de donner pour fondement à la politique l'histoire étudiée avec sagacité et avec méthode, notre dessein rencontra beaucoup d'incrédules.

« C'est le hasard qui dirige les affaires humaines, disaient les gens du monde et les demi-savants. . Il n'y a rien à faire *dans cette partie.* Un peu d'habileté et beaucoup de bonheur : voilà à quoi se réduit l'œuvre des hommes d'État. »

Les hommes d'État, à leur tour, s'écriaient :

« Nous gouvernons la France, et nous ne savons même pas l'histoire de France. Nous n'en battrons pas moins la Prusse sur le terrain de la diplomatie et sur les champs de bataille. »

Les revers inouïs de la France et les succès prodigieux de la Prusse doivent, à cette heure, faire réfléchir les ci-devant hommes d'État; car la Prusse savait l'histoire de la Prusse et aussi l'histoire de la France, si inconnues des Français.

Quelque téméraire que nous fussions aux yeux de ceux qui risquaient sans sourciller l'avenir du pays, nous ne faisions que remettre en honneur la méthode de Machiavel. L'illustre Florentin, dans son *Discours sur la première décade de Tite-Live,* s'étonnait, trois siècles avant nous, de n'entendre jamais invoquer l'histoire « qu'il s'agit d'asseoir l'ordre dans une république, de maintenir les États, de gouverner les royaumes, de régler les armées, d'administrer la guerre ou de rendre la justice aux sujets. » Il en trouvait la cause « dans la faiblesse où *les vices de notre éducation actuelle* ont plongé le monde, dans les maux qu'a faits à tant d'États et de villes anciennes *une paresse orgueilleuse,* et dans l'ignorance du véritable esprit de l'histoire, qui nous empêche en la lisant d'en saisir le sens réel et de nourrir notre esprit de la substance qu'elle renferme. »

Quant à nous, nous avons rompu depuis longtemps avec la routine, et nous avons pu adopter une méthode politique nouvelle dont aucun de nos publicistes ne nous avait fourni les éléments.

Ayant eu, à propos d'un empereur du Bas-Empire, à étudier le régime byzantin, nous poussâmes si loin cette patiente analyse, que le gouvernement de Décembre n'eut bientôt pour nous, aucun secret. Dès lors, nous vîmes clairement et nous répétâmes en tous lieux que les Bonaparte nous conduiraient à une perte certaine. Nous décrivîmes, dans ses moindres détails, cette maladie de consomption sous laquelle la France s'affaissait.

De la critique, passons à la *pratique.* Machiavel se plaint amèrement « qu'on se borne au plaisir de voir passer les événements, *sans jamais songer à les imiter.* »

Certes, ce n'est pas nous qui conseillerons jamais d'abuser de l'imitation de l'histoire. L'imitation de l'Antiquité, quand la rhétorique s'en mêle comme dans nos collèges, est funeste. C'est à elle que nous devons tous les prétendus sauveurs de la convention qui, de nos jours encore, trouvent des admirateurs et des plagiaires. Les similitudes que l'on prétend découvrir ou créer entre diverses époques de l'histoire de France peuvent aussi engager les demi-savants dans une voie dangereuse.

Il n'en est pas moins vrai qu'un homme d'État français ne saurait trop étudier l'histoire en général, et l'histoire de France en particulier.

Nous donnerons immédiatement une preuve de cette assertion.

Tout le monde sait que, présentement, l'état de Paris, capitale de la France, est aussi anormal qu'inquiétant.

Eh bien, l'histoire nous apprend que ce n'est pas la première, mais, si nous ne nous trompons, la huitième fois que Paris est troublé et trouble la France et l'Europe par ses révolutions.

Ces révolutions sont, dans l'ordre chronologique :

1º Le mouvement communal de Paris (1356);

2º La guerre des Armagnacs et des Bourguignons (1415);

3º La Ligue (1588);

4º La Fronde (1648);

5º La Terreur (1793);

6º Le renversement de la légitimité (1830);

7º La chute du régime parlementaire (1848);

8º L'insurrection de Paris contre la France (1871).

Observons les rapprochements auxquels une étude attentive peut donner lieu, et suivons rigoureusement le système adopté par Machiavel.

I. *Causes.* — En ce qui concerne les causes extérieures et intérieures, la Révolution parisienne de 1870-1871 se rapproche surtout des révolutions parisiennes de 1356 et de 1415.

Dans les trois cas, en effet, nous voyons d'épouvantables désastres dus à une mauvaise administration et à l'incapacité militaire. Louis Bonaparte et Léon Gambetta nous ont laissé évidemment dans une situation identique à celle que Jean-le-Bon et Charles-l'Insensé avaient créées. Sedan (1870) et Belfort (1871) font pendant à Poitiers (1356) et à Azincourt (1415).

Le traité de Brétigny (1360) a son analogue dans le le traité de Versailles (1871). Mais, comme aujourd'hui, Paris échappa à l'occupation ennemie. Puis il subit l'occupation ennemie, après le traité de Troyes (1420). Il en sera de même dans peu de jours, infailliblement, si une prompte réconciliation de Paris et de la France n'écarte pas d'une manière définitive nos vainqueurs, qui déjà s'apprêtent à intervenir.

II. *Physionomie générale.* — Au point de vue de la physionomie générale, c'est surtout de la Ligue que se rapproche la Fédération de la garde nationale. En 1871, comme en 1588, un hardi coup de main accompli par un pouvoir occulte est parvenu à jeter hors de Paris le Gouvernement légitime. L'Assemblée nationale est exactement dans la même situation, depuis son établissement à Versailles, que le roi de France après sa retraite à Blois.

III. *Moyens employés.* — Les moyens que le Comité

central de 1871 voudrait employer sont ceux qui, en 1793, ont rendu si tristement célèbres les Marat, les Robespierre, etc.

C'est la *Terreur* qui est l'idéal de MM. Assi et consorts.

IV. *But.* — Le but réel des meneurs, dissimulé successivement derrière ces cris :

Le 15 juillet : *A Berlin!*

Le 4 septembre : *Vive Trochu!*

Le 27 septembre : *Guerre à outrance!*

Le 31 octobre : *Commune!*

Le 22 janvier : *Trahison!*

Le 26 février : *Vengeance!*

Le 3 mars : *Fédération!*

Le 19 mars : *Comité central!*

Le but réel, dis-je, des meneurs était celui de juin 1848 : *Socialisme.* Que de détours pour arriver à un but inavouable! Pour nous, habitués à calculer la *courbe* des passions et des événements qu'elles engendrent, nous n'avons jamais, comme la plupart des journalistes, naïfs hier, aujourd'hui ahuris, proféré un seul de ces cris [1].

—

1. C'est la vue très-nette de ce qui *pourrait* arriver, si on manquait d'habileté, qui nous faisait écrire, dans notre brochure sur *l'Europe, la France, et les Bonaparte,* à propos des manifestations tumultueuses : « Quels étaient les héros qui vociféraient ainsi ? Des batailleurs effrénés ? Nullement, c'étaient les partisans de la

V. *Puissance d'expansion.* — Paris cerné par la Prusse, cerné par la France, ne peut révolutionner la France qu'au moyen de la Prusse, qui lui ferait expier bien chèrement sa perfide protection! Paris s'est donné en 1871 le plaisir de méconnaître les élus de la nation, comme il l'avait fait déjà en 1848 (au nom du suffrage universel), en 1870 (à cause de leur indignité). — Il ne peut rien contre l'Assemblée nationale, tant qu'elle se tient à une distance respectueuse de l'Hôtel-de-Ville.

VI. *Fin probable.* — Il est probable que ce mouvement, qui a commencé comme la Fronde (les traîneurs de canons), qui s'est développé comme la guerre des Armagnacs et des Bourguignons, se terminera comme Fronde, par la réintégration des pouvoirs légaux. Seulement après la Fronde, on avait eu la monarchie absolue; après le Comité central, on aura la République parlementaire.

On le voit des huit révolutions parisiennes dont nous avons fait l'énumération, il n'y en a qu'une qui n'offre avec la révolution présente aucun trait de ressemblance : c'est celle de 1830. La presse qui a fait la Révolution de 1830 a eu horreur de la Révolution de 1871. Cette répulsion est significative.

Commune qui, pour renverser le Gouvernement, trouvaient politique de l'accuser de faiblesse et même de trahison. Or, *la Commune* n'aurait pas eu même de prétexte, si on eût procédé le 4 septembre) à l'élection *d'une municipalité.* •

Nous nous contentons aujourd'hui d'une simple indication. Depuis longtemps, nous étudions la maladie à laquelle Paris est en proie. Nous avons appelé cette maladie *l'ataxie*. Les symptômes en sont graves, sinon effrayants. Elle peut avoir une terminaison fatale; elle ne saurait être longue : les émotions de toutes sortes que nous subissons depuis huit mois ne lui permettraient pas de durer.

Il n'est point de maladie qui n'ait un remède souverain, si ce remède est appliqué en temps utile. Qu'on le cherche. Qu'on se dise, par exemple : « A l'époque des Armagnacs, de la Fronde, de la Terreur, etc., les événements ne prirent une tournure funeste que parce que l'on ne sut pas s'aviser de tel ou tel dérivatif. Soyons plus habiles : nous serons plus heureux. »

Quel dérivatif pouvait-on donner à la crise actuelle avant qu'elle eût atteint sa période aiguë ? nous l'avions indiqué en temps et lieu. Maintenant que la période aiguë a commencé, nous vous dirons ce qu'il faut faire pour éviter la mort.

25 mars 1871.

IX

LE REMÈDE — PAS DE SOLUTION PRUSSIENNE!

Réduite à l'imitation intelligente de l'histoire, la méthode politique préconisée par Machiavel serait encore bien imparfaite, si elle ne s'appuyait, dans certains cas, sur la psychologie et la physiologie.

Prétendre appliquer la psychologie et la physiologie à l'étude de l'histoire et de la politique, est une entreprise qui faisait sourire naguère nos philosophes et nos médecins. N'en soyons pas surpris. Nos philosophes, tout entiers à leur tâche de vulgarisateurs, ignorent le précieux trésor dont ils sont les détenteurs, et nos médecins, bien plus profonds à coup sûr, ont une sphère d'action qui n'excède pas encore les limites d'une ambulance ou d'un hospice d'aliénés.

Nous aurions voulu, en histoire et en politique, contribuer à opérer la révolution que Sainte-Beuve avait accomplie avec tant de succès dans la critique.

L'*Histoire de l'empereur Héraclius et de l'empire byzantin au VIIe siècle* n'avait pas d'autre but.

Des hommes de mérite, voués à l'érudition *en vue d'elle-*

même ne comprirent pas cette érudition *en vue de la science politique.*

Nous n'en suivîmes qu'avec plus de détermination la voie où nous nous étions engagés. C'est ainsi que nous nous trouvâmes suffisamment préparés lorsque commença la crise nationale que nous traversons.

Nous ne rappellerons pas ici les conseils que nous avons donnés en temps utile, à chaque nouvelle phase du siége de Paris, conseils méconnus sans cesse, parce que personne, dans le Gouvernement et hors du Gouvernement, ne possédait les vrais éléments de la science politique.

Quand la capitulation de Paris termina brusquement une guerre qui avait duré, contre toute raison, un semestre, nous nous posâmes cette grave question : « Quelle sera la conséquence de cette terminaison si tardive, mais néanmoins si imprévue pour la foule ? »

Nous vîmes qu'il y avait là un grand problème.

Voici quels étaient les éléments qui se trouvaient en présence :

1º A Paris et dans les grandes villes, deux classes qui ont eu jusqu'ici le tort de se traiter réciproquement en ennemies : les bourgeois empressés de revenir à leurs anciennes habitudes, et les ouvriers ne sachant comment abandonner leurs nouvelles habitudes; les premiers *absents*, ou désarmés, ou frappés *d'ataxie;* les autres désenchantés, surexcités par la défaite même, besogneux et défiants.

2° Dans les campagnes, des propriétaires, des paysans ahuris, ayant cru, lors du dernier plébiscite, *semer la paix* et ayant effectivement *récolté la guerre*, saisis à la gorge comme par un recors et entraînés malgré eux sur les champs de bataille, — toujours d'accord néanmoins, parce que si les propriétaires répètent que l'on ne doit pas *s'occuper de politique,* les paysans ne savent même pas ce que c'est que la politique.

3° Dans les campagnes comme aux portes de nos grandes villes, les armées allemandes.

Les élections pour l'Assemblée nationale eurent lieu. Nous vîmes aussitôt que Paris ne pardonnerait pas au Gouvernement de la Défense nationale de s'être laissé battre, et que la province ne pardonnerait pas à Paris d'avoir provoqué la lutte à outrance. De cette double disposition d'esprit, il résulta que Paris fit des choix révolutionnaires, et que la province fit, au contraire, des choix réactionnaires. L'antipathie qu'elles éprouvaient l'une pour l'autre redoubla. Tout ce que nous avions prévu de longue date se réalisait [1].

L'Assemblée nationale, qui était, considérée dans son ensemble, le produit d'une réaction fatale, se réunit à

---

1. Voir plus haut le chapitre intitulé : *Sauvons l'unité française et la République.*

Bordeaux avec la détermination bien arrêtée : 1o de conclure la paix ; 2o de rétablir la monarchie.

Elle avait cent fois raison de vouloir, malgré Paris, couper court à la guerre ; elle avait cent fois tort de vouloir, malgré Paris, *éluder* la République. En effet, notre fureur belliqueuse était, comme on peut bien le voir, un phénomène aussi accidentel que transitoire, tandis que notre attachement à la République était profondément ancré. Résignés pour la plupart à la paix, nous ne doutions pas que le régime républicain ne dût être la récompense de nos grandes souffrances et de nos immenses sacrifices.

Tant que l'Assemblée nationale ne s'occupa que du rétablissement de la paix, personne ne contesta son autorité. Elle-même se conduisit avec un grand bon sens et un grand patriotisme.

Mais une fois le traité de Versailles ratifié, de sa première préoccupation : la *paix*, elle passa à la seconde : la *monarchie*. Elle commit alors fautes sur fautes, et on lui dit qu'elle ne pouvait pas être constituante. Nous prévoyions et nous voulions empêcher la grande crise dont nous sommes les témoins, lorsque, le 21 février, nous disions : *Plus de partis politiques en France! Rallions-nous à la République; —* lorsque, le 6 mars, nous restions fidèles à *Paris capitale; —* losque enfin, le 13 mars, en face de la révolution qui s'agitait, nous dénoncions le *jeu de la réaction.*

15.

L'Assemblée avait, durant les négociations, accordé pleine confiance à M. Thiers, qui, avant les hostilités, avait prévu tous nos désastres; à M. Ernest Picard, qui avait conseillé d'une manière si opportune la paix après Sedan et après Metz; enfin à M. Jules Favre, qui avait ménagé un armistice salutaire.

Mais elle ne tarda pas à s'impatienter quand elle vit M. Thiers par expérience, M. Ernest Picard par un parfait bon sens, M. Jules Favre par une inébranlable conviction, décidés à maintenir la République. Le pouvoir exécutif, qui ne voulait à aucun prix entendre parler de *décapitalisation*, avait *in extremis* consenti à priver le Palais-Bourbon *de ses hôtes de rigueur*. Il accorda aussi à grand'peine à *ses maîtres* le renouvellement de l'état de siége, la suppression de certains journaux, et une action vigoureuse et prompte contre Montmartre.

Certes, on ne saurait lui reprocher d'avoir installé l'Assemblée à Versailles, puisqu'il n'était pas assez fort dans Paris pour la soustraire à un attentat. Mais il a montré une grande irréflexion quand il a voulu de haute lutte supprimer *l'insurrection passive*.

Il y a deux jours, sous ce titre : *Aujourd'hui et demain*, nous avons énuméré les raisons qui devaient empêcher le succès d'un coup de main *légal* mais inopportun. Nous ne reviendrons pas sur ce sujet.

On a dit que l'Assemblée et le pouvoir exécutif se seraient déshonorés s'ils avaient traité *la maladie de Paris* par la douceur. C'est là une fausse manière de raisonner. En effet, les médecins mettent leur point d'honneur non pas à employer des remèdes violents, mais à guérir ceux qu'ils sont chargés de soigner. Les hommes d'État, qui sont des médecins politiques, doivent à tout prix éviter la méthode de Strafford, qui prétendait « faire rentrer à coups de fouet ses adversaires dans le bons sens. »

L'Assemblée, depuis la retraite du Gouvernement à Versailles, s'est encore méprise plus d'une fois. Le dédain avec lequel elle a accueilli *les cris de Vive la République !* pouvait avoir les mêmes conséquences que le fameux banquet des gardes du corps. Elle n'a pas su trancher avec décision la grande question pendante, celle de l'organisation de Paris.

Nous adressant au pouvoir légitime de Versailles et au pouvoir usurpateur de Paris, nous leur dirons : Laissez là vos rancunes mesquines. N'oubliez pas qu'au milieu du conflit entre la France et sa capitale, l'arbitre, que dis-je? le maître serait fatalement l'empereur d'Allemagne, si un accord raisonnable et rapide n'éloignait pas un danger de plus en plus menaçant. Le Comité central n'a pas qualité pour imposer des *conditions* à la France ni même à Paris. Mais l'Assemblée est mise en demeure par les circonstances de faire les concessions que l'intérêt général réclame. Qu'elle accorde à Paris une municipalité investie d'attributions larges, mais nettement définies; une constitution de la garde nationale qui, sans mettre les pouvoirs de l'État à la merci de *quiconque saurait forcer les portes de l'Hôtel-de-Ville,* assure la liberté et la dignité des citoyens. Que le maintien provisoire de la solde, la prorogation des échéances, la diminution notable des loyers, prépare, au lieu de l'entraver, la *reprise du travail.* Que les élections soient fixées à une date qui, sans concorder avec celle du Comité central, se trouve néanmoins très-rapprochée.

Qu'on agisse! La Prusse, qui avait fini par reconnaître la République et l'indépendance française, peut céder à une inquiétude réelle ou à un calcul machiavélique. Cette France, déjà démembrée, devenue bientôt insolvable, elle peut vouloir la garder tout entière. Le moment est venu de redire avec gravité ces mots forcenés : « *Catilina est aux portes de Rome, et l'on délibère!* » et de lancer, avec une variante terrible, la fameuse apostrophe de Mirabeau ? « La Prusse est là; elle menace de consumer vous, vos propriétés, votre honneur : et vous délibérez! »

26 mars 1871.

X

LE VRAI SENS DE LA RÉVOLUTION DE 1789.

Composés d'hommes politiques éminents, grâce à une véritable sélection sociale ; saisis de questions pressantes, mais longuement étudiées, les États-Généraux transformés en Assemblée constituante avaient accompli à Versailles, pour le compte de toute la France, une révolution qui aurait pu être aussi féconde qu'elle était nécessaire. Par l'abolition des priviléges, des coutumes, des corporations, des corvées, ils affranchirent non-seulement la bourgeoisie, comme le répètent aujourd'hui les démagogues, mais encore les ouvriers et les paysans. Le grand principe moderne fut posé : l'égalité. Mais il aurait fallu lui donner un sens.

Malheureusement, excité par des novateurs fanatiques, le peuple, surtout à Paris, se mit à jouer, dans les rues, un drame sanglant. Il crut follement que les journées du 20 juin, du 10 août, du 2 septembre, du 21 janvier, du 31 mai, etc., le conduisaient à l'égalité. L'idée de niveler les classes sous la hache du bourreau trouva de nombreux partisans. Mais le but ne fut pas atteint. On ne réussit qu'à immoler, immédiatement après le roi et les seigneurs, les auteurs de la Révolution, qui seuls auraient pu en maintenir et en développer les résultats : les Malesherbes, les Bailly, les Vergniaud, etc. On alla jusqu'à sacrifier l'élite des savants et des littérateurs : Lavoisier, André Chénier, etc.

La réforme politique et sociale fut noyée dans le sang. A l'issue de la Terreur, il n'y eut plus qu'un seul régime durable, le despotisme. On continua de parler avec emphase de la Révolution de 1789; on eut même la prétention d'affranchir les nations de l'Europe du joug qui pesaient sur elles.

Cette Révolution nouvelle dont se chargea Napoléon Bonaparte n'eut pas, même un seul jour, le sens commun. Des serfs, *forcés ou volontaires*, entreprenant de délivrer le genre humain par le massacre du genre humain : quoi de plus absurde et de plus navrant? Ainsi comprise, la *révolution* devait provoquer la *réaction*, non-seulement en France, mais en Europe. Il nous fut dès lors impossible de nous retrouver nous-mêmes. Nous devînmes parlementaires, non pas par choix, mais par impuissance, par *anémie*. Toutes les fois que nous nous sentîmes *rétablis* ou convalescents, nous eûmes hâte de recommencer notre tragique histoire. Il suffit de rappeler ces dates funèbres : 1815, 1848, 1870. Nous perdîmes complétement de vue le *développement régulier de nos ressources matérielles intellectuelles et morales*, que l'égalité bien entendue nous eût assuré.

Quelle est donc cette égalité qui n'a été encore ni appliquée ni même définie? Est-ce l'égalité devant la loi? Il y a longtemps qu'on ne s'en occupe plus, tellement elle est passée dans nos mœurs.

Est-ce l'égalité en dehors de la loi? Évidemment non, car nos révolutionnaires modernes, qui bouleversent à leur gré la loi, prétendent que l'on se conforme à celle qu'ils décrètent illégalement.

Est-ce l'égalité du savant et de l'ignorant, de l'oisif et du travailleur? C'est là, en effet, l'égalité à laquelle, à travers des chemins tortueux, tendent les communistes. Mais ce n'est pas là *notre* égalité, celle qu'impliquait la Révolution de 1789.

La véritable égalité, c'est celle qui, après avoir, dans la nuit du 4 août, supprimé tous les avantages et toutes les infériorités qu'entraînait une noble ou une basse extraction, assurerait à l'universalité des citoyens le bénéfice d'*une instruction complète.*

Ainsi comprise, l'Égalité *mettrait en valeur* tous les individus, les forcerait à produire, au profit de l'État comme à leur profit personnel, l'œuvre dont ils sont capables. Avec cette égalité, point de *déclassés*, mais un *classement* rigoureux d'après l'intelligence et l'activité de chacun.

On aura beau dire : Substituons le prolétariat aux lieu et place de la bourgeoisie. C'est en vain que vous voudriez transformer, par le fait d'un coup de main victorieux ou d'un acte illégal, un maçon en professeur de belles-lettres, un paysan en magistrat. Mais vous pouvez, si vous êtes vous-même assez instruit et assez dévoué, *élever* l'ouvrier et le paysan, ou les fils du paysan et de l'ouvrier, au-dessus de leur sphère primitive. Si cette *émulation* se généralise, il en résultera, en vertu d'une loi économique bie n connue, une *libre concurrence*. Il y aura, à chaque nouvelle génération, un *va et vient* continu de *bas en haut* et de *haut en bas*. Les capacités, en quelque lieu que la nature les ait placées, se *développeront* et perceront. *Su-*

peras evadere ad auras. C'est ce que nous avons appelé la sélection sociale par la science.

Que nous sommes loin de la routine! En dehors de quelques esprits supérieurs auxquels on fera, à moins d'une subite illumination, la part la plus petite possible dans l'État, nous ne voyons que des partis inégalement violents, mais également arriérés :

1° Les réactionnaires, vulgairement appelés *cléricaux,* qui voudraient rasseoir l'Europe sur ses anciennes bases : papauté, église, droit divin, priviléges, etc. Ils n'oublient qu'une chose : à savoir que le *monde marche,* et que les morts eux-mêmes vont vite.

2° Les conservateurs, qui, en France, ne savent en réalité rien conserver, qui n'ont pas su empêcher la guerre, conclure la paix à temps, être présents au moment critique, et faire signifier à la République *quelque chose.*

3° Les jacobins, qui croient que la force brutale résout les problèmes politiques, et dont le premier dogme est que, pour arriver à leurs fins, ils ne doivent garder *ni foi, ni loi, ni raison.*

4° Les socialistes, qui supposent résolu ce qui est précisément en question, cette égalité que nous définissions tout à l'heure.

5° Les humanitaires, dont la vague sentimentalisme ou la rhétorique forcenée déclame toujours et jamais ne raisonne:

Les réactionnaires et les conservateurs n'ont pas les mémes tendances, mais ils s'unissent quand les jacobins et les socialistes, qui n'ont pas les mêmes aspirations, sont déjà coalisés. Les humanitaires servent, suivant les circonstances, d'appoint aux uns ou aux autres.

Au point de vue de l'éducation et de l'esprit, les réactionnaires, les jacobins, les socialistes, les humanitaires, sont *plus distingués* que les conservateurs. Ils ont à leur service des théories essentiellement fausses, mais fortement conçues et enchaînées. Mais les conservateurs ont au moins pour eux une certaine dose de bon sens. « Le bon sens, disait Descartes, est la chose du monde la mieux partagée. » Cela n'est plus vrai dans la France du xix° siècle.

Quant à nous, nous le déclarons hautement, nous ne sommes ni réactionnaire, ni conservateur, ni humanitaire, ni jacobin, ni socialiste. Si nous appartenions à l'un de ces partis, nous *irions à l'école*. Nous n'hésitons pas, après l'explication préalable, à nous déclarer *égalisateurs*. Nous voulons l'égalité devant l'instruction et devant la science, c'est-à-dire que nous demandons purement et simplement l'application du grand principe posé par la Constituante.

30 mars 1871.

XI

AUJOURD'HUI ET DEMAIN

Nous n'avons jusqu'ici rencontré personne qui ait compris le moins du monde l'étrange spectacle que nous avons sous les yeux.

C'est que pour comprendre ce spectacle, il faudrait être à la fois un historien, un physiologiste et un psychologue profond.

On ne s'est pas rendu compte de l'énervement physique et moral qui devait nécessairement suivre l'épreuve horrible que nous venons de subir.

Nos politiques, soit qu'ils aient assisté au siége de Paris, soit qu'ils le connaissent par ouï-dire, auraient pu, sans être des psychologues ni des physiologistes, mais à la condition d'être historiens, prévoir, préparer ou prévenir les événements.

Nous avions réfléchi depuis longtemps déjà sur la crise politique et sociale désignée, dans nos annales, sous le nom de *guerre des Armagnacs et des Bourguignons.* On le sait : la bataille d'Azincourt venait d'être livrée. Les Anglais victorieux étaient maîtres de Rouen et s'avançaient vers Paris. Les dissensions civiles n'en suivaient pas moins leur cours. De hardis coups de main jetaient tour à tour hors des murs ou ramenaient dans la capitale et les Bourguignons et les Armagnacs.

Tout était possible en France alors comme aujourd'hui. A la tête de la Commune, le bourreau Capeluche remplaçait le boucher Caboche. Le tiers-état, mécontent d'un gouvernement qui avait subi une défaite honteuse et qui s'apprêtait à signer une paix nécessaire, laissait passer avec une égale indifférence *la justice du roi* et *la justice du peuple*. *Le Bourgeois de Paris*, chroniqueur bien connu, retraçant une *émotion*, ou, pour nous servir de son expression, une *alarme* comparable à celle dont nous sommes les témoins ahuris, s'écrie : « Et n'estoit homme nul qui, en celte nuyt ou jour, eust osé parler de raison ou de justice, ne demander où elle estoit enfermée. »

Nous voudrions indiquer d'une manière aussi succincte que précise : 1° ce qui a rendu possible la révolution éphémère du 18 mars; 2° ce qu'est le Gouvernement non moins éphémère de l'Hôtel-de-Ville; 3° ce que sera définitivement, à l'issue de la crise que nous traversons, le Gouvernement que l'Assemblée a donné à la France.

I. Les causes qui ont provoqué la révolution éphémère du 18 mars sont les suivantes :

1° L'*ataxie* où nous a plongés un siége long, pénible et malheureux ;

2° Le ressentiment de la défaite ;

3° La difficulté d'une reprise générale du travail, étant données les habitudes nouvelles contractées, la fatigue nerveuse et l'abattement des âmes;

4° La grave question des échéances, qui, en menaçant l'immense majorité des citoyens d'une ruine immédiate, les désintéressait, pour ainsi dire, du maintien de *l'ordre dont ils n'avaient que faire*;

5° *L'ajournement de la République*;

6° *La décapitalisation*;

7° L'emploi que l'on a fait à la légère des moyens.énergiques contre ce que nous avons appelé *l'insurrection passive de Montmartre*, lorsqu'on avait à sa disposition un remède lent mais infaillible, le seul que nous ayons conseillé d'employer, *la lassitude*.

Obéissant aux inspirations de l'Assemblée nationale, très-patriotique, à coup sûr, mais mal renseignée sur l'état de Paris, le Pouvoir exécutif a voulu procéder au rétablissement de l'ordre avec une armée démoralisée, sans avoir groupé préalablement autour de lui la garde nationale, composée en majorité d'hommes d'ordre et de sens, mais qui, à ce moment même, se reposait *intra muros* ou *extra muros*.

On le voit, l'insurrection du 18 mars s'est accomplie dans les mêmes conditions que le scrutin du 8 février. La plaie s'étant aggravée en quarante jours, on a eu, au lieu d'un simple vote de défiance, une protestation armée.

Triste et bien condamnable protestation, à coup sûr, et

qui, comme la Fronde contre Mazarin, se terminera par la réintégration *sans conditions* (mais non sans concessions) de l'autorité légitime.

Trois cents entrepreneurs de la misère publique ont réussi à ameuter trois cent mille ignorants en leur répétant cette devise magique :

« Revanche! Droit à la solde! Commune! République sociale en France et dans l'univers. »

Mais le vigintivirat, qui n'est pas sans se rendre compte de la situation, s'est trouvé bien vite embarrassé de sa victoire. Bien qu'il fût installé à l'Hôtel-de-Ville, les Prussiens n'en étaient pas moins aux portes de la capitale, maîtres d'une partie de nos forts et de toutes nos routes : la *revanche* n'avait donc aucun sens.

Il en était de même du *droit à la solde,* puisque les caisses étaient à peu près vides.

Il en était de même de la République *sociale* en France et dans tout l'univers, car la France, qui pense tout autrement, mettait Paris *en quarantaine,* refusant de correspondre avec lui, *même par le télégraphe.*

Quant à l'univers, ou, si l'on veut être tant soit peu modeste, à l'Europe, l'Europe a montré depuis longtemps que le sort de la France impériale, monarchique ou républicaine, lui était assez indifférent. Mais restait la *Commune.* Voilà pourquoi MM. Assi et consorts sont venus nous dire, à la stupéfaction de leurs adhérents : Nous ne ferons la guerre ni à la Prusse ni à la France. Nous n'imposerons la République *sociale* ni à la France ni à l'Europe. *Nous ne pille-rons* point Paris. Tout au plus ferons-nous des réquisitions; car il faut que le peuple vive, même quand, par notre faute, il ne travaille pas. Paris sera une commune indépendante, une ville libre, étrangère à la France, au milieu de laquelle je ne sais quel sot hasard l'a placée. En cela, elle n'aura les avantages ni de Hambourg, ni de Brême, ni de Lubeck. Elle aura plutôt les inconvénients de Francfort que la Prusse vient d'englober. Mais qu'importe! Si notre projet se réalise, Paris se dépeuplera infailliblement, et nos boulevards pourront devenir des champs de culture. Votre bonheur, dans tous les cas, sera sans égal, car vous aurez pour dictateurs les chefs de l'Internationale, Assi et consorts! »

Vraiment, il ne valait pas la peine de faire tant de bruit pour si peu de chose! Nous craignons qu'un si mince profit ne paraisse, même aux plus fervents, trop chèrement acheté au prix de l'assassinat de ce républicain intègre qui fut par deux fois commandant supérieur de la garde nationale. La mort de Clément Thomas, nous ne cesserons de le répéter, même sous la menace de ses assassins, est comparable à celle de l'amiral Coligny. Elle eût pu être le prélude d'une Saint-Barthélemy de la démagogie, si l'*ataxie*, à défaut de bon sens public, ne s'y fût opposée.

Le comité de la Fédération, qui siége à l'Hôtel-de-Ville, n'existe pas et n'a jamais existé pour nous. Nous appelons de tous nos vœux le retour du Gouvernement de l'Assemblée nationale. Il n'a pas chancelé un seul instant en France. Le supposant rétabli, même à Paris, nous lui dirons : Nous vous avons signalé avec autant d'impartialité que de déférence les fautes commises. Nous vous tracions, il y a un mois, une nouvelle théorie politique que vous avez trouvée trop savante, et qui concluait ainsi : « Les partis disparaîtront, ou la France disparaîtra. » Vous ne nous avez pas écoutés alors, car vous conserviez encore des arrière-pensées de restauration monarchique. Aujourd'hui, la vérité politique éclate à tous les yeux. Vous comprenez qu'entre les grandes villes trop révolutionnaires et les campagnes trop réactionnaires, il n'y a plus qu'un lien possible : la République. La République, pour les hommes d'affaires, sera une *cote mal taillée*. Pour la plupart de nos représentants, la République sera un *mariage de raison*. Or, la raison, qu'on ne l'oublie pas, est de mise partout, même dans le mariage. Tirons la leçon des événements. Un simple signe de vie donné par l'orléanisme a mis le socialisme en branle.

Nous ne voulons ni de l'un ni de l'autre. Nous repoussons tout, sauf la République modérée et parlementaire, qui n'est pas un parti, *mais une solution impliquée par les données de la situation.*

Nous disons République parlementaire, qu'on l'entende bien, et non République *sociale* ou République *cléricale*. Nous demandons la République telle que la comprennent ceux qui veulent, outre le respect de tous les droits, la libre discussion des idées, un contrôle rigoureux des affaires de l'État et la diffusion des lumières.

Nous dirons plus particulièrement au pouvoir exécutif : « Vous hésitiez à faire des réformes administratives *sérieuses*, et l'on pouvait croire que les vieux errements *du Consulat et de l'Empire* auraient vos préférences. Surtout vous vous attardiez aux questions de personnes. La vieille tactique parlementaire, avec son éternel balancement de partis disposant chacun d'un personnel complet, troublait un peu votre admirable sens pratique.

» Avocats, vous ne vouliez guère vous entourer que d'avocats. Hommes d'État, il vous fallait un cortége d'hommes d'État *héréditaires*. Des amitiés anciennes ou récentes vous semblaient le plus solide fondement de votre édifice politique. Quant aux *pures capacités*, on pouvait croire que vous vous contenteriez de leur donner, de temps à autre, en tapinois, des audiences secrètes, ou que vous leur réserveriez les emplois subalternes et les sinécures. Vos illusions sont, je l'espère, dissipées. Aussitôt le calme rétabli, vous réunirez autour de vous une élite digne de vous seconder.

» Vous lui donnerez voix au chapitre. Ce n'est pas avec vous (car vous n'avez jamais été hérétiques à ce point) que nous verrions, comme sous le bonapartisme et sous la démagogie, l'incapacité native ou héréditaire mise en demeure de sauver l'État. Mais, perfectionnant votre méthode, déjà excellente, vous nous donnerez, à côté de la représentation populaire, ce que nous avons appelé déjà la sélection politique par la science. Le savoir et le sens politique, voilà ce que vous demanderez désormais uniquement à vos collaborateurs. »

23 mars 1871.

13.

CONCLUSION

Pour tout esprit qui sait réfléchir, la guerre et la
Commune se présentent comme deux ordres de faits en-
chaînés l'un à l'autre. A chaque acte du drame militaire
correspond, par une série de contre-coups, un progrès de
plus en plus marqué de la propagande et de l'action démagogiques. Sadowa avait déterminé une recrudescence de
passions radicales qu'on peut suivre à la piste, dans la
presse, dans les clubs, et dans les manifestations populaires, durant les années écoulées de 1867 à 1870.
Reichshoffen (6 août 1870) avait déraciné l'autorité impériale. Sedan la renversa (4 septembre 1870).— Jusqu'alors
on était resté honnête. — La capitulation de Metz amena
à la surface tous les éléments impurs (31 octobre 1870).
Le gouvernement ayant concédé aux émeutiers la continuation de la guerre, nécessaire à leurs secrets desseins,
on eut un répit jusqu'aux désastres suprêmes (22 janvier

1871). — Le bombardement, la famine, la promenade triomphale des Prussiens à travers les Champs-Élysées, la *décapitalisation* de Paris, les menaces de l'Assemblée à l'adresse de la République, le départ en masse des Parisiens paisibles coïncidant avec l'irruption dans la capitale d'aventuriers et de bandes cosmopolites, toutes ces causes, issues elles-mêmes d'une autre cause générale qui les contenait toutes en principe : *la continuation de la guerre* furent enfin assez puissantes pour donner la vie au fantôme de la Commune. Le 18 mars (1871) fut comme le confluent où tout ce qui précédait vint aboutir.

On aurait pu diviser et mener perdre ce courant bourbeux et torrentiel. Il fallait, avant tout, prévenir la coalition des malades et des scélérats. Le problème, de politique dans la première période, était devenu purement psychologique. Mais à de faibles politiques pouvait-on demander d'être des psychologues ? — Tout l'effort de l'autorité gouvernementale sembla se borner à marquer, pour ainsi dire, sur le cadran, le jour et l'heure de la catastrophe. On lui doit la date du 18 mars.

Dans la première phase des événements, quand le problème était surtout politique, nous avons soutenu la nécessité, au 4 septembre, de convoquer une Assemblée et d'engager immédiatement des négociations directes avec l'Allemagne, — au 31 octobre, d'accepter l'armistice que conseillait M. Thiers. On aurait ainsi coupé le mal à sa racine. La plupart des griefs populaires contre le gouver-

nement et contre la société eussent été évités en principe
ou singulièrement atténués (démembrement, tribut, souffrances, exaspération des esprits, etc.)

Dans la seconde phase, ces griefs ayant été non-
seulement provoqués, mais laissés libres de produire leurs
dernières conséquences, nous avons pensé qu'en présence
d'un état pathologique du cerveau populaire, il fallait user
de précautions et de ménagements. Nous ne poussions pas
la naïveté jusqu'à croire qu'une pareille situation pouvait
se trancher par un heureux coup de main, et que les dispositions d'une immense multitude d'hommes allaient
changer en vingt-quatre heures. Une maladie mentale
comme celle qui régnait alors dans Paris exigeait un traitement mi-parti d'habileté et de douceur. La force brutale,
impuissante comme on ne l'a que trop vu le 18 mars 1871,
a, sans doute, pris plus tard sa revanche (fin mai 1871) :
mais à quel prix? Et qui oserait dire qu'elle a, pour toujours, coupé la racine du mal?

Démembrement du territoire, épuisement du Trésor
public, ressentiments populaires, voilà les résultats de la
politique qu'on a cru devoir suivre dans ces deux périodes.

Aujourd'hui, il ne faudrait pas croire, parce que toutes
les fautes ont été commises, qu'il n'y ait plus de difficultés à résoudre. — Le patriotisme de M. Thiers nous a
rendu un nouveau champ d'opérations où nous pouvons
conduire bien ou mal nos affaires diminuées. Sans doute,

le but de nos efforts devra être de recouvrer un jour l'intégrité de notre territoire, comme de nos facultés. Mais, avant d'y parvenir, nous serons longtemps encore placés en face d'un problème plus pressant à résoudre : « éviter une rechute avec ses suites : nouveau démembrement, nouvelle Commune, et, finalement, vassalité, tribut, etc... »

Une telle situation commande une ligne de conduite.

Il y a une méthode à suivre, que nous résumons ainsi :

1º Comme il n'y a de solutions efficaces, en politique, que celles qui sont implicitement contenues dans les éléments mêmes des questions à résoudre, ce sont ces éléments, c'est-à-dire toutes les faces de la réalité dans son *devenir* perpétuel et multiple [1] qui doivent être pour nos hommes de gouvernement l'objet d'une étude, d'une in-

1. M. Virchow disait récemment : « La pensée que l'univers entier est en état de développement est une idée toute allemande. » *L'idée évolutionniste* (genetische Gedanke) peut, croyons-nous, être appliquée à la politique. — Qu'il nous soit permis, à ce sujet, de rappeler la tentative récente que nous avons faite dans ce sens : *L'Aristocratie romaine et le Concile* (Paris 1870, Thorin éditeur). Nous remercions M. Philarète Chasles de l'accueil chaleureux qu'il fit à cet essai dans une de ses leçons au collège de France (24 janvier 1870); M. Ernest Havet, de sa bienveillante adhésion; M. de Rozière, membre de l'Institut, de sa critique et de sa contradiction si élevées (*Revue de législation*, mai-juin 1870). M. Erdan, dans sa correspondance au journal le *Temps*, a cru voir dans cet ouvrage la main d'un ecclésiastique, sans doute parce que nos informations sur l'église étaient exactes.

vestigation sans fin ni trève. Le véritable homme d'Etat n'a pas son siége fait d'avance. Son esprit est à la discrétion de la vérité, qui est elle-même. en mouvement. Tout serait à craindre si quelque chose dominait en lui le besoin scientifique de connaitre la réalité, toute la réalité.

La première obligation d'un gouvernement sérieux est donc d'instituer une immense enquête de tous les jours et de tous les instants, et d'en confier la direction, dans chaque branche et dans chaque spécialité, à des intelligences compétentes, ayant, autant que possible, démontré cette compétence par leurs œuvres. — Ce travail doit être poursuivi, en France, dans chaque département ; hors de France, dans tous les centres importants. Pour centraliser et coordonner les résultats de cette enquête sans cesse tenue au courant, il faut des hommes capables de voir et de comprendre. Rompons avec les politiques purement déclamateurs et avec les politiques purement érudits. Les premiers ont infesté la France d'idées générales fausses. — C'est là l'ivraie qui nous étouffe. — Les autres n'ont aucune idée, et ne saisissent pas les rapports des choses. — C'est de la véritable érudition mise en valeur que résulte la généralisation exacte, qui doit être le moteur de tout l'Etat.

Tant qu'on n'aura pas, dans cet esprit, organisé et distribué le travail politique, il n'y aura rien à espérer pour notre avenir. Selon les temps et selon les hommes, des accidents heureux ou malheureux émailleront la trame d'une décadence assurée.

La bureaucratie intérieure (administration civile et militaire) et extérieure (diplomatie politique et commerciale), qui semble créée pour accomplir cette tâche, n'est, sauf de précieuses exceptions de personnes, qu'un véritable leurre. Elle crée l'illusion qu'on a pourvu à tout, et elle empêche d'y pourvoir. — Il faut des conseillers de gouvernement, saisis à temps des questions, chargés de les approfondir, n'ayant aucune ambition d'agir par eux-mêmes, mais capables d'alimenter l'action gouvernementale.

2° Dans cette donnée, il ne peut plus être question des partis, qui sont tous, sans exception, les produits variés et successifs de généralisations fausses, dues elles-mêmes aux lacunes et aux vices de notre éducation bigarrée. S'asservir à un seul d'entre eux, et en faire le pivot de la politique, ce serait courir à sa perte. Les balancer les uns par les autres, ce serait encore les perpétuer : ce serait maintenir, par conséquent, les causes de notre ruine, et se condamner à l'impuissance. La seule conduite à tenir, c'est de les dissoudre, en soutirant à chacun d'eux ses éléments sains et raisonnables. Peut-être doit-on espérer de leur patriotisme qu'ils voudront bien contribuer à la formation d'une majorité *impartiale*. On doit travailler à les convaincre de cette nécessité.

3° La majorité *impartiale* nous donnera le seul gouvernement national désormais possible en France : la *République*

Impartiale (c'est-à-dire placée en dehors et au-dessus des partis). Évincer les trois ou quatre monarchies qui se disputent la France, c'est évincer du coup autant de formes diversement graduées de l'erreur et du préjugé politiques, autant de causes de révolutions.

En n'acceptant pas la République Impartiale, on s'exposerait à subir une République moins agréable et moins *habitable.* Car, si les républicains n'ont pas dans le pays la majorité numérique, ils ont la densité [1], et l'intensité politique.

Leurs adversaires, médiocrement convaincus, ne peuvent pas même, dans la lutte, opposer fanatisme à fanatisme. Le parti clérical, en désespoir de cause, se fait lui-même, ou se dit républicain.

4° La République Impartiale résoudra en une réforme intellectuelle cette révolution sociale dont nous menace la République ignorante et violente. — Le moyen sera l'Instruction. — Il faut que l'enseignement primaire, tout en suffisant à faire, au minimum, un bon électeur, soit considéré non comme un but, mais comme le premier échelon d'un système général de *sélection* combiné en vue d'aller chercher dans le peuple les vocations et les capacités naissantes pour les mettre et les soutenir chacune dans sa voie. Il y a là un moyen sans égal de pressentir les différentes valeurs et de les recruter. Chacun des dé-

1. Dans les villes.

grés de ce système formerait comme un crible à travers lequel passerait l'élite des jeunes générations, étudiées à loisir par des observateurs judicieux. Les moins bien doués cesseraient dès lors de suspecter une organisation nationale dans laquelle personne qui en fût digne ne se verrait refuser par l'indifférence de la société ou par la dureté du sort, les instruments nécessaires de son développement intellectuel et moral.

La logique de notre égalité française le veut ainsi, et ne sera satisfaite qu'à ce prix. La question sociale disparaîtra, du moment qu'elle sera résolue chaque jour et en détail. La société française donnera ainsi son fruit : une *aristocratie démocratique*, c'est-à-dire une élite incontestée et renouvelable, tirée de toutes les classes et acceptée par elles. Le peuple lui-même ne verra plus dans la différence des conditions que le simple effet de l'inégalité des aptitudes et du travail, le jour où l'égalité de l'instruction, acquise à ses enfants, les mettra, sous ses yeux, en état de valoir toute leur valeur. Jusqu'à ce qu'il en soit ainsi, il se croira et se dira *exploité*, et il refusera de considérer les avantages sociaux comme la récompense du mérite, parce que lui-même ne possède pas, dans sa plénitude, *le droit au mérite*.

5° La méthode d'où résulterait cette organisation intérieure nous assurerait aussi, en matière de politique étrangère, une base d'opérations plus solide que la donnée métaphysique de l'ancien équilibre européen, ou que la loi toute brute des nationalités. Elle nous préserverait surtout de chercher au dehors notre revanche sur le terrain des querelles religieuses. — Si, dans la lutte que M. de Bismarck soutient, au nom du protestantisme germanique contre le catholicisme latin, la France intervenait à titre de puissance catholique, elle se montrerait par son côté faible, et donnerait prise sur elle. Il est évident qu'elle ne peut pas non plus faire de la politique protestante, ou même anti-infaillibiliste :

1° Parce qu'alors elle se subordonnerait à l'Allemagne ;

2° Parce que le protestantisme n'est lui-même qu'une évolution qu'on a intérêt à dépasser, lorsque, comme nous, on a du terrain à reconquérir. L'Allemagne elle-même, tout en jouant du protestantisme, auquel elle doit ses premiers progrès, ne le considère pas comme le dernier terme de l'esprit humain, et, dans son élite au moins, elle le dépasse.

Raison de plus pour laisser à leurs démêlés, afin de voir nous-mêmes plus haut et plus loin, le Pontife infaillible, et l'invincible Chancelier.

27 mars 1872.

ANALYSE DE LA FRANCE

Si nous voulons savoir ce qui peut advenir de nous,
il faut commencer par bien savoir ce que nous sommes
aujourd'hui même. — Mais, ici, se présente une première difficulté que la plupart des observateurs n'a-
perçoivent pas, et dans laquelle ils se noyent dès l'a-
bord. Non-seulement il faut, par la réflexion et le savoir,
en être arrivé à ce détachement des intérêts et des passions de caste ou de parti qui est presque inconnu en
France, et qui, par suite, y semble presque impraticable[1];
mais il faut, en quelque sorte, se mettre dans le sens
même de l'histoire pour démêler celle qui se fait actuellement avec la même netteté que celle qui s'est faite il y a

---

1. L'esprit scientifique, dans les matières politiques et sociales,
est à peu près inconnu dans notre pays. En tout sujet, le *plaidoyer*
prend la place de l'*examen*. Ce qu'un Français sacrifie le plus
aisément, c'est les droits de son esprit. La vie intellectuelle, dépourvue d'indépendance, n'est pas poussée assez loin pour être
estimée à son prix. On en fait bon marché. — Combien de gens
(nous parlons des classes qui reçoivent une éducation soignée)
laissent entendre dans leur conversation, qu'ils considèrent comme
une pénible nécessité l'activité d'esprit, et se croiraient heureux
d'être dispensés de penser!

trois siècles. — Chacun a ses intérêts, ses attachements personnels, ses obligations de société; et, sous ce rapport, nous n'échappons pas à la condition commune. Mais, quoiqu'il nous en coûte, nous écartons comme autant de chances d'erreur les considérations de ce genre, pour aborder le problème de la situation actuelle, dans le même état d'esprit qu'un chimiste qui, placé en présence d'une combinaison à analyser, ne met pas son amour-propre à y trouver plus ou moins de manganèse qu'elle n'en contient, met, au contraire, tout son soin à en trouver l'exacte dose.

Nos affaires, à les prendre au point où nous sommes, peuvent être envisagées sous une double face : à l'intérieur et au dehors. — Plus que jamais, c'est l'intérieur qui doit nous occuper. Là, nous sommes, à la condition de le vouloir, les maîtres de notre fortune.

Au dehors, après tant de fautes commises, nous en sommes réduits à l'étude (dont nous ne pourrions, d'ailleurs, en aucun cas, nous dispenser). Le temps est passé où nous pouvions faire aux autres nations leur histoire. Une des tâches de l'homme d'État, aujourd'hui, est de bien faire comprendre aux Français qu'ils n'ont plus qu'à *cultiver leur jardin*. Tout le monde conviendrait, même sans le secours de la science, que nous n'avons plus prise sur l'Europe, si certaines personnes ne s'imaginaient encore que le catholicisme peut devenir, entre nos mains, un instrument de revanche. En présence de cette thèse qui a ses avocats, nous ne pouvons pas nous dispenser, tout en réservant notre principal effort pour l'étude de notre situation intérieure, de dire quelques mots de l'extérieur.

I

L'EUROPE

Il faut ignorer tout ce qui s'est passé autrefois en Europe et fermer les yeux à ce qui s'y passe maintenant, pour se figurer que le catholicisme puisse donner à la France un champ d'opérations au dehors.

Toutes les puissances catholiques sont aujourd'hui frappées. Toutes les puissances protestantes sont en voie de progrès. — Voilà la réalité.

Ce contraste est significatif. Mais il ne suffit pas de le constater. Il faut encore reconnaître (ne fût-ce qu'au point de vue de ce que la France peut craindre ou espérer du dehors) qu'il y a là une loi historique révélée par la progression même de cette grandeur et de cette décadence, progression dont le moment présent est loin d'être le dernier terme.

C'est un lieu commun en France, que les traités de Westphalie ont établi en Europe, l'équilibre des États et les garanties de la liberté de conscience. — Des historiens qui ne sont pas assez pénétrés de l'idée évolutionniste, ont accrédité cette opinion, et leur esprit se repose sur le doux éclat de ces traités comme sur un point unique et parfait qui aurait dû durer toujours, et dominer indéfiniment les siècles.

On pourrait faire remarquer qu'il est excessif de présenter encore aujourd'hui, comme un règlement général d'équilibre européen, des traités conclus dans un temps où sur deux importants États de l'Europe aux xviiie et xixe siècles, l'un n'existait pas, la Prusse, l'autre était presqu'inconnu : la Russie [1]. Pour nous borner à l'objet qui nous occupe, nous croyons être dans l'exacte vérité en affirmant que les traités de Westphalie ont simplement inauguré en Europe un moment considérable (le moment français) de l'histoire du catholicisme.

Après la période d'expansion et de propagation, le catholicisme avait, une première fois, atteint un point culminant avec Grégoire VII et son essai de théocratie universelle. Après le grand schisme d'Occident, il avait retrouvé un point d'appui dans un État semi-laïque, semi-sacerdotal, l'Autriche-Espagne (avec Philippe II d'Espagne bien plutôt que Charle-Quint, et avec Ferdinand II d'Allemagne.)

Les traités de Westphalie ont été la consécration de la victoire remportée par une puissance catholique : la France, sur une autre puissance catholique : l'Autriche-Espagne.

Sans doute, à la faveur de cette lutte entre catholiques,

1. Nous ne parlons pas de la malheureuse Pologne, dont les traités de Westphalie n'ont pas plus empêché le démembrement qu'ils n'avaient prévu ou réglé l'essor de la Prusse et de la Russie.

le protestantisme s'était donné jour. Après avoir eu ses premiers ancêtres brûlés au xiv⁰ et au xv⁰ siècle, après avoir été tout ensemble persécuté en France et soutenu en Europe par François I⁰ʳ, dont la politique disparate devait se tourner tôt ou tard contre la France, puisqu'elle aidait à grandir au dehors ceux dont elle se faisait des ennemis à l'intérieur[1], le protestantisme qui, aux traités de Westphalie, se trouvait avoir été l'auxiliaire et le protégé de l'un des deux rivaux, fut pour ainsi dire, légalisé. Il obtint droit de cité. Mais qu'il était faible encore! La première puissance protestante du moment, la Suède, surmenée par un rôle au-dessus de ses forces, ne paraissait grande qu'à cause du vide qui régnait dans le Nord.— L'Autriche, quoique frappée, restait complétement maîtresse chez elle, et conservait en Allemagne le saint Empire avec ses électeurs ecclésiastiques et laïques, dont six sur neuf étaient orthodoxes[2].— Si le catholicisme n'avait plus la toute puissance morale, il masquait sa décadence. Le protestantisme faisait la figure d'un parvenu honteux.

Au moment, d'ailleurs, où l'Autriche n'avait plus le pres-

1. La politique de François I⁰ʳ n'est pas sans analogie avec la politique également contradictoire de Napoléon III (dans les affaires italo-pontificales) qui a également tourné contre la France.

2. Les archevêques de Mayence, de Trèves et de Cologne, le roi de Bohême, le duc de Bavière, et le duc de Saxe, redevenu catholique pour être roi de Pologne. Les électeurs protestants étaient le margrave de Brandebourg et l'électeur Palatin du Rhin, — et bientôt le duc de Hanovre.

tige nécessaire pour être le bras et l'arme du catholicisme, la maison de Bourbon, qui venait d'affaiblir l'Autriche, mais qui s'était empressée d'adopter ses principes et d'épouser ses princesses (Anne d'Autriche, Marie-Thérèse). se substituait à elle dans le même rôle et glissait (sans Inquisition, mais non sans persécutions) sur la même pente. — Arrivé à 1685[1], l'historien ne voit pas bien la différence entre Philippe II et Louis XIV. — C'est ce que nous avons appelé (plus haut) *le moment français de l'histoire du catholicisme.* — À cette date, le tour est fait, et la France ayant repris, aux lieu et place de l'Autriche-Espagne, la politique catholique, s'affaiblit à son tour. Au contraire, le protestantisme ne cesse de grandir. D'abord c'est l'Angleterre qui échappe à l'influence française (1688), comme, un siècle auparavant, la Hollande à la tyrannie austro-espagnole. — La Suède n'était qu'une expression défectueuse et insuffisante du protestantisme. La Hollande manquait d'espace. Dans l'Allemagne, dominée par l'Autriche, le protestantisme ne pouvait s'organiser. Avec l'Angleterre il eut un organe, et trouva moyen de se débrouiller. — Ce fut là la grande nouveauté d'alors. Pourtant l'Angleterre elle-même, enfermée dans son île, et ne possédant pas encore son grand empire colonial, ne pouvait presque rien sur le continent. — Elle frayait les voies. — La Prusse, devenu royaume en 1701, succéda à la Suède, imita l'Angleterre, et commença à débrouiller

1. Révocation de l'Édit de Nantes. — Dragonnades.

l'Allemagne. — Ces grands changements furent l'affaire d'un quart de siècle : 1688-1713.

Bientôt l'Angleterre et la Prusse, unies l'une à l'autre, battirent sur terre et sur mer la France et l'Autriche catholiques. Elles nous enlevèrent la première nos colonies, l'autre notre prestige militaire. (Traités de Paris et d'Hubertsbourg, 1763.)

Immédiatement après, vinrent les démembrements successifs de la Pologne (1772-1795), — On atteignit ainsi la Révolution française. Celle-ci frappa à tort et à travers, catholiques et protestants : Hollande, Angleterre, Autriche, Espagne, Rome, et même Russie. Toutes les puissances furent atteintes. L'ouragan passé, chacun recueillit ses membres épars. Mais les catholiques avaient le plus souffert (1815). Ce fut le moment choisi par les Bourbons restaurés pour couver cette forme dernière du catholicisme *politique :* « le cléricalisme. » En Allemagne, le protestantisme se fortifiait par la conciliation dans l'union évangélique (1817) de ses principales sectes. L'Angleterre organisait sa conquête des Indes, tandis que l'Espagne perdait toutes ses colonies, et que le continent américain devenait le théâtre de la prépondérance de l'élément protestant.

Après 1830, la France se mit à réfléchir, et le roi Louis-Philippe conclut, en dehors de toute préoccupation religieuse, l'alliance anglaise. Sous le règne de Napoléon III, la politique française fut livrée au hasard et tiraillée en tous sens. En tant que catholique, la France soutenait le pape ; en tant que révolutionnaire, elle commençait le démembrement et la dislocation de l'Autriche. En moins de quinze années, on a vu, sous ce règne, le catholicisme frappé à deux reprises en Autriche et par contre-coup en Allemagne (1859-1866, Solférino-Sadowa), atteint en Espagne par la révolution de 1868 (chute de la reine Isabelle) [1], en Italie par l'expropriation graduelle de la papauté, et enfin vaincu dans Rome même par l'entrée de l'armée italienne, la même année (1870) où la France succombait à Sedan, sous les coups de l'Allemagne protestante. Aujourd'hui, l'évolution est accomplie et le terrain manque au catholicisme, *en tant que puissance politique.* — Ce n'est pas seulement sous le rapport militaire, mais aussi sous le rapport intellectuel que les États catholiques sont les plus faibles.

L'instruction primaire y est à la fois rare et chétive, l'instruction secondaire arriérée, l'instruction supérieure ou défectueuse ou totalement absente. Ils sont aussi les plus divisés au point de vue moral [2]. Chaque ville, chaque

---

1. Il y avait déjà été frappé en 1839 par la chute des Carlistes.
2. Le catholicisme, dans ces États, est encore trop fort pour que leur régime intérieur puisse être conforme à ce que veulent la raison et la science, et l'esprit nouveau y est trop exigeant pour leur permettre de suivre au dehors une politique résolûment catholique. Il y a là comme deux lignes divergentes d'où résulte le *décousu.* Voilà pourquoi les nations catholiques sont, pour ainsi dire,

bourgade y est un foyer de passions religieuses et anti-
religieuses, dont l'antagonisme violent n'a absolument
rien de commun avec la libre variété d'opinions indivi-
duelles qui n'est, dans les pays protestants, que la marque
de la vitalité religieuse. L'Allemagne, il est vrai, contient
en grand nombre des populations catholiques à côté de
populations protestantes. Mais là même, l'écart qui sépare
un catholicisme à tendances anti-infaillibilistes d'un protestantisme gradué à l'infini, suivant les classes sociales et
les degrés de culture, ne saurait se comparer à celui qui
existe en France et en Espagne entre une orthodoxie fiévreuse, escarpée, sans cesse en quête de dogmes nouveaux,
et une incrédulité brutale. Après tant de preuves, en veut
on encore une? C'est dans les États catholiques que sont
tous les volcans révolutionnaires qui, depuis un siècle
troublent en Europe, la paix publique. C'est ces popula-

---

nouées. Il y avait eu pour la France, en 1815, comme un regain
des traités de Westphalie marqué à l'intérieur par une réaction
religieuse (Chambre introuvable, congrégation, instruction publique livrée au clergé), et au dehors par une nouvelle tendance à la
prépondérance française (expédition d'Espagne, de Grèce, d'Alger,
plan d'alliance avec la Russie pour reconquérir les provinces
Rhénanes). Mais en rentrant dans les anciennes voies de la France
catholique, la Restauration souleva, chez un certain nombre de
Français, des mécontentements et des haines d'où sortit la révolution de 1830, qui, à son tour, ne satisfit à l'intérieur du pays
l'esprit progressiste, qu'en affaiblissant la situation et le rôle de la
France en Europe.

16.

tions représentées par une certaine école comme les gardiennes des vrais principes qu'on voit se livrer à intervalles réguliers, à des accès de fièvre furieuse, à des orgies sauvages, immédiatement suivies de périodes mornes et somnolentes.

II

LA FRANCE

Les éléments, dont se compose aujourd'hui la France, peuvent tous se ramener aux suivants :

1° La nation proprement dite, avec ses différentes classes, et, dans chacune de ces classes les principales diversités.

2° Les partis et les Prétendants;

3° La Chambre;

4° Le Gouvernement.

I° LA NATION

On distingue dans la nation trois groupes principaux :

Les classes rurales;

Les classes ouvrières;

Les classes bourgeoises.

§ 1. *Les classes rurales*

Voici un fait très-important : les classes rurales sont de beaucoup les plus nombreuses. Il y a en France 27 millions d'habitants des campagnes, dont 19 millions appliqués à la culture de la terre.

Quelles que soient les variétés que comporte une aussi grande multitude d'hommes, elles rentrent toutes, relativement à l'objet qui nous occupe, dans quatre catégories, répondant à quatre principales manières de vivre, à quatre degrés de condition matérielle et morale :

1º Les fermiers ;

2º Les petits propriétaires ;

3º Les métayers ;

4º Les manœuvres ou journaliers.

Les fermiers

Ce nom accuse à lui seul un état déjà avancé de la culture agricole. Qui dit fermage dit pays riche et fertile. Et, de fait, c'est le fermage qui est mis en pratique dans es contrées les plus prospères, les plus sillonnées de routes, les plus savamment exploitées de la France : la Beauce, la Normandie, l'Anjou, le Maine, la Picardie, la Bourgogne, la Franche-Comté, la Lorraine, etc...

La condition personnelle des fermiers se ressent de tous ces avantages. Presque toujours propriétaires eux-mêmes, possédant, dans une certaine mesure, la terre et le capital, ils se trouvent en même temps en communauté d'intérêts avec des propriétaires beaucoup plus importants, dont les vues et les calculs leur sont familiers. Ils voient, ils dirigent de grandes exploitations agricoles, où ils sont à même de constater et de pratiquer les améliorations dues aux procédés modernes. Ils sont obligés de se soucier des inventions nouvelles, d'observer, de comparer, de prévoir, de concevoir quelques idées générales, quelques vues d'ensemble. Ils entretiennent des rapports continuels avec des hommes de classes extrêmement différentes (depuis le grand propriétaire jusqu'aux plus humbles journaliers). Leur esprit devient par là curieux et ouvert, moins porté à s'étonner qu'à se rendre compte. Ils sont stimulés par le désir et la faculté d'augmenter leur fortune, de développer et d'élargir leur existence. Ils font cas du bien-être, et sont avides d'instruction, pour leurs enfants plus encore que pour eux-mêmes. En un mot, ils forment la classe supérieure des paysans. Ils constituent l'élément progressiste des campagnes.

Les petits propriétaires

Après les fermiers, on trouve, dans un ordre décroissant, les petits propriétaires. Ils tendent à devenir, dans nos campagnes, la classe la plus nombreuse, sous l'action combinée de deux influences: l'une, toute législative, le morcellement illimité du sol par la loi qui régit les héritages; l'autre, toute psychologique: la passion de la terre : passion poussée jusqu'à la fureur, qui est comme la réaction persistante de l'amour-propre rustique contre des siècles d'humiliation et d'oppression. Assez rapprochée de la condition des fermiers, si on l'observe dans ses hautes couches, la classe des petits propriétaires s'en éloigne par des différences mult'pliées, à mesure qu'on descend les degrés; et, lorsqu'on arrive aux derniers échelons, l'écart est aussi grand qu'entre l'aisance et la misère. Toutefois, ces particularités, assez marquées pour décider du caractère de la vie qu'ils mènent, des jugements qu'ils portent les uns sur les autres, et des rapports qu'ils entretiennent entre eux, n'ont qu'une légère importance si l'on considère d'ensemble les deux classes, au point de vue de la *résultante politique*. On voit alors que fermiers et petits propriétaires pèsent à peu près le même poids et penchent dans le même sens. C'est encore la « passion de la terre » qui est ici le grand moteur. Ils se contentent de la suivre d'instinct. Ils ne sont pas républicains, parce qu'une préférence théorique ou une conviction abstraite ne trouvent pas place dans leurs cerveaux. Mais ils ont de la reconnaissance pour une certaine république qui leur a donné, il y a 80 ans, avec l'indépendance civile, la possession du sol. Ces conquêtes, ils tiennent à les conserver, et ils en jouissent avec une passion jalouse, très-prompte à prendre l'alarme. Ils ont horreur de la monarchie légitime (et de tout ce qui sent la monarchie légitime : ancienne aristocratie nobiliaire, haut clergé, etc...) qui leur rappelle uniquement la dîme, les corvées, les exactions et les souffrances d'autrefois. Ils la soupçonnent, d'ailleurs, de nourrir encore des arrière-pensées contre la distribution actuelle du sol. En revanche les démagogues ne leur sont pas sympathiques. Ils redoutent les révolutions parce que tout en les laissant maîtres du sol, elles peuvent, par les désordres qu'elles excitent, les empêcher de le mettre en valeur, et d'en écouler les produits. Ils sont disposés à reconnaître tout gouvernement de nature moyenne qui accepte les résultats économiques et sociaux de la révolution de 1789. Quant aux conséquences politiques, personne ne s'étant chargé jusqu'à présent de les éclairer sur la portée et l'utilité des garanties constitutionnelles, ils en font bon marché.

Voilà l'état d'esprit, le tempérament politique des fermiers et des petits propriétaires ruraux. La différence des provinces, des traditions, des climats et des terres ajoute à ce type des nuances, mais n'en change pas le fond. Sans doute, l'ancien régime n'a pas laissé partout des souvenirs uniformément exécrables. De là, quelqu'inégalité dans la haine que, suivant les souvenirs locaux, on lui a vouée, mais la haine y est toujours. Dans un pays complètement renouvelé par la Révolution, d'ailleurs riche et productif, (dans l'Angoumois, par exemple) les nouveaux maîtres du sol ressemblent exactement au type que nous venons de décrire. Il n'est pas un habitant des campagnes de la Charente qui ne reconnaisse à ce trait ses compatriotes. — Où le sol est ingrat et la vie difficile (par exemple dans la Champagne, en particulier dans le département de l'Aube), le fermier, comparant le maigre bien qu'il possède en propre avec le domaine bien plus grand qu'il exploite pour le compte d'un autre, sera porté à concevoir des sentiments d'envie; et le possesseur d'une terre de médiocre qualité rêvera d'un système de nivellement ou de compensation qui, ne frappant que les hauts sommets, prélèverait sur les grandes propriétés de quoi arrondir les petites, et sur les bonnes terres de quoi compléter le revenu des mauvaises.

Aux environs des grandes villes, et surtout de Paris, le spectacle de toutes les extrémités sociales, en bouleversant l'enchaînement d'idées et d'habitudes sur lequel repose la vie rustique, en jetant, pour ainsi dire, le paysan hors de son orbite, en fait un type particulier qui unit à l'âpreté campagnarde la corruption des grandes centres. L'État n'en peut rien attendre de bon.

Les métayers

On voit parfois, dans les contrées montagneuses et peu fertiles du centre, une famille de métayers se succéder de père en fils sur une même culture, sans que la seconde ou même la troisième génération soit plus avancée que la première. Après une vie laborieuse, bornée, souvent le métayer meurt sans rien laisser, ni terre, ni capital. On dirait un être disgracié, né pour peiner. Si son travail cesse, il tombe vite dans la misère. Il est *attaché à la glèbe* par un engagement libre en apparence, forcé, si l'on y regarde de près. Ayant assez à faire de nourrir et de couvrir sa famille, il ne pense pas à faire donner à ses enfants une instruction à laquelle on n'a pas pensé pour lui. L'instruction, à l'entendre, n'est pas faite pour les enfants des métayers. S'ils allaient à l'école, qui donc travaillerait à leur place pour gagner leur vie? Il faut qu'ils contribuent pour leur quote-part à la subsistance de la famille. Une fois qu'ils sauraient lire, ils ne voudraient plus rester métayers. Ils dédaigneraient peut-être leurs parents, leurs aînés ; ils quitteraient le pays. Le métayer aime d'ailleurs ce pays où il est si misérable. Il est attaché à ces âpres collines du Limousin, à ces plaines noyées du Berry, à ces rochers du Rouergue. Il se souvient de ses parents et se plaît à vivre où ils ont vécu. Modeste et soumis, défiant de lui-même, il se croit à peine de la même nature que ses maîtres.

Ces prolétaires de l'agriculture, très-nombreux en France, sont un peu moins malheureux dans le Midi (plaine du Languedoc) que dans les pays du centre : Berry, Limousin, Auvergne, Haut-Languedoc, Velay, Vivarais, Gévaudan, etc...

Des hommes qui vivent ainsi, et qui trouvent cette vie naturelle ne sont pas novateurs. Cependant il y a un excès de misère qui pourrait les rendre féroces. Alors ils ne connaîtraient plus de bornes. Mais il n'y a plus de *jacqueries* de notre temps, et, sous l'ancien régime, il est éton-

nant qu'il n'y en ait pas eu davantage.—Le suffrage universel n'a surpris personne plus que les métayers. Ils votent
en général comme leurs maîtres. En présence d'un pareil
abaissement de la condition humaine, ce sont les classes
élevées qui sont tenues, strictement tenues d'innover en
faveur de malheureux incapables de stipuler pour eux-
mêmes.

Les manœuvre

Il peut se faire qu'une métairie soit trop nombreuse,
qu'il s'y trouve plus de bras que de besogne. Elle détache
alors un des siens qui s'en va dans quelque exploitation
du voisinage compléter le nombre insuffisant des travailleurs. C'est le *valet*, l'élément nomade des métairies. Sa
condition personnelle n'est pas sensiblement différente de
celle des métayers eux-mêmes.

Enfin, il y a le manœuvre qui travaille à la journée,
sans point fixe et sans attache. Dépourvu généralement de
toute instruction, changeant souvent de maître, n'ayant
que peu ou point d'épargnes, le manœuvre (ou *journalier*)
est mécontent de sa position, la plus incertaine qui se
puisse voir. Il n'est pas même, comme le métayer, assuré
de trouver de l'occupation. Ne faisant que de maigres profits, puisqu'il subit le contre-coup de toutes les variations
et de toutes les interruptions du travail agricole, amené à
faire sans cesse des comparaisons douloureuses de son sort

avec celui des autres, il a naturellement l'esprit ouvert aux mauvais conseils. Il est la proie des embaucheurs, la dupe des orateurs de cabaret. Il est aussi pour les propagateurs des doctrines anti-sociales, un intermédiaire tout trouvé entre le peuple des villes et celui des campagnes.

C'est dans la classe des journaliers que se recrutent en partie, par émigration dans les villes, les gens de service des maisons bourgeoises et les ouvriers.

Conclusion

Outre la profession agricole dans ses diverses conditions, le paysan a devant lui plus d'une carrière ouverte. C'est lui qui fournit à l'armée le plus grand nombre de ses soldats, une bonne partie de ses sous-officiers, quelques-uns de ses officiers supérieurs. Nos régiments, dans les grades subalternes, sont tout imprégnés de l'esprit rural. Les bas emplois de l'administration départementale lui sont volontiers confiés. Enfin la grande masse des ouvriers des villes se compose de paysans qui ont quitté les champs pour l'atelier. Avec un premier degré d'instruction, le fils du fermier, du petit propriétaire, échappe à la conscription par le séminaire. Une fois dans le clergé, rien ne l'empêche de s'élever jusqu'à l'épiscopat. L'immense majorité des ecclésiastiques, et bon nombre de hauts dignitaires de l'Église n'ont pas d'autre origine [1]. —

1. Au moyen âge, les évêques appartenaient, en général, à l'aris-

On en pourrait citer d'illustres exemples. — C'est aussi des classes rurales que sortent, outre la masse des ecclésiastiques et des soldats, presque tous les instituteurs, fils de paysans qui reviennent au village avec une faible dose de connaissances, instruire à leur tour les fils d'autres paysans. Le plus souvent ils sont subordonnés eux-mêmes au fils du paysan plus avisé que son père, au lieu de l'envoyer à l'École normale, a poussé au séminaire. Ces deux enfants du même sol reviennent vite à leur point de départ mais comme ils rapportent chacun avec soi un esprit tout différent, ils sont, par la force des choses, presque toujours en guerre. Le paysan devenu curé du village a pour lui le château et la bourgeoisie locale. Le paysan devenu instituteur tend à grouper autour de lui les malheureux et les mécontents.

Ainsi, outre les populations qui vivent sur le sol (fermiers, petits propriétaires, métayers, journaliers) c'est à la classe des paysans qu'appartiennent encore presque tous, par leur origine, et en partie par leur tour d'esprit, les domestiques, les ouvriers, les soldats, les prêtres, les instituteurs.

En résumé, le fond de la société française, c'est le

tocratie féodale et à la haute noblesse. Aux xvii* et xviii* siècles la plupart étaient d'origine parlementaire. De nos jours, l'épiscopat tend à devenir paysan. (Voir la Franche-Comté d'où sont sortis des évêques, des cardinaux paysans).

paysan ; et dans le paysan, c'est, tout compte fait, l'esprit conservateur qui domine.

Cet esprit, tout passif, ne se trahit guère que par une grande force d'inertie.

Actuellement, il convient aussi de tenir compte de l'impression produite sur ces intelligences un peu courtes par les événements de 1870-1871. Grâce à l'habileté politique avec laquelle les hommes du parti républicain (surtout en province) ont mené alors les affaires de la République, il est arrivé que les paysans n'ont senti les ffets de la guerre qu'après le 4 septembre (1870). Ils ont fait alors ce raisonnement épais que, sous la République, on était bien plus malheureux que sous l'Empire.

§ 2. *Les classes ouvrières*

Infiniment moins nombreux que les paysans, moins bien partagés sous mille rapports, les ouvriers ont cependant, en politique, plus d'influence non-seulement que les classes rurales, mais que toutes les autres. Ces quelques millions de travailleurs, sans assiette fixe pour la plupart, sans ouverture vers la propriété ou vers les carrières publiques, souvent sans instruction, presque toujours sans épargne, constituent l'élément actif et remuant du suffrage universel. Dans un grand nombre de circonscriptions urbaines, les ouvriers disposent directement, par le fait, des siéges au Parlement central, et indirectement dans une certaine mesure, des portefeuilles ministériels. Les maîtres de la parole se disputent leurs sympathies, et les ambitieux se sentent à leur discrétion. Les gouvernements et les dynasties, qui ont si souvent éprouvé les effets de leur puissance, considèrent leur hostilité comme leur plus grave embarras intérieur et, quand ils se croient sûrs de leur adhésion, ils se moquent du mécontentement des autres classes sociales.

On observe, parmi eux, au point de vue des tendances politiques, deux catégories distinctes :

1º Les ouvriers nomades ;

2º Les ouvriers sédentaires.

Les ouvriers nomades

Les ouvriers nomades forment la transition entre le monde des paysans et celui des ouvriers. Ils tiennent de la nature des uns et des autres. La plupart, se recrutent par l'émigration rurale. Tels sont, par exemple, les maçons de Paris. Presque tous originaires de la Marche, ils ne se font ouvriers que dans la pensée de redevenir paysans un jour. Le besoin de s'amasser un petit avoir par un travail mieux rémunéré que celui qu'ils pourraient trouver dans leurs pauvres campagnes, les pousse vers les grandes villes et surtout vers la capitale. Mais ils gardent leur point d'attache au pays natal où ils retournent chaque

année visiter leurs familles. Leur rêve est de revenir se
fixer comme petits propriétaires au village, où ils laissent
leur femme cultiver un maigre héritage. Un grand nombre,
à force d'économie, y parviennent. Trop peu fortunés,
malgré leurs efforts, pour assurer à leurs enfants une condition indépendante, et désireux cependant de leur épargner les chances et les fatigues d'une vie aussi pénible
que celle dont ils ont l'expérience, ils les poussent volontiers vers la carrière ecclésiastique. La Marche est un des
pays de France où le clergé recrute le plus d'adeptes. On
y compte jusqu'à trois petits séminaires : le Dorat, Ajain,
Felletin.

Ceux qui appartiennent à cette fraction des classes ouvrières sont généralement conservateurs. Toutefois il faut
désormais tenir compte de ce fait que tous ceux qui
travaillent à Paris (et ils y sont en fort grand nombre) se sont
trouvé englobés dans les affaires du siège et de la Commune. Leurs habitudes ont été brusquement rompues, et
il n'est pas possible que le régime extraordinaire auquel
ils ont été soumis durant une si longue période n'ait pas
déterminé en eux quelque changement dont on ressentira
les effets tôt ou tard.

Parmi les ouvriers qui apportent des campagnes dans
les villes l'esprit conservateur, le goût du travail et de
l'économie, et qui d'ordinaire y restent fidèles, on peut citer
encore ceux qui viennent des montagnes d'Auvergne et
de Savoie (porteurs d'eau, fumistes, commissionnaires..

ces derniers si renommés pour leur probité). Tous gardent au fond du cœur le souvenir moralisant du pays natal, et l'ambition d'y retourner avec un pécule. On a pu remarquer que, pendant la Commune, ils s'étaient cachés ou avaient pris la fuite, pour ne pas servir.

Au courant d'émigration qui pousse sans cesse vers les grandes villes une partie des classes rurales, répond des villes, en sens inverse, un mouvement qui tend à propager dans les campagnes avec quelques-uns des produits de l'industrie manufacturière les idées et les passions qui ont cours dans les ateliers et les fabriques. L'instrument de cet échange est le colporteur. C'est par lui que l'esprit des classes ouvrières pénètre parfois jusque dans les campagnes les plus reculées. Mais, en général, son influence ne dépasse guère la banlieue.

Les ouvriers sédentaires

Ceux-là sont depuis longtemps fixés dans les villes, où leur éducation s'est faite. On voit parmi eux toutes les variétés de la condition ouvrière.

Les uns, au milieu du bruit assourdissant et de l'atmosphère malsaine d'une usine, sont occupés à tarauder ou à polir la millième partie d'une machine. Une pièce terminée, ils en reçoivent immédiatement une autre, toute pareille à la première, qui leur est livrée dans le même état pour recevoir la même façon, et ainsi de suite à l'infini. Ils en

expédient ainsi des centaines par jour, toutes identiques.
On les a pris pour tarauder ou pour polir, comme d'autres
pour ébaucher, et de leur vie, ils risquent de ne faire autre
chose. A cette besogne machinale, comparable par sa mo-
notonie et sa morosité à quelques-uns des supplices de
l'enfer mythologique, leur caractère s'aigrit, leur intelligence s'assoupit, leur curiosité s'éteint. Ils tombent au-
dessous de la condition humaine. D'autres, victimes des
progrès de l'art industriel, contractent des infirmités pré-
coces dans des laboratoires où l'air est empoisonné par les
émanations de produits toxiques. D'autres, après neuf ou
dix heures d'un travail musculaire qui les épuise, sortent
le soir de l'arrière-boutique ou de l'atelier, tout en sueur,
l'œil éteint, la figure hâve, incapables de quoi que ce soit
jusqu'au lendemain, sauf de boire, de manger et de
dormir.

A une autre extrémité de l'échelle, on trouve les ouvriers
d'élite, appliqués à des ouvrages qui demandent avec un
certain degré d'instruction et même de culture intellectuelle, des qualités peu communes : le sentiment de l'art,
l'instinct de combinaison et d'appropriation, une dextérité
spirituelle et inventive, une aptitude souvent extraordinaire à saisir des rapprochements lointains, à relever de
simples objets de consommation usuelle par je ne sais quelle
tournure esthétique, quelle expression de distinction sociale qu'ils réussissent à leur communiquer. La Commune
avait mis en fuite cette aristocratie des classes ouvrières,

préservée de la contagion par ses goûts délicats, par ses sentiments relevés; tandis qu'elle avait, en partie, entraîné, sans qu'ils eussent bien nettement conscience de leur faute, les travailleurs qui, d'ordinaire, n'ont pas le loisir de songer à la politique.

Le monde du travail manuel a aussi ses beaux esprits, ses novateurs, ses philosophes, qui traitent *ex professo* des matières sociales et politiques : ce sont les *ouvriers clubistes.* Ils se recrutent surtout parmi les typographes et les mécaniciens. Les premiers, en maniant sans cesse les signes matériels de la pensée, et en s'assimilant par bribes ce qu'ils impriment, arrivent aisément à se croire des penseurs; les autres, comparant leurs connaissances élémentaires à l'ignorance du plus grand nombre, passent, dans leur propre esprit, au rang d'ingénieurs. Ces deux catégories ont fourni à la Commune un grand nombre de ses magistrats subalternes. La part faite à quelques catégories spéciales, la grande masse des ouvriers est franchement révolutionnaire.

On doit le reconnaître, la classe ouvrière est, de toutes, la plus maltraitée. C'est celle qui a tout ensemble le plus d'entraves et le moins de débouchés. On a vu combien de carrières s'ouvrent au choix du paysan. Celui qui est né ouvrier reste ouvrier, meurt ouvrier. Le premier obstacle lui vient de lui-même. Il lui manque l'instruction et l'éducation, plus nécessaires encore à la ville qu'aux champs. — À qui la faute? — Il est sujet à l'ivrognerie, à la paresse; il ajoute au repos du dimanche celui du lundi, parfois du mardi et même du mercredi. Quel que soit son salaire, faible ou élevé, il le dépense et ne pratique pas l'épargne. Mais croit-on que ces vices ne tiennent pas en partie à sa conviction intime et bien arrêtée que, quoi qu'il fasse, il ne saurait s'élever au-dessus de sa condition ? Ce qui moralise le paysan, c'est, avec le contentement relatif du présent, l'espérance d'un meilleur avenir. Le paysan gravit lentement les degrés de la hiérarchie sociale. La meilleure conduite, le travail le plus régulier ne donnent pas à l'ouvrier la faculté de franchir la distance qui le sépare du capitaliste. Une des issues par où se donnent jour tant de petites ambitions campagnardes, la carrière ecclésiastique, est, pour ainsi dire, interdite à l'ouvrier par les idées qui, à défaut d'un système d'instruction sérieux, le circonviennent dès son enfance dans les villes et les faubourgs. On sait que l'ouvrier pieux est une rareté peu appréciée de ses camarades. Dans l'armée, quand la conscription l'y jette, les habitudes d'indiscipline qu'il a sucées avec le lait, lui ôtent presque toute chance d'avancement. Quelques-uns, à force d'économie, plus souvent par héritage, finissent par posséder un petit pécule. Ils peuvent alors se faire entrepreneurs. C'est l'extrême limite de leur horizon. Passer entrepreneur, voilà pour l'ouvrier la seule et unique forme de l'émancipation sociale. Si l'on songe que cette classe, la plus déshéritée, est en même temps la plus adulée par les rhéteurs et les démagogues, de sorte que son amour-propre est sans cesse exalté, et ses passions attisées, tandis que son corps et son esprit ne cessent de souffrir, faut-il s'étonner que ses opinions se résument si souvent dans un parti pris désespéré contre l'ordre social ?

Le vieux système des maîtrises et des jurandes qui, de même que les autres pièces de notre ancien mécanisme social, avait cessé, à partir d'une certaine époque, de se transformer progressivement, a été détruit en bloc par la Révolution de 1789, sans que, sur cette table rase, aucune institution ait été fondée pour régler les rapports des ouvriers entre eux, garantir leur situation personnelle, et fixer à chacune des branches du travail les conditions et les limites de sa compétence professionnelle. La loi de l'offre et de la demande avec ses brusques écarts est ainsi devenue, sans contrepoids et sans amortissement, le régulateur unique de la condition matérielle et morale des ouvriers. Restés sans organisation et sans défense, au moment même où leur nombre s'augmentait par l'accroissement du travail, ils n'ont plus vu dans la société moderne qu'un engrenage de fer dont les dents, pour ainsi dire, leur entraient dans la chair. N'étant plus groupés par métiers, en vue du perfectionnement technique de la main d'œuvre et de l'amélioration graduelle de leur sort, ils se sont coalisés entre ouvriers de toute provenance, de tout pays de toute langue, pour un vaste antagonisme social. Ainsi est née l'Association internationale des Travailleurs.

Peu redoutable dans les pays où il y a, comme en Angleterre, une organisation nationale des classes laborieuses (*Trades-Unions*), l'Internationale agit comme une cause puissante de désagrégation dans les sociétés, où l'ouvrier, ayant perdu l'idée de patrie, n'est plus qu'un soldat de la grande armée cosmopolite de la Révolution. Tel est malheureusement le cas de la France. On l'a bien vu pendant la Commune : pour les insurgés, l'ennemi c'était le Versaillais, et non le Prussien. L'Internationale serait encore plus à craindre, et son programme deviendrait pour les masses fanatiques un nouvel Alcoran, si le plus souvent elle ne tombait elle-même sous la coupe d'aigrefins qui n'appartiennent pas à la classe ouvrière, mais à qui cette classe se trouve livrée par son ignorance et sa violence. Ce sont des étudiants dévoyés, des bourgeois déclassés qui exploitent et qui énervent l'Internationale. Ils la font balbutier au lieu de la laisser librement pousser son cri. A la masse crédule ils prouvent leurs convictions, en fusillant leurs créanciers, leurs ennemis personnels, ou même le premier venu, et ils gardent pour eux l'argent et les places, en faisant des ouvriers leur chair à canon.

Il y a là une question à résoudre dont on ne viendra à bout ni par la force armée, ni par la force légale.

§ 3. *Les classes bourgeoises*

La bourgeoisie qui, sous l'ancien régime, était par le travail et l'instruction, l'élément vital de l'Etat, est née du commerce, dans les villes. Aujourd'hui encore, elle se compose, en majeure partie, de commerçants qui rentrent tous, malgré la variété des situations personnelles, dans l'une ou l'autre de ces trois catégories :

1º Les boutiquiers;

2º Les manufacturiers-négociants;

3º Les banquiers, les gens de Bourse et de finance.

Les boutiquiers

Les boutiquiers forment la transition entre les classes ouvrières et les classes bourgeoises. Issus généralement du peuple, ils se lient volontiers avec lui, surtout dans les grandes villes, où, à tous les degrés de l'échelle sociale, chacun se tient moins sur son quant-à-soi. C'est en *voisinant* que ces relations s'établissent. Vers la fin du jour, le boutiquier aime à tenir séance sur le seuil de sa porte. Son cercle se compose d'ouvriers aussi bien que de boutiquiers. Pour peu qu'il y ait un événement, tous accourent, et l'espace, compris entre la porte et les deux comptoirs, est transformé en une petite *parlotte* où se débitent les bruits de ville, où se grossissent les nouvelles, où s'échangent les idées, les malices, et souvent les âneries. C'est là que s'approvisionne tout le petit monde du quartier. Sous l'ancien régime, la condition du boutiquier était, à certains égards, plus relevée qu'aujourd'hui. Il avait une clientèle fixe, composée en partie de personnes de qualité, fidèles, de père en fils, à la même enseigne, et dont les visites suivies, en faisant naître un commencement de relations, tournaient à la longue à un patronage bienveillant sur le petit marchand et sur sa famille. Le jeune Caron de Beaumarchais fut ainsi élevé, et fort bien élevé, dans une arrière-boutique de la rue Saint-Denis, où il prit le goût des lettres, et où ses premiers traits d'esprit eurent des appréciateurs. Ce petit bon côté d'un régime qui en avait tant de mauvais a disparu avec lui. Le boutiquier s'est émancipé, et a perdu en *comme il faut* ce qu'il a gagné en indépendance. On observe en lui un contraste qui est bien français. Il est asservi à ses petits profits, et pourtant, il aime le changement, qui risque de les troubler. Fixé à son comptoir, n'ayant ni le moyen, ni le temps, ni le goût de voyager, il aime les nouveautés qui viennent à lui toutes seules; il ne hait pas qu'il s'y mêle un élément pathétique, tragique même.

Les révolutions, qui sont les drames de la rue, lui fournissent des distractions et des émotions. Mais il s'en fatigue vite. Il les lui faudrait fréquentes, courtes et anodines. Le boutiquier lit les petits journaux, et ceux qui épicent la politique, qui en font un roman : *le Figaro*, quand il est dégoûté des émeutes, *le Rappel* quand les émeutes se font trop attendre. La loi du cens électoral de 1830 avait compris les boutiquiers, en tant que patentés, dans le pays légal. On a vu, en 1848, quel cas ces aristocrates d'un nouveau genre faisaient de leurs priviléges politiques. Au 4 septembre 1870, quand on pouvait presque entendre dans l'éloignement le galop des chevaux prussiens, le boutiquier prenait plaisir à décrocher les armoiries impériales que, la veille encore, il était fier d'étaler sur son enseigne. Il croyait la patrie sauvée par cet abattis. Ensuite il a voulu remplacer à lui seul l'armée prisonnière en Allemagne. La garde nationale a été sa poésie, sa chevalerie. Il a souffert héroïquement. Il a crié : « guerre à outrance! » Il a contribué puissamment au succès de l'insurrection du 18 mars (1871) non seulement parce que la loi sur les échéances, en le menaçant d'une faillite personnelle, le rendait fort indifférent à la faillite sociale, mais parce qu'il comptait sur « *du nouveau*, » et rêvait je ne sais quelle *revanche*. Nous l'avons entendu crier alors : « Il fallait cela! » En pleine Commune, il disait : « Versailles et la Commune ne valent pas mieux l'un que l'autre. » Six semaines après, quand les Tuileries fumaient encore : « Il était temps que cela finît. » Et quinze jours plus tard : « Il est vraiment temps qu'on lève l'état de siége. » — Ces cris variés, dont le plus enthousiaste a été à un certain jour : « vive Trochu! » étaient exactement les mêmes dans la classe insignifiante partout ailleurs, mais importante à Paris, des portiers.

Aujourd'hui, regrettant la mise en scène des grandes fêtes publiques et des illuminations d'autrefois, animé de plus contre Versailles d'un sentiment de jalousie mercantile, il s'écrie quelquefois : « Les affaires allaient mieux sous Bonaparte, » prêt à s'arracher les cheveux si Bonaparte pouvait revenir. — Le type gracieux de cette catégorie sociale, c'est le petit marchand des beaux quartiers, le fournisseur du beau monde : le *boutiquier gentleman*. Celui-là a une tenue soignée, des manières distinguées, l'allure mondaine. Il vit bien, va à Vichy ou à Trouville, dans la saison; et s'il a un fils, lui donne un bon tailleur, lui fait apprendre l'équitation, écourte ses études, et le met à quinze ans dans sa boutique.

Les manufacturiers-négociants

Voici une catégorie sociale importante par le nombre et par la fortune. Elle pourrait jouer un rôle considérable dans l'État.

Dans d'autres pays (Italie, Flandres, Allemagne, au moyen-âge; Pays-Bas au xvie siècle, Angleterre au xviie), elle a été la classe progressive et politique par excellence. Qu'est-elle actuellement en France, et qu'en peut-on attendre?

Le manufacturier-négociant a le sens de ses affaires.

Malheureusement, son esprit pratique s'arrête aux limites de son industrie personnelle. Il ne veut rien comprendre aux intérêts publics, ni surtout s'en mêler. S'il a une opinion politique, ce n'est pas en tant que manufacturier-négociant : c'est pour quelque raison particulière. Son opinion alors est l'écho de ce qu'il entend dire à quelque personnage influent qui lui veut du bien, qui lui en fait, et dont il épouse, sans marchander, tous les avis : ou bien elle tient de famille : elle vient de ce que lui-même, ou son père, ou son oncle, ou son frère, remplit ou a rempli, sous quelqu'un de nos gouvernements éphémères, une charge élective ou officielle dont la gloriole, primant toute considération et étouffant toute réflexion, fait de lui et des siens, quelquefois pendant plusieurs générations, des jacobins, des légitimistes, des bonapartistes, etc...

Il y a encore le manufacturier-négociant qui délègue sa maison de commerce à un commis, pour *faire de la politique* au cercle ou à l'estaminet. Mais loin d'apporter à l'examen et à la critique des affaires publiques une dose d'expérience pratique puisée dans le maniement de ses propres affaires, il ne se mêle généralement de celles de l'État que parce qu'il ne sait pas faire les siennes, ou parce qu'il les dédaigne, ou parce qu'il est sous le coup de quelqu'une de ces révolutions domestiques qui ont nom : déposition de bilan, faillite, etc... Aussi est-il révolutionnaire, connu pour tel, mal noté chez son banquier, et mal vu de ses confrères. Au fond, c'est un journaliste ou un avocat égaré dans le commerce.

Le plus souvent le manufacturier-négociant professe le dédain et l'inintelligence de la politique. Il dit de l'air d'un homme sérieux à qui l'on viendrait parler bagatelles: « Je ne m'occupe pas de politique! » Le décorum bourgeois lui défend de mettre le pied sur ce terrain glissant et mal fréquenté. « C'est bon, dit-il, pour les ambitieux, pour les intrigants, pour les journalistes! » Ce préjugé est cause que tout en contribuant par son travail à la fortune du pays, il ne contribue nullement à sa direction. Il est gouverné par le premier venu. Il n'a pas voix au chapitre. Le Gouvernement compte sur lui pour le rendement des impôts, mais ne compte pas avec lui. D'autre part, on n'est pas si ignorant, sans être un peu badaud. Avec son horreur de la politique, le manufacturier-négociant est sujet aux bévues les plus étranges. Il s'enthousiasme pour les acteurs grimés de la comédie politique. Il est la dupe des phraseurs. Sous la Restauration et la monarchie de Juillet, il admirait la politique polonaise, irlandaise, italienne, hongroise, tout, excepté française, de M. Mauguin. Il a battu des mains quand l'ex-Empereur a fait tout ce qu'avait demandé M. Mauguin. Il a été fier des lauriers de Solférino. Il a illuminé pour la cession de la Vénétie.

La classe manufacturière est en relations continuelles avec la classe ouvrière, dont la plus grande partie travaille sous ses ordres. On pourrait tout attendre de sa dextérité et de son humanité, de même que tout est à craindre de sa maladresse et de sa dureté. Souvent aussi, sa propre condition, dépourvue de stabilité et d'ampleur, ne lui permet pas de s'élever jusqu'au sentiment d'une mission sociale à remplir. Sans cesse dérouté dans ses transactions par les revirements et les surprises de Gouvernements qui se succèdent pour se contredire, qui n'ont aucune suite dans leur propre politique, qui ne font pas à l'intérêt des classes commerçantes plus de part que ces classes ne s'avisent elles-mêmes d'en réclamer, le manufacturier-négociant a l'esprit tendu sur ses bénéfices, et craint toujours de perdre. Apre à faire sa fortune, il est rarement en état d'en faire usage, et ne se permet de dépenses que celles qui, par une ostentation intéressée, le font supposer plus riche qu'il n'est, et soutiennent son crédit. Son luxe est une réclame. De là, la nature de son luxe.

De toutes ces dispositions résulte, en somme, un tempérament passif, où domine, sur un fond d'indifférence versatile, une tendance réactionnaire.

Les banquiers, les gens de Bourse et de finance

Le banquier proprement dit, et ses dérivés, l'agent de change, 'homme de bourse forment la tête de la bourgeoisie commerçante. Ils l'ignoreraient, que tout le monde se chargerait de le leur apprendre. Le préjugé qui, dans chaque

profession, porte les hommes qui en font partie à croire
qu'elle est la première de toutes, est, dans celle-ci, singulièrement encouragé par la connivence des autres. Il est, de plus,
ratifié par la condescendance besogneuse de ces parvenus
d'un nouveau genre, les gouvernements modernes de la
France, qui, d'ordinaire insolents et violents quand ils sont
issus d'un coup d'État, brutalement justiciers, quand ils
sont nés d'une Révolution, sont toujours paternels et polis
pour les gens de finance. Frappé lui-même de l'importance universellement reconnue de l'argent, le banquier, qui en est le détenteur, est naturellement entraîné à
considérer la richesse acquise comme la seule force sociale,
et le degré de richesse acquise comme la vraie marque du
rang de chacun dans la hiérarchie sociale. Dans un temps
où l'argent est le rémunérateur universel du travail, la
possession de l'argent est, à l'entendre, le signe évident,
le criterium du succès obtenu par le travail, et le succès
lui-même ne peut résulter que d'un bon jugement porté
sur toutes les occasions que l'on a d'agir. Ainsi les plus
riches sont, à coup sûr, les plus sages, les plus intelligents.

Ce raisonnement n'a qu'un tort : c'est de tenir aucun
compte de l'état général, du tempérament (qui peut être
sain ou malsain) du corps social. Or, c'est ce tempérament qui décide, en définitive, si le succès s'obtient par
les bons ou par les mauvais moyens. Dans une société
parfaite, le succès serait le signe infaillible de la supé-

riorité, et si l'argent, dans une telle société, continuait à être la marque du succès, la mesure que chacun en aurait serait l'expression exacte de sa valeur [1]. Mais qui ne sait qu'il y a des sociétés où les défauts et les vices servent autant au succès que les qualités, où les qualités *nuisent* même, si elles sont d'un ordre relevé et supérieur? Quand la médiocrité d'esprit, la légèreté morale, la pauvreté intellectuelle sont le caractère dominant d'une nation, le succès et la richesse qui en est le signe indiquent non pas la valeur d'un homme, mais le degré de concordance entre sa manière de faire, et la donnée générale qui prévaut, entre sa vie individuelle et la vie générale. Il est de son temps, voilà qui est certain. Mais ce temps peut être fort mauvais, et le succès attesté par la fortune n'est plus alors que la marque d'une ressemblance personnelle aux traits généraux de la décadence. Il suffit, quand un peuple en est arrivé à ce point, d'un simple choc entre lui et un autre peuple pour déterminer, au milieu de l'infatuation nationale, un effondrement d'autant

---

1. C'est bien là l'idée qui tend de plus en plus à subjuguer l'esprit public en Angleterre. Dans son discours du 3 avril 1872, M. Disraeli, pour démontrer la nécessité de la Chambre des Lords, s'est placé à un point de vue uniquement *ploutocratique*. L'esprit ploutocratique est, sans doute, moins dangereux dans une nation aristocratique, surtout quand cette nation a la vitalité de l'Angleterre, que dans une démocratie, mais il n'en agit pas moins là aussi bien qu'ailleurs, comme un puissant corrosif. Puisse l'Angleterre ne jamais en faire l'expérience!

plus inexplicable pour les simples particuliers qu'ils doivent leur fortune aux mêmes causes qui ont perdu l'État.

On voit s'il y a à rabattre de la théorie suivant laquelle la richesse acquise serait le principal élément du classement social.

En matière politique, les banquiers, les gens de bourse et de finance se règlent par leurs chances de gain. Ils ont une préférence naturelle pour tout gouvernement qui, sans troubler la paix au-dehors, exercerait à l'intérieur une compression assez forte pour empêcher, non-seulement toute agitation populaire, mais tout mouvement intellectuel.

Ils ont connu la douceur de ce régime dans les premières années de l'Empire (1852-1858). La Bourse a eu alors son âge d'or. Depuis, l'expérience leur a démontré que si les gouvernements soucieux de rester en paix avec l'Europe avaient en général l'inconvénient de comporter, à l'intérieur, un certain degré d'agitation intellectuelle et politique, les gouvernements assez forts pour garantir le silence absolu et l'immobilité au-dedans, avaient le tort d'être turbulents à l'extérieur, et de faire venir, pour ainsi dire, de l'étranger, des catastrophes bien plus désastreuses encore que les désordres intérieurs. Aussi, ne pouvant jamais obtenir que la moitié de ce qu'ils désirent, ils sont actuellement fort embarrassés.

Par leur luxe trop affiché, par les désordres domestiques qui, moins rares peut-être parmi eux que dans les autres classes bourgeoises, sont de plus, par égard pour la situation importante qu'ils occupent dans la société, rapportés et commentés en détail par les journaux ; les gens de finance ont, sans s'en douter, le malheur d'aiguillonner les convoitises des masses laborieuses, peu capables de comprendre que de grandes fortunes puissent être rapidement et légitimement acquises, sans grande peine apparente. Jugeant de l'ensemble des classes bourgeoises par quelques types, qui, pour être les plus en saillie, ne sont pas les plus répandus, elles en arrivent à les envelopper toutes dans un même sentiment d'inimitié et d'envie. Cette confusion a certainement été une des nombreuses causes qui ont donné aux rancunes populaires, dans les derniers événements, un caractère particulier d'exaspération et d'acharnement. Sans doute, dans une nation aristocratique, les grandes fortunes patrimoniales brillent d'un éclat bien autrement écrasant que le clinquant de nos gens de finance. Mais, outre que l'esprit public y est plus façonné aux apparences de l'inégalité sociale, ces mêmes fortunes qui subviennent aux frais d'immenses domaines, de régiments de laquais, d'écuries monumentales, créent ou soutiennent aussi, au vu et au su du peuple, nombre d'établissements utiles au peuple, écoles, crèches, hôpitaux, fondations de tous genres.

Les classes bourgeoises dans les professions intellectuelles

Si la majeure partie des classes bourgeoises restreint son ambition aux profits du commerce et de la banque, demeurant ainsi fidèle à ses premières origines historiques, à sa première condition, une autre partie, adonnée par profession aux travaux de l'esprit, perpétue encore parmi nous une tradition qui a commencé avec les légistes du xiii° siècle et les lettrés du xvi°. Elle comprend :

1° Les jurisconsultes ;
2° Les publicistes ;
3° Les hommes d'enseignement et de science.

Les Jurisconsultes

Héritiers directs des anciens légistes, les jurisconsultes brillent moins de nos jours par la science théorique du droit, abandonnée surtout aux professeurs, que par les services pratiques qu'ils rendent à la société en qualité d'avocats, de juges, de notaires, d'avoués. C'est le monde du Palais et de l'ancien Châtelet. On y trouve des caractères indépendants, des convictions désintéressées, des talents extraordinaires, dont l'éclat rejaillit sur la corporation. Cependant, toute part faite à ces illustrations de premier ordre, c'est le scepticisme politique qu'on voit généralement dominer dans cette classe. Sans doute l'esprit même de leur profession, la liberté de leur langage, quelquefois le goût des lettres les porte d'instinct, les avocats surtout, vers ce libéralisme classique, dont ils ont pris le goût au collége dans les études qui sont, en France, le fond de l'instruction secondaire. Mais bien des motifs les poussent dans une autre voie : l'intérêt de leur situation personnelle ; le vague sentiment que plusieurs des fonctions qu'ils remplissent à titre officiel doivent, quelque jour, si la démocratie et la science parviennent jamais à s'entendre, rentrer dans les attributions générales de chaque citoyen, ou être conférées à l'élection ; enfin le souci même de leur fortune à laquelle ils doivent, autant qu'à leur savoir, l'entrée de leur carrière ou l'achat de leur charge. Ils n'échappent pas à cet esprit de crainte et de réaction qui a saisi toutes les classes qui possèdent, depuis que la démocratie révolutionnaire a pris un caractère menaçant. C'est une tradition en France, surtout depuis l'établissement du régime parlementaire, que de cette classe sortent la plupart des hommes politiques et des administrateurs du pays. C'est elle aussi qui fournit, dans ses rangs inférieurs et besogneux, le plus d'agitateurs, de rhéteurs, de démagogues, qui rêvent de jouer, dans une société renouvelée à leur usage, le rôle dont s'emparent, dans la société actuelle, leurs confrères plus sages ou plus favorisés.

Les Publicistes

Les premiers de tous sont les économistes, qui, en appliquant aux phénomènes de la vie quotidienne des peuples la méthode d'observation et d'analyse, poussent en avant les sciences politiques et sociales, et contribuent directement à l'amélioration de la condition humaine, quand, toutefois, ils ne troublent pas la société par des rêves creux, par des systèmes conçus, en dehors de la réalité vivante, dans un esprit qu'ils croient scientifique parce qu'il est mathématique, là où la mathématique n'a que faire.

Les plus lus parmi les publicistes sont les journalistes politiques. Ce sont les prédicateurs quotidiens des partis. On conçoit qu'une nation instruite cherche uniquement dans ses journaux des informations authentiques et des analyses impartiales. La tâche du journaliste, alors, est surtout historique et critique. Mais de même qu'on verra prospérer la profession d'avocat en France, tant que l'enseignement du droit sera exclusivement réservé aux candidats à certaines carrières, il y aura aussi, tant que les éléments de la science politique ne seront pas vulgarisés, des *journalistes prédicants* pour administrer l'opinion publique, comme il y a un clergé, dans les divers cultes, pour administrer religion. Chacun des principaux journaux politiques représente une entreprise particulière de conversion du pays à l'opinion d'un parti ou d'une coterie. Il y en a bien près d'une vingtaine, si l'on compte les nuances qui ont chacune leur organe : légitimiste pur, légitimiste parlementaire, légitimiste fusionniste, clérical pur, clérical parlementaire, clérical bonapartiste, etc., etc., Aucun de ces partis n'existant dans le pays proprement dit, on a le spectacle d'une nation sollicitée sans cesse de se ranger d'un avis qui lui est antipathique ou incompréhensible, et nullement aidée, totalement entravée même dans la tâche d'exprimer son véritable avis, ou de s'en former un en connaissance de cause. Il n'y aura de véritable opinion publique en France que le jour où la France aura été mise en état, par l'instruction, de penser et de dire ce qu'elle pense. Alors les journaux seront ses organes, au lieu d'être ses prédicateurs. Jusque-là il n'y aura que les tendances particulières de chaque groupe social, souvent impuissantes, par suite de l'ignorance qui règne dans le pays, à s'exprimer en langage articulé, mais capables de renverser tout ce qui voudrait leur faire violence; par conséquent, plus importantes à connaître et à étudier pour un homme d'État, que tout le gazouillis que les partis font à la surface.

Il y a dans le journalisme politique des hommes de premier ordre qui contribuent, dans une certaine mesure, à l'éducation politique du pays; mais qui l'avanceraient singulièrement si, au lieu de condescendre à se faire les interprètes, les porte-voix des partis, ils voulaient se placer au point de vue indépendant et transcendant de la science, pour créer une opinion publique impartiale. Malheureusement ceux qui seraient capables de cet effort ne daignent pas parler au peuple : et ceux qui savent lui parler ajoutent leurs préjugés à son ignorance. Une grande nation végète ainsi, livrée à elle-même ou à ses flatteurs.

Au groupe des publicistes se rattache une famille nombreuse d'écrivains, chroniqueurs, romanciers, feuilletonistes, nouvellistes, qu'on pourrait tous comprendre, soit qu'ils se bornent aux lettres, soit qu'ils abordent la politique, sous le nom d'*actualistes*. Ils ont beaucoup d'esprit, avec quoi ils amusent le public : ce sont eux qui ont le plus d'influence sur le peuple et sur les boutiquiers que rebuteraient, dans leur état présent d'instruction, des lectures plus sérieuses, et qu'attire, en outre, le bas prix de ces productions. Le véritable enseignement populaire n'existant pas, le peuple en est réduit, pour se nourrir l'esprit, à la partie la plus légère et la plus creuse de la littérature des classes moyennes et supérieures. Tandis qu'en Allemagne l'esprit scientifique, en Angleterre l'esprit politique descendent sans cesse des hautes classes sociales dans les plus basses, en France, le rapprochement des classes s'opère sur le terrain des commérages, des anas et des gaudrioles. C'est la seule lecture qu'aient de commune ensemble les domestiques et leurs maîtres, les employés et leurs chefs, les soldats et leurs officiers, les ouvriers et leurs patrons. *Voilà le lien intellectuel de la nation!*

Les hommes d'enseignement et de science

Comme les instituteurs qui sortent des classes rurales pour revenir ensuite parmi elles donner l'instruction primaire aux enfants des campagnes, les hommes qui distribuent l'enseignement secondaire et supérieur, les professeurs, sortis d'ordinaire de la bourgeoisie, y restent pour l'élever et l'instruire. Ils se recrutent en général dans des familles peu fortunées ou ayant perdu leur fortune, et appartenant soit au professorat lui-même, soit à la classe des manufacturiers négociants ou à celle des boutiquiers, soit encore aux rangs moyens de l'administration civile. L'école normale supérieure qui est la pépinière du professorat, passe à bon droit pour la première de toutes les écoles françaises.

Le professorat lui-même n'est accessible qu'à ceux qui ont réussi dans des concours d'une difficulté supérieure à tout ce qu'on voit d'analogue dans les rares carrières organisées d'après le même type. Dans la vie usuelle, tout le monde reconnaît que les professeurs possèdent une instruction, une culture d'esprit bien plus avancées que celles des autres groupes de la société. D'autre part, personne ne conteste que leur caractère général de droiture désintéressée, d'honnêteté rigide, leur crée des titres particuliers à l'estime publique. Et pourtant, en dépit de toutes ces causes d'influence, le champ d'action de cette catégorie sociale, qui se trouve en Allemagne à la tête du mouvement politique, est en France ou très-restreint ou nul. Sans doute le peu de fortune qu'ils possèdent, la rémunération insuffisante que leur alloue l'État (insuffisante pour les simples exigences de la tenue sociale, à plus forte raison pour la satisfaction des besoins de l'esprit et de la science : voyages, achat de livres, abonnements aux publications savantes, etc., enfin l'excès de besogne matérielle auquel ils sont assujettis, contribuent à donner le rôle le plus effacé dans l'État à des hommes qui pourraient beaucoup pour l'État.

Mais la vraie cause de la situation si différente qui leur est faite en Allemagne et en France tient à la différence même de l'idée qu'on se fait de l'instruction dans ces deux pays. En Allemagne, la société, le gouvernement, la civilisation entière étant imprégnés de l'esprit de la science, les professeurs, dont l'enseignement lui-même est plus scientifique que partout ailleurs, apparaissent comme les dispensateurs de l'esprit général qui anime toutes les classes. De là le rang élevé, dominant, qu'ils tiennent dans l'opinion. En France, sans méconnaître *a priori* la puissance de l'instruction pour émanciper l'intelligence, et la mettre en état de chercher par elle-même la vérité dans tous les ordres de connaissances, on ne lui demande guère, en pratique, que d'orner la mémoire et de façonner l'imagination des jeunes gens de manière à les rendre aptes à vivre au milieu de leurs semblables, et à leur plaire. Le professeur n'est plus, dès lors, que l'homme chargé de dégrossir l'adolescence dans sa période désagréable et difficile. Sous ce rapport, nous n'avons pas sensiblement dépassé la notion de ce qu'au XVII° siècle on appelait : « la *politesse.* » On peut même remarquer que la démocratie ayant eu surtout pour résultat, jusqu'à présent, d'abaisser le niveau des manières sans élargir les intelligences, il est arrivé, l'éducation étant moins nécessaire qu'autrefois pour avancer dans le monde, et la culture scientifique ne l'étant pas davantage, que la tâche du professeur a plutôt perdu que gagné en importance.

Jurisconsultes, publicistes, hommes d'enseignement et de science, ces trois catégories[1] de la bourgeoisie non commerçante sont celles qui possèdent, en somme, l'influence intellectuelle. Mais nous venons de voir que le

---

1. Au classement que nous faisons, échappent nécessairement ceux qui, toujours libres d'exercer une influence personnelle, comme les ingénieurs, les artistes, les médecins, les naturalistes, les mathématiciens, les architectes, etc.... ne constituent pas des catégories sociales assez nombreuses et assez fixes pour être animées, en politique, d'un esprit caractéristique et durable. L'armée et l'administration, dans lesquelles figurent nombre de bourgeois, ont leur esprit particulier, en tant que corps hiérarchiques, non en tant que classes sociales.

plus souvent elles l'exercent mal, ou ne peuvent pas du tout l'exercer. Par suite même de l'organisation de la société française, les avocats sont, pour ainsi dire, condamnés à accaparer toutes les fonctions politiques, où ils portent trop souvent, avec leur facilité de parole et leur connaissance de l'engrenage matériel de la vie et des affaires, le charlatanisme oratoire, le scepticisme superficiel, le goût de la sophistique, l'indifférence à l'égard du vrai, le défaut de méthode et de conscience, et des préoccupations d'amour-propre ou d'intérêt qui ne sont pas combattues par une assez haute culture scientifique et morale. Les publicistes ne peuvent arriver aux affaires que portés par un parti, auquel ils sont tenus, en revanche, d'asservir leur pensée et leur plume. Tous les partis étant dans le faux, et la France n'ayant d'autre chance de salut que de leur échapper à tous pour recouvrer la possession d'elle-même, les publicistes qui remplissent le mieux leur mission sont évidemment ceux qui n'appartiennent à aucun parti, qui pratiquent la science impartiale et désintéressée. Mais ce sont aussi les mieux assurés de ne jamais mettre la main à la gestion de l'État. Quant aux professeurs, aux savants, aux penseurs, ils sont dans l'impossibilité de contribuer à la direction des affaires, ou de conseiller utilement les hommes qui les dirigent. Ceux mêmes qui sont admis à l'Institut, se sentent si faibles, si petits dans l'État, si peu entourés, si peu soutenus par l'opinion publique, qu'ils éprouvent le besoin de se fortifier (on dirait ailleurs s'affaiblir) par l'adjonction d'éléments fort peu scientifiques ou fort peu littéraires. Exclus de la politique, les hommes de science n'osent pas même se réserver entièrement l'Institut. Ils forment une classe timide qui semble avoir pour ambition de se faire, à force d'effacement, supporter dans un pays où l'étude n'est pas considérée comme une condition sociale, où la science compte peu quand elle n'est pas suspecte, où l'intelligence est plus redoutée encore qu'estimée.

Il y aurait injustice, avouons-le, à ne pas marquer ici la part de responsabilité qui revient, dans cet état de choses, à nos gouvernements successifs. Sous le despotisme, le caprice du maître se porte, au hasard, sur des créatures. Sous le régime parlementaire, nos hommes d'État sont comme perdus dans une forêt de préjugés, de faux scrupules, de formules, de conventions, qui étouffent en eux le discernement, et leur dictent des choix fondés sur des riens, sur des considérations de parti ou de coterie, sur la fortune réelle ou supposée des gens, sur leur tournure, sur leur train de maison, sur leurs alliances, sur tout ce qu'on appelle « leur situation sociale. » Au lieu du bien public, c'est le formalisme mondain qui devient le principal régulateur de leurs préférences. Ils en arrivent même à les confondre ensemble, et croient satisfaire à l'un en prenant conseil de l'autre. Trop occupés d'ailleurs à éconduire des solliciteurs d'une âpreté parfois obscène, pour avoir l'idée d'aller à la recherche des capacités, ils s'imaginent encore que la besogne est mieux faite par des instruments passifs que par des auxiliaires convaincus. Leurs élus, dont la faiblesse est bientôt percée à jour par la malice populaire, ont à leur tour à en choisir d'autres qui, recrutés dans le même esprit, sont d'une égale transparence; et voilà comment, du haut en bas de l'échelle, la médiocrité devient si générale qu'elle se confond avec l'intérêt de l'État, qu'elle devient l'intérêt même de l'État. Le fruit de ce système est une organisation caractérisée par deux traits principaux :

1° L'exclusion de la vigueur intellectuelle;

2° La mise à nu de tous les côtés faibles du tempérament national.

Qu'une pareille organisation soit mise en demeure de se confronter, pour un but déterminé, avec celle d'une autre nation, elle montre immédiatement ce qu'elle vaut.

Les classes bourgeoises sans profession.

La bourgeoisie a aussi ses éléments inertes. Ce sont les familles qui vivent, pour leur plaisir, de leurs revenus, et dont l'inaction serait complète, sans les soins qu'exige la gestion de leur fortune.

Cette catégorie des classes bourgeoises comprend :

1° Les rentiers des villes;

2° Les riches propriétaires des campagnes.

Les rentiers des villes

Les plus riches d'entre eux, les *capitalistes*, pourraient, quoique n'exerçant en titre aucune profession, être rangés dans la catégorie des gens de finance.

Le rentier proprement dit n'a parfois qu'une fortune assez modeste. Mais n'étant pas capable de suffire aux exigences d'une profession intellectuelle, et craignant de déroger en s'adonnant au commerce, il reste, pour ainsi dire, à mi-côte, fort embarrassé de lui-même, et voué à une existence tellement monotone et vide, qu'on est surpris de le voir se résigner à un loisir si accablant. Le jeu, la chasse, la promenade, le bavardage occupent seuls ses moments.

Cette petite aristocratie végétative forme, surtout dans le Midi, une partie de la population de nos villes de province. Souvent aussi, le rentier est un commerçant retiré des affaires Celui-là est le plus à plaindre. Son esprit, habitué à l'exercice continuel d'une profession, et peu préparé, d'autre part, à se distraire par les jouissances des arts et des lettres, tombe dans un état de langueur bien pire que l'excès de travail. Il devient la proie de l'ennui. Le commerçant devenu rentier se croit plus élevé de quelques crans [1] dans la hiérarchie sociale, puisqu'il ne tra-

---

1. Il est passé *Bourgeois*, comme on dit en province. Malgré la Révolution de 1789, le travail n'a pas été complétement réhabilité

vaille plus. Pourtant sa seconde existence est loin de valoir la première. Dans son désœuvrement, l'avarice lui devient une occupation. Il s'ingénie à mal vivre, afin de prélever sur ses revenus de quoi ajouter à son capital. Mais ce capital lui-même échappe souvent au rentier, devenu, sous le nom d'*actionnaire*, la dupe de spéculateurs aigrefins. On le voit alors condamné, après avoir passé dans des privations volontaires la plus grande partie de sa vie, à en achever le reste dans des privations forcées.

Les riches propriétaires des campagnes

C'est la *gentry* française, qui pourrait, mieux encore que la britannique, fournir à quelque nouveau Thackeray un chapitre nourri de l'histoire du *snobisme* français. Elle passe l'été et l'automne à la campagne où elle a son principal domicile, ses souvenirs de famille, son point d'appui, ses plus gros intérêts. L'hiver, elle vient habiter la ville (en province) ou même Paris, où les plus riches ont un hôtel, les autres un appartement, quelques-uns un simple pied-à-terre. Cette partie de la nation a dû au régime électoral de la Restauration et de la Monarchie de Juillet une prépondérance politique que le suffrage universel a, au moins en apparence, respectée, puisqu'elle forme encore la majorité des Conseils généraux et de la Chambre.

en France, et dans une partie du pays, l'oisiveté paraît encore le signe de la noblesse.

L'esprit de réaction, dont nous avons déjà eu l'occasion dans ce travail, de signaler l'influence sur plusieurs catégories de la bourgeoisie, n'a nulle part pénétré plus avant ni exercé plus de ravages que dans notre *gentry*. C'est là qu'on peut constater le néant de cette thèse présentée comme un axiôme, et soutenue comme l'évidence même par les publicistes de l'école constitutionnelle-monarchique : « que l'indépendance de la situation, garantie par la fortune, est le meilleur gage de l'indépendance des opinions. » Nous avons remarqué, plus haut, que l'opinion des gens de finance était, en politique, une opinion fixe. L'opinion politique de la *gentry* française est presque toujours une opinion terrienne. Cette classe prend parti, dans les affaires générales, pour son intérêt personnel, au lieu de profiter des avantages de sa situation pour la liberté de son esprit. Elle met son intelligence au régime, et se tient sur la défensive à l'égard de la science. Et c'est précisément parce qu'elle semble uniquement préoccupée de conserver sa situation, au lieu de s'en servir, qu'elle la compromet.

Avec l'élément culminant de la bourgeoisie urbaine (gens de finance, capitalistes) et de la bourgeoisie rurale (riches propriétaires), vient progressivement se fondre ce qui subsiste encore de l'ancienne aristocratie nobiliaire.

Cette classe, malgré sa richesse et la considération personnelle qu'on accorde toujours en France, pays du point d'honneur, à tous ceux qui gardent à leur point d'honneur une fidélité de bel effet, aurait à elle seule peu d'influence, et vivrait entièrement à l'écart, dans le culte des souvenirs monarchiques, si les nécessités de la vie ne l'entraînaient peu à peu, et malgré elle, dans le courant social. Elle sort de ses châteaux et de ses hôtels pour entrer dans les conseils d'administration des grandes entreprises financières ou industrielles, et c'est là qu'elle se rencontre et s'abouche avec les deux groupes qui constituent la haute bourgeoisie. L'union commencée par les affaires se resserre par les mariages, et ces trois fractions sociales, en se mêlant de plus en plus, constituent, dans la nation française, un essai permanent d'aristocratie qui voudrait éclore. Ce parti-là n'est pas le premier venu. Ou plutôt c'est un parti qui, sans valoir beaucoup par lui-même, est, tout autrement que les autres, mené et dirigé. Assurément on ne saurait reconnaître l'esprit politique à ceux qui, dès le début, ne tiennent compte, dans le choix de la marche à suivre, que d'une partie de la réalité, et méconnaissent l'autre, tout en sachant ensuite merveilleusement discerner les moyens, les chances, les obstacles, les impossibilités même. Mais à défaut d'esprit politique, les hommes qui sont à la tête de ce parti, ont une remarquable *dextérité* politique. On trouve parmi eux des écrivains du plus rare talent, des intelligences cultivées et raffinées, des penseurs exquis et profonds, des moralistes pénétrants.

C'est une école politique dans le sens le plus élevé du

mot, avec ses doctrines, ses publicistes, ses journaux, sa littérature, ses hommes d'État. N'était l'esprit clérical qui obscurcit trop souvent l'éclat naturel de cette élite, on serait tenté de la comparer à ce parti aristocratique de l'ancienne Athènes qui a fourni à son pays tant d'hommes de premier ordre, ou à ces derniers patriciens de Rome qui savaient si bien résister aux Césars, mais qui eussent été incapables soit de faire vivre l'ancien régime, soit d'en organiser un nouveau. Les grands seigneurs et les lettrés qui composèrent jadis le comité de la rue de Poitiers, avaient ce grave défaut. Étant donné que tous les partis en France font chacun un roman, au lieu de *faire de la réalité*, ils font, si l'on veut, le roman le plus distingué, le plus élevé, le plus épuré de tous. C'est le roman idéal, mais c'est un roman.

En se mettant, en 1850, en travers de la démocratie, ils ne réussirent qu'à faire dévier vers le second Empire un courant qui pouvait dès lors mener à la République. Si aujourd'hui, dans les circonstances nouvelles où la France se trouve placée, à l'intérieur et au dehors, le comité de la rue de Poitiers venait à se reconstituer, où nous mènerait-il ?

La réponse à cette question résultera, dans la suite de ce travail, des conclusions ultérieures que nous avons encore à dégager.

III

LES PARTIS ET LES PRÉTENDANTS

Nous venons de procéder à l'examen complet, quoique rapide, et assurément impartial, des éléments dont se compose, en 1872, la Nation française.

Nous avons trouvé :

1º Des paysans en grande masse conservateurs des résultats de la Révolution de 1789, n'ayant d'objection à la monarchie que dans la mesure où elle leur paraîtrait menacer la conservation de leurs propriétés, — à la République que dans la mesure où elle pourrait les empêcher de les mettre en valeur et d'en écouler les produits. De la monarchie, ils redoutent la dime, la corvée, la reconstitution de l'ancienne propriété féodale ; de la République, le désordre à l'intérieur, et la guerre au dehors ou sur leur propre sol.

2º Des ouvriers, ingrats et mécontents, convaincus que la Révolution de 1789 a été pour eux de nul effet, désireux d'avoir leur 89 particulier, entrain de perdre ou ayant même déjà perdu l'idée de patrie, et prêts à se rallier à tout gouvernement qui leur promettrait de remplir leurs espérances, fût-ce même la dictature, — peu soucieux d'ailleurs de la liberté qui ne leur donne pas l'égalité,

parce qu'ils n'ont pas même les instruments nécessaires [1]
pour en tirer parti.

Ainsi donc, à ne considérer que les paysans et les ouvriers, c'est-à-dire l'immense majorité numérique du
pays, on arrive à cette conclusion que le gouvernement
le plus possible en France, ce serait, malgré l'écart qu'il y
a entre ces deux classes, la dictature; une dictature conservatrice pour les paysans, une dictature révolutionnaire
pour les ouvriers, — ou même une dictature mi-partie
de conservation et de révolution. C'est précisément dans
cet entre-deux que Napoléon III avait fait son lit.

3º Mais nous avons aussi trouvé les classes bourgeoises.

Il faut en arriver à la bourgeoisie pour trouver enfin au
complet la terminologie des partis. Ces partis ont la
prétention d'exprimer à eux tous réunis la nation elle-
même prise dans son ensemble. A les en croire, leurs
divisions ne feraient que traduire, dans la représentation
nationale, les divisions existant dans la nation.

L'analyse de la nation, nous a fait voir que cette théorie ne supportait pas l'examen. Les partis n'ont eu de
réalité substantielle qu'à l'époque où la fiction du pays
légal excluait de la politique la presque totalité du pays
réel. Dans cette France circonscrite, ils ont eu une vie fac-
tice. Aujourd'hui, ils ne sont plus que les expressions sur-
vivantes de phases historiques finies. Echelonnés chrono-

1. Instruction, capital, etc...

logiquement les uns sur les autres, ils marquent, comme des détritus géologiques, les degrés variés de la direction vicieuse imprimée depuis longtemps aux destinées nationales.

Mais, dit-on, il faut des partis pour le jeu des institutions libres. Voyez l'Angleterre!

Nous voyons en Angleterre un parti tory et un parti whig, sortis tous deux des entrailles de la nation, nourris de sa sève, correspondant aux alternatives de son *devenir* politique. Les Tories représentent l'organisation constitutionelle, les Whigs l'évolution constitutionnelle de l'Angleterre. Ce sont des partis *organiques*. Les partis de la France sont noués, pétrifiés, obtus. Attachés, soit routine, soit fanatisme, soit ambition, soit chevalerie mal entendue, à des dogmes politiques où la vérité n'entre qu'à titre d'alliage, ils sont superposés et non identifiés au pays. Ils évoluent suivant la loi d'une sorte de cristallisation politique qui ne cadre pas avec la loi de l'évolution nationale. Les partis, en Angleterre, étudient la réalité, pour l'aider à aboutir. Les nôtres l'ignorent ou la méconnaissent, en attendant qu'ils la violentent.

Ils peuvent cependant opposer avec orgueil leur savoir incomplet à l'ignorance épaisse des masses. Sans doute, mais à qui la faute?

Si l'ancien pays *légal* s'était élargi par degrés, de manière à englober, après un laps de temps qui devait être, en France, moins prolongé que partout ailleurs, le pays *réel* ; si en même temps, si plus rapidement encore, l'instruction primaire, secondaire, supérieure, renouvelée, dotée, développée, prodiguée avec une force d'impulsion proportionnelle à la nécessité [1], avait rendu le pays *réel* digne d'entrer peu à peu dans le pays *légal*, les partis auraient disparu à la fois devant le nombre et devant la lumière, au lieu d'être, comme en 1848 et en 1852, engloutis subitement par le nombre, en gardant le droit de se croire eux-mêmes la lumière.

Quels qu'ils soient, cependant, les partis existent ; ils sont un des côtés de la réalité, et si aucun d'eux n'est capable de fonder un régime durable, tous, dans l'état de désorganisation où se trouve la France, peuvent espérer d'avoir un avénement, un succès d'un jour. La science ne peut donc pas en faire abstraction. Il faut les étudier.

1. Les hommes d'État de la monarchie de Juillet eurent l'instinct de ce qu'il fallait faire : de là, la loi de 1833. Mais ils s'arrêtèrent dès les premiers pas, distraits par de moindres préoccupations. Ils ne comprirent pas l'importance extraordinaire de leur mission. Ils ne virent pas que chargés, en fait, de reprendre, quarante années plus tard, la Révolution avortée de 1789, ils avaient à regagner un temps perdu énorme, séculaire : deux cents ans de complet oubli de la nécessité d'instruire les masses. Il crurent assez faire en opérant dans l'instruction publique un progrès qui eût suffi s'il eût commencé dès le règne de Louis XIV, de même qu'en matière d'extension du droit de suffrage ils mettaient la France du xixe siècle à la ration de l'Angleterre au xviiie. C'est ainsi qu'une grande nation a pu arriver en pleine civilisation européenne, dans un état d'ignorance qui rend aujourd'hui ses destinées problématiques.

Ce n'est pas leur valeur intellectuelle et morale qui doit nous préoccuper. La question n'est pas posée sur ce terrain. Si elle l'était, ils n'auraient, *en tant que partis*, aucune chance. Il s'agit de savoir au juste quel est le tempérament dechacun d'eux, quel rapport existe ou peut se produire entre ce tempérament et la situation où nous sommes, quel est leur degré de force, de consistance, d'élasticité. En un mot, il faut se rendre compte de la *dynamique* des partis.

Les partis et les prétendants en présence sont les suivants :

1° Les Légitimistes, avec M. le comte de Chambord.

2° Les Fusionnistes, avec M. le comte de Chambord et M. le comte de Paris.

3° Les Orléanistes, avec M. le comte de Paris.

4° Les Aumaliens, avec M. le duc d'Aumale.

5° Les Bonapartistes, avec... 1° l'ex-Empereur, ou bien 2° l'ex-Prince Impérial et la Régente, ou bien 3° M. le prince Napoléon.

6° Les Cléricaux, avec tout le monde.

§ 1. *Les Légitimistes*

Le parti légitimiste est un parti de foi : foi dans la monarchie représentée par la maison de Bourbon; foi dans la religion représentée par l'Église catholique et le Pape. Mais le légitimiste complet, celui qui unit en lui les deux croyances, devient de plus en plus rare. Le parti légitimiste est en pleine décomposition. Les politiques du parti passent à la fusion, les dévots passent au cléricalisme. On peut même remarquer que ce sont les grands seigneurs, de plus en plus rares eux-mêmes, qui vont à la fusion: Le cléricalisme hérite des hobereaux, des légitimistes de petite race, de ceux qui sont de noblesse toute fraîche, ou de noblesse ancienne, mais rouillée à la campagne, ou bien encore de fausse noblesse. Comme les plus nombreux ne sont pas les ducs et pairs, il en résulte que le plus clair du parti légitimiste s'est évaporé en cléricalisme. Il n'y aura bientôt plus dans le monde qu'un légitimiste de bon aloi et de plein exercice, M. le comte de Chambord. Mais lui-même est bien de son siècle. Il parle de ses principes, lance des manifestes, et exalte à outrance le droit divin, dans le style et sur le ton d'un journaliste radical. Il ressemble, bien plus qu'il ne s'en doute, à ses contemporains. Il est tellement moderne dans ses goûts, qu'il a mieux aimé renchérir sur Charles X que rajeunir la politique de Henri IV. Ses plus anciennes traditions ne vont pas au-delà de l'Émigration. Il représente non pas même l'ancien régime, mais la dernière heure de la Restauration. Ni Louis XIV, ni Louis XV, ni Louis XVI n'avaient su s'adapter à une situation sensiblement modifiée. M. le comte de Chambord érige à la hauteur d'une doctrine ce qui chez ses ancêtres n'était qu'insuffisance politique. Il ne tient compte ni de la réalité présente, ni de l'histoire. Il ne cadrerait pas même avec le passé. Les légitimistes

19.

les plus avisés, quoique désirant son retour, se défient de lui, et conviennent, à mots couverts, qu'ils comptent sur la présence des princes d'Orléans pour tempérer la raideur de ses déductions. Au fond, ils voudraient le ramener et l'annuler.

Le parti légitimiste brille par les vertus privées, le courage militaire et la piété. Mais il ne ressemble guère à une aristocratie.

C'est une caste, et non un patriciat. Sa principale force est l'inertie, sa politique l'exclusion. Il s'est fait une situation sociale en émerveillant la naïveté populaire par la constance avec laquelle il ferme ses salons et ses cercles aux personnes qui en rendraient l'accès désirable; et il se maintient sur un certain pied en politique par le refus obstiné de s'entendre avec le seul parti qui ait la bonhomie de lui faire des avances.

§ 2. *Les fusionnistes*

M. le comte de Chambord ne peut pas être à lui seul une dynastie. Réduite à son unique personne, la légitimité n'aurait pas de lendemain. Delà l'obligation de rallier ses cousins. Mais ici se présente une grande difficulté. Il faut que M. le comte de Chambord fasse sa dynastie en la convertissant.

Les Fusionnistes ne se sont pas demandé si MM. les princes d'Orléans étaient de ceux qui se laissent convertir.

Chacune de leurs tentatives a été contrariée par un manifeste de M. le comte de Chambord, qui ne tolère rien de ce
qui est possible. C'est la toile de Pénelope. M. le comte
de Chambord est intraitable sur la conversion. Il
ne se contenterait pas d'un simple rapprochement,
comme il s'en pratique dans le monde. Il lui faut la conversion. Il la veut entière, dans les règles, affectueuse et
tendre, non sans l'accolade biblique et chevaleresque.
Bref, il rêve le retour de l'Enfant prodigue.

MM. les Princes, mis en demeure, hésitent. On ne le
conçoit que trop, en présence des alternatives posées :

1° Subordination pure et simple à M. le comte de
Chambord, dans une piété profonde, qui dépasse leurs
moyens.

2° Fusion : c'est-à-dire annulation momentanée, mais
qui peut se prolonger fort longtemps, en échange de
quelques concessions insignifiantes de M. le comte de
Chambord.

3° Restauration de l'Orléanisme pur; nouveau 1830.

4° Expédient stathoudériste, autrement dit, présidence
de la République par un prince.

Qu'on juge de leur embarras! Il faudrait, pour opter,
une vocation plus décidée qu'on ne peut raisonnablement
l'attendre de princes intelligents et honnêtes, heureux de
revoir le pays natal après vingt-trois ans d'exil, aimant
leur patrie en citoyens, aimant aussi un peu la chasse et
l'Opéra, et détestant probablement les alternatives entre

lesquelles on les presse de faire un choix dont le résultat pourrait être de les replacer sur la route d'Angleterre. Au point de vue monarchique, la fusion serait la meilleure solution. On ferait l'économie de trois partis sur quatre.

§ 3. *Les Orléanistes*

Sous le second Empire, le parti orléaniste formait au-dessus de la société française une élite mondaine, littéraire et financière. C'est à l'Académie que se conservait la pure doctrine, réduite sur le terrain de la vie réelle à une défensive assez molle, et peu à peu entamée par le frottement contagieux des spéculateurs et des entrepreneurs parvenus de l'empire. Ce contact, aggravé par une communauté d'intérêts avec des hommes dont on était à la fois l'adversaire et l'associé, a singulièrement affaibli la consistance du parti orléaniste. A peu près exempt de fanatisme et de charlatanisme, ce parti présente les symptômes d'une maladie de langueur, le *Philintisme*, qui se reconnaît à ces traits : « On a personnellement une grande droiture, mais on ne s'indigne que faiblement contre la malhonnêteté chez les autres. On déteste le machiavélisme césarien, mais on tolère le *Walpolisme*. On se contente de la demi-science, et l'on n'aborde point la réalité. On est en coquetterie avec les défauts de la civilisation française, avec les préjugés de la société élégante. On admet qu'il y a des opinions fausses auxquelles on doit le respect, et des opinions vraies que l'on ne saurait avouer. On s'en tient à la devise, aujourd'hui surannée, de sir William Temple : homme du monde parmi les gens de lettres, homme de lettres parmi les gens du monde. — S'il faut, pour relever une nation déchue, un vigoureux effort de la raison et de la science, suffira-t-il de patriciens qui forment plus encore une ploutocratie qu'une aristocratie ? de beaux esprits partagés entre le scepticisme et le cléricalisme ? de libéraux dont le parlementarisme, de plus en plus négatif, tend moins à signifier : « amélioration des hautes classes par la liberté, » que « limitation du progrès de la condition populaire ? »

§ 4. *Les Aumaliens*

Quelques orléanistes, convaincus que la monarchie n'est pas immédiatement possible, et quelques républicains, atteints d'orléanisme, ont, d'instinct, trouvé l'*Aumalisme*. Ils estiment que sous la présidence d'un prince d'éducation bourgeoise et d'esprit moderne, qui est à la fois un général (de guerre africaine), un lettré, un historien, un savant, qui a voyagé, écrit, combattu, qui sait parler, qui sait aussi se taire, la République, tout en offrant à la sécurité des intérêts matériels les meilleures garanties, atteindrait sa plus haute signification intellectuelle et politique. — Mais nous n'examinons ici les partis qu'au point de vue de la pure dynamique. Les Au-

maliens n'éprouvent aucun désir de voir la République portée à sa perfection. Ils veulent avoir, dans le prince, une garantie contre la République. Ils espèrent que de la principauté sortirait la monarchie et qu'on pourrait remonter en sens inverse, la gamme royaliste : « Aumalisme, orléanisme, fusion, légitimité. » M. le duc d'Aumale pourrait-il satisfaire à la fois ceux qui lui demanderaient d'être le préparateur d'un règne, et ceux qui, l'acceptant comme président de la République, exigeraient du prince plus de garanties que d'un simple citoyen?

A la différence de la fusion qui diminuerait du moins le nombre des partis, l'*Aumalisme* en met un de plus dans la collection.

§ 5. *Les Bonapartistes*

Le bonapartisme a aussi sa gamme, où les monarchistes peuvent choisir : soit l'ex-empereur, soit l'ex-prince impérial avec la régente, soit M. le prince Napoléon. — Le bonapartisme est la formule de la décadence française. Avec lui, elle s'opérerait suivant le plan d'inclinaison naturelle. Voilà pourquoi, sans être redoutable, il paraît si près de revenir, chaque fois que la France a l'air de tourner mal. S'il y a une science politique, son premier effet doit être d'éliminer le bonapartisme, comme le médecin élimine la maladie. — La dynastie des Bonaparte n'a pas eu le temps de se former. Les catastrophes et la honte sont venues trop tôt. Napoléon Ier a encore de la gloire militaire à revendre. Mais sa famille ne peut plus en bénéficier. Toutefois, il résulte de l'analyse de la France, que le bonapartisme garde encore une chance à l'intérieur. Il pourrait réunir tous ceux qui ne veulent pas de la République, et une fraction du parti radical, qui, la République devenant impossible, préférera toujours le bonapartisme à une monarchie de bon goût. Au dehors, il ne serait pas étonnant que M. de Bismarck, préoccupé de faire cadrer la France avec l'Allemagne d'une part, de l'autre avec l'Espagne et l'Italie, parties intégrantes de son échiquier politique, songeât à M. le prince Napoléon, beau-frère d'Amédée, gendre de Victor-Emmanuel, nationaliste, anti-papiste, peu amateur de revanche au dehors, révolutionnaire au-dedans, et pouvant, par surcroît, se prévaloir près du parti clérical, de la piété de madame la princesse Clotilde.

§ 6. *Les Cléricaux*

Le parti clérical se recrute parmi tous les autres, et ne se livre complétement à aucun. Son dernier mot serait peut-être une République entendue d'une certaine façon. Il remplacerait, au besoin, le trône par l'autel, et immolerait le roi lui-même *ad majorem Dei gloriam.* Il serait bienfaisant, à condition d'être le maître, et, l'on n'aurait à lui reprocher qu'une chose : « l'élimination

systématique de la science. » Il comprendrait, parmi ses
dons, l'ordre matériel, et une certaine justice distribu-
tive, graduée à l'échelle cléricale. Mais il aurait une politique extérieure dont le premier résultat serait de nous
brouiller avec toute l'Europe au sujet de la question
romaine.

IV

LA CHAMBRE

On ne trouve pas dans la Chambre des démarcations
aussi nettes que dans le pays. Voici les noms qui servent
à masquer bien des sous-entendus, bien des incertitudes :
1° la *droite* (180 légitimistes, purs et modérés.) 2° Le *centre
droit* (180 à 200 membres, la réserve de la fusion.) 3° Le
centre gauche (160 à 170 membres, la réserve de l'orléanisme.) 4° La *gauche républicaine* (100 à 125 membres.)
5° La *gauche radicale* (30 à 40 membres.) 6° Les *bonapartistes avoués* (8 à 10 membres), et *latents* (25 à 30). —
La Chambre, on le voit, ne répond exactement ni au pays
ni aux seules classes bourgeoises. Si elle représentait le
pays, les républicains et les bonapartistes y seraient, les
premiers surtout, bien plus nombreux : on n'y trouverait
que peu ou point de légitimistes. Si elle représentait les
seules classes bourgeoises, on y verrait une floraison touf-
fue de l'orléanisme fusionniste.— La Chambre est un moment du pays, pris sur le fait, mais déjà fort éloigné. En

février 1871, les classes rurales ont envoyé à la Chambre les grands propriétaires, en qualité, non de légitimistes, mais de partisans de la paix qui s'étaient bien battus durant la guerre. Les légitimistes de l'Assemblée l'étaient moins eux-mêmes avant leur élection. Cette recrudescence des idées légitimistes s'explique par les réflexions qu'ont été amenés à faire, alors que l'empire n'était plus possible, et que l'idée de République paraissait liée à celle de guerre à outrance, des hommes qui n'ayant pas une véritable instruction moderne, mais plutôt la culture des petits séminaires, sont capables cependant de se hausser jusqu'à une théorie spiritualiste et honnête, mais absolument fausse, parce qu'elle ne tient compte ni de la réalité ni du *devenir*. Les élections de juillet 1871 et celles des conseils généraux ont bien montré l'écart qu'il y a entre le moment de février 1871 et les moments qui se sont succédé depuis.

A travers mille fluctuations, on peut démêler dans l'Assemblée une loi de groupement :

1º La fusion y trouvera toujours de 310 à 370 voix.

2º La majorité qui n'existe pas sur le terrain politique, existe sur le terrain des idées cléricales, qui disposent de 500 à 550 voix. C'est dans ce sens que la Chambre serait le plus près d'aboutir.

3º. Toutes les fois que M. Thiers intervient en personne, il se dégage en sa faveur une majorité d'occasion, variable, mais certaine. C'est, en somme, la seule majorité politique de l'Assemblée. Elle résulte d'une compression toute momentanée, mais indéfiniment renouvelable des préférences et des passions de la Chambre, due elle-même : 1° aux qualités morales d'honnêteté et de patriotisme qui distinguent la Chambre ; 2° à l'influence toute personnelle de M. Thiers. Cette influence elle-même tient aux raisons suivantes :

1° La capacité politique exceptionnelle de M. Thiers.

2° Sa prévoyance historique démontrée tant de fois de 1863 à 1870.

3° Vingt-sept élections qui ont constitué en sa faveur un quasi-plébiscite, le seul spontané, le seul intelligent qui soit jamais sorti du pays.

4° Son âge qui ne désespère aucun prétendant, tandis que sa santé et son tempérament lui laissent l'espoir fondé de vivre encore de longues années.

5° L'impossibilité où est M. Thiers de grossir le nombre de prétendants dynastiques, n'ayant pas même de famille à pourvoir.

6° La confiance qu'il inspire aux Républicains par la direction actuelle de son gouvernement, aux monarchistes, par tout son passé.

7° Le rétablissement progressif de l'ordre, du crédit, des transactions, et même, par une rapide libération, de l'indépendance nationale.

Voilà pourquoi, un jour de vote public, M. Thiers a pour lui toute la Chambre. Mais, si l'on prend à part un grand nombre de ceux qui ont déterminé cette unanimité, on les trouve tous individuellement mécontents. Ils accusent M. Thiers de ne pas pratiquer, dans sa vérité, le régime parlementaire.

V

LE GOUVERNEMENT

Le régime parlementaire donne le pouvoir à l'opinion publique, représentée par la majorité de la Chambre. Mais à quoi se réduit, au fond, la garantie offerte par l'opinion publique? — A la faculté pour un peuple de se perdre lui-même au lieu d'être perdu par un maître. C'est un progrès, assurément. Mais croit-on que ce soit là le dernier mot de la science gouvernementale? — Gouverner selon l'opinion, c'est, bien souvent, abonder dans le sens des erreurs d'une nation; c'est courir à un danger dont la mesure se trouve dans l'écart qu'il y a entre cette opinion et la réalité intérieure ou extérieure. D'autre part, heurter l'opinion, c'est compliquer le problème, c'est soulever des questions nouvelles, c'est rendre, quelquefois, le gouvernement impossible. L'opinion ne doit pas être le régulateur souverain de l'État, mais elle est un élément important de cette réalité dont la connaissance complète et le maniement délicat constituent la science gouvernementale.

La France actuelle ne remplit pas même les conditions

du régime parlementaire. La Chambre ne cadre pas avec le pays, qui ne cadre pas six mois de suite avec lui-même. Dans un État aussi mal organisé, le premier devoir du Gouvernement est de corriger, d'après un point de vue d'ensemble, les allures naturellement vicieuses de la situation, de tempérer la Chambre par le pays, le pays par la Chambre, et l'un et l'autre par son influence directe. Voilà comment M. Thiers se trouve amené à pencher vers la gauche, et à se mêler aux travaux des commissions, ainsi qu'aux débats de l'Assemblée. Le ministère, si l'on excepte M. de Rémusat que sa supériorité personnelle met au-dessus des partis, dans une situation à part, paraît bien avoir été composé en vue de pondérer les opinions les unes par les autres, au profit de la tendance républicaine. Le même esprit règne dans l'administration départementale. On sait que M. Ernest Picard a installé la République dans les préfectures (février-juin 1871), (ce qui était le seul moyen, soit dit en passant, d'empêcher la Commune de gagner la province). La Commune a été vaincue en même temps que la République établie. M. E. Picard a été, il est vrai, sacrifié à la droite, mais ses préfets sont restés.

Ce mécanisme gouvernemental a pourtant un défaut. Il ne va pas au fond des choses. Il n'atteint pas le mal intime. Il faut à la France plus qu'un *modus vivendi*, une refonte. La plupart des obstacles viennent de la Chambre. Mais qu'on aille pas se figurer que tout serait résolu par la dissolution. Une autre Chambre ne serait qu'un autre moment, également fugitif, du pays. Il y aurait une débâcle de l'Assemblée actuelle. Mais, en politique, toutes les débâcles sont à redouter, parce qu'elles peuvent mal se limiter. Une Chambre exactement conforme au pays ne serait pas non plus l'idéal. Elle risquerait de lui trop ressembler. D'autre part, soumise au renouvellement partiel, l'Assemblée n'aurait plus de physionomie saisissable. Elle serait comme un fleuve qui coule toujours. La nation, à qui il faut des expressions d'elle-même, fréquentes, mais complètes, serait désorientée par sa représentation.

Nous avons voulu prouver dans ce travail, qu'en matière de politique intérieure, comme de politique extérieure, l'*Analyse* peut seule conduire à des données positives, en ramenant la science gouvernementale de *l'étude des formes constitutionnelles*, que n'ont pas dépassée nos plus illustres publicistes, *à l'examen du fond constitutif*. Notre analyse est, assurément très-rapide. Une autre, plus approfondie, serait bien plus riche en données de tout genre. Mais telle qu'elle est, elle indique la marche à suivre. Elle fournit même quelques conclusions, qui s'élancent précisément du *fond constitutif*.

1°. La République est, en France, la solution impliquée par les éléments de la question. On ne trouve de monarchistes que dans les partis : or, les partis, on l'a vu, n'existent pas dans le pays. La monarchie pût-elle s'établir, à la faveur du besoin qu'a la France de se sentir gouvernée, elle ne serait pas même l'expression d'un moment du pays.

Comment se fonderait-elle? Sur le droit divin? — Mais repoussé par le pays, il n'est même pas admis par tous les partis. — Par un plébiscite? — Mais il donnerait aux partis, qui, seuls en France, veulent la monarchie, la seule monarchie dont cinq partis sur six ne veulent point. — Par un vote de la Chambre? — Mais quel titre aurait la monarchie issue d'une majorité parlementaire à ne pas être renversée par la Chambre suivante, qu'on prévoit déjà ne pas devoir ressembler à la Chambre actuelle? — Votée comme une loi, la monarchie serait exposée à être rapportée comme une loi.

2° Le suffrage universel s'impose de lui-même, puisque les classes bourgeoises, qui pourraient seules être tentées de le supprimer, ne peuvent ni dominer ni entraîner le pays, avec qui elles ne cadrent ni par les tendances ni par les passions.

3° Le suffrage universel est le gage de l'instruction universelle et obligatoire. Tant qu'elle n'aura pas été réalisée, il doit être réduit au minimum; d'où la nécessité d'exclure : 1° les plébiscites; 2° le scrutin de liste ; 3° l'élection au suffrage universel du président de la République; 4° la nomination des juges par le suffrage universel.

4° Il est urgent que les élections municipales, pour lesquelles le suffrage universel est le plus apte, deviennent le premier échelon d'un système dans lequel les élus de chaque degré formeraient un conseil d'examen et de présentation pour les candidats à l'élection du degré im-

médiatement supérieur (les délégués des conseils muni-
cipaux pour le conseil général; ceux du conseil général
pour l'Assemblée.) Il n'y a pas d'autre manière d'éviter
les candidatures officielles. La chute de l'Empire ne suffirait pas à nous en préserver, car elles résultent de l'ignorance du peuple.

5° On a vu, plus haut, combien les populations rurales
diffèrent des populations urbaines. De là la nécessité, pour
les unes et pour les autres, de circonscriptions électorales
distinctes, afin qu'il y ait représentation, et qu'il n'y
ait pas conflit.

6° Tant que les conseils généraux, actuellement mis à
l'épreuve, par la loi du 10 août 1871, ne seront pas parvenus à jouer dans les départements le même rôle que
l'Assemblée dans l'État, il n'y aura pas lieu à une seconde
Chambre. Elle ne représenterait rien. — Issue de la première Chambre, elle n'en serait que la doublure. Re-
crutée par le Pouvoir Exécutif, elle en serait le miroir.
Nommée par le pays, elle se composerait du rebut des
élections pour la première Chambre.

7° Le Pouvoir Exécutif, ne pouvant émaner du suffrage universel, émanera nécessairement de la Chambre.

8° Il faut à la France, pour la conseiller et la préserver
un Corps Politique dont les membres auront à se partager
l'étude des questions. Le Pouvoir Exécutif n'a pas le
loisir d'étudier. Les bureaux ministériels n'ont que le
temps d'expédier. Le Conseil d'État n'est qu'un tribunal

administratif. La Chambre n'est que l'expression de l'opinion publique. En Allemagne, on est toujours sûr que le gouvernement appellera suffisamment à lui les hommes de science. En France, ils ne sont ni groupés, ni consultés. Ils ne comptent pour rien. Nous ne demandons pas qu'ils interviennent dans les décisions à prendre, mais qu'ils soient mis à même de donner, à temps, leur avis motivé. Qu'on les écoute! On gardera toujours le droit de se tromper.

Dans l'avenir, le Corps Politique devra être le couronnement d'un système d'instruction publique dont nous avons marqué plus haut le caractère. Ce système ferait jaillir de toutes les couches sociales, à chaque génération, les capacités éminentes pour les pousser à travers les cribles successifs d'un véritable enseignement primaire, secondaire et supérieur, jusqu'à un dernier échelon où ces intelligences, armées de toutes pièces, aborderaient, chacune suivant la direction de ses aptitudes, l'étude approfondie d'une des branches de la science. C'est parmi les plus capables de ces érudits, de ces juristes, de ces historiens, de ces naturalistes, de ces économistes, que se recruterait le corps politique, subdivisé lui-même en autant de sections qu'il y a d'ordres différents de recherches et de connaissances pouvant, de si loin que ce soit, contribuer à la science gouvernementale. Il centraliserait et coordonnerait les résultats de cette enquête permanente, de cette *analyse*, bien autrement minutieuse que la nôtre, qui doit donner pour base au Gouvernement la connaissance aussi complète que possible de la réalité.

Le Corps Politique peut seul empêcher le pouvoir exécutif ou législatif de laisser la France dans la torpeur au milieu de nations en train de progresser et de grandir, de la précipiter dans des abîmes où elle perd chaque fois une partie d'elle-même, de la troubler par des lois vicieuses ou par des mesures irréfléchies.

Sans Corps Politique, le pouvoir législatif reste livré à la partialité et à l'incompétence, le pouvoir exécutif à la passion et à l'esprit d'aventure, le suffrage universel l'entraînement, la France tout entière aux risques de sa situation, aux piéges de ses ennemis, aux fatalités de son tempérament.

8 mai 1873.

TABLE

Avant-Propos. . . . .

I

La certitude en politique.   1

II

INDUCTIONS

I. Une leçon d'histoire à nos diplomates après Ferrières.   21
II. M. Victor Considérant et M. Jules Favre.   31
III. 1870.   35
IV. Où courons-nous?.   39
V. Pas de capitulation.   43
VI. Sauvons l'unité française et la République.   44
VII. M. Mommsen et M. de Bismarck   50
VIII. A quel prix la France peut-elle faire la paix actuel-
    lement?.   55
IX. La Sélection sociale par la science   60

II

LA GUERRE

I. M. Edgar Quinet et l'armée française   83
II. La levée de la garde nationale parisienne.   93
III. Renseignez-vous donc.   94
IV. Notre situation militaire et politique depuis la reddi-
    tion de Metz.   97
V. L'énigme du général Trochu. 102

VI. Les devoirs de Paris capitale. 105
VII. Conquête romaine et conquête prussienne. 116
VIII. La Force des choses. 118

IV

LA MÉDECINE PRÉVENTIVE AVANT LE 18 MARS

I. Le manque d'hommes. 123
II. Le Jacobinisme et le Bonapartisme. 126
III. La France sauvée par elle-même. 127
IV. La Presse du passé et la Presse de l'avenir. 132
V. La République et la Presse. 139
VI. La République et les Légitimistes 143
VII. La République sans la victoire. 148
VIII. La République et les Conservateurs 153
IX. Nouvelle théorie politique. 163
X. Une réforme électorale. 169
XI. La réforme intellectuelle. 173
XII. La vraie décentralisation. 174
XIII. Paris capitale. 177
XIV. Le jeu de la Réaction. 180
XV. Quelle revanche? 184

V

LA CRISE

I. Physionomie de Paris, etc. 203
II. L'Ataxie du 20 mars. 210
III. 93 et 71. 213
IV. Les partis dans l'Assemblée nationale. 218
V. Les théories politiques du Comité central. 221
VI. Illégalité et déraison. 227
VII. La bourgeoisie dénoncée par M. Louis Bonaparte. . . 230
VIII. La politique tirée de l'histoire. 234

IX. Le remède. — Pas de solution prussienne 243

X. Le vrai sens de la Révolution de 1789 248

XII. Aujourd'hui et demain 254

CONCLUSION 263

ANALYSE DE LA FRANCE

I

L'EUROPE 273

II

LA FRANCE : 1° LA NATION : Les classes rurales (*les fermiers, les petits propriétaires, les métayers, les manœuvres*). — Les classes ouvrières (*les ouvriers nomades, les ouvriers sédentaires*). — Les classes bourgeoises (*les boutiquiers, les manufacturiers, les gens de finance, les jurisconsultes, les publicistes, les hommes de science. — Les rentiers des villes. — Les riches propriétaires des campagnes. — La noblesse.* 282

III

2° LES PARTIS ET LES PRÉTENDANTS . . 328

IV

3° LA CHAMBRE 340

V

4° LE GOUVERNEMENT 343